La semana laboral de cuatro días

La semana laboral de cuatro días

Una propuesta para reducir
el estrés, mejorar el bienestar
y trabajar de manera más eficiente

Juliet B. Schor

Traducción de María del Carmen Boy Ruiz

EMPRESA ACTIVA

Argentina – Chile – Colombia – España
Estados Unidos – México – Perú – Uruguay

Título original: *Four Days A Week*
Editor original: Harper Business, un sello de HarperCollins*Publishers*
Traducción: María del Carmen Boy Ruiz

1.ª edición: enero 2026

ISBN: 978-84-18308-26-0
E-ISBN: 979-13-87750-77-0
Depósito legal: M-23.827-2025

Fotocomposición: Urano World Spain, S.A.U.

Impreso por: Impreso por: Liberdúplex, S.L. – Ctra. BV 2249 Km 7,4
Polígono Industrial Torrentfondo – 08791 Sant Llorenç d'Hortons (Barcelona)

Impreso en España – *Printed in Spain*

Para Prasannan

Índice

NOTA DE LA AUTORA

Este libro es fruto de la colaboración de un equipo de investigadoras. En la Introducción, hablo del origen de nuestro trabajo y cómo llegamos a formar el equipo. Sus miembros principales son Wen Fan, Guolin Gu, Ami Campbell y Orla Kelly. Juntas hemos diseñado el plan de investigación y las herramientas para las encuestas, hemos analizado los datos y escrito los artículos académicos. Guolin se ha encargado de organizar las encuestas los dos primeros años y ha realizado la modelización estadística. Tras unirse al equipo, Ami se hizo cargo de gran parte de la organización de las encuestas y ha dirigido la recopilación de datos cualitativos. Sin embargo, todas hemos participado en casi todas las partes de la investigación. Phyllis Moen y Youngmin Chu, de la Universidad de Minnesota, se unieron al equipo en 2022 y han colaborado con las entrevistas, los análisis y los artículos. A los demás se los menciona en los Agradecimientos. El libro lo he escrito yo sola, por lo que mis compañeras no son responsables de su contenido. Sin embargo, si se le reconoce algún mérito, debería compartirse en su totalidad.

INTRODUCCIÓN

El origen de este libro se remonta a hace cuarenta años. Por aquel entonces, era profesora auxiliar especializada en economía laboral en el Departamento de Economía de Harvard. Había publicado un libro llamado *Overworked American: The Unexpected Decline of Leisure*. La jornada laboral era un tema obsoleto por aquel entonces, aunque el argumento (equivocado) de un académico distinguido[1] sobre la cuestión despertó mi interés. Primero, creé un pequeño modelo para subrayar su error. Luego empecé a analizar los datos. Al contrario de lo que muchos académicos opinaban, descubrí que las horas de trabajo no disminuían[2]. La promesa que hizo Richard Nixon en 1956[3] sobre que la semana laboral de cuatro días sería parte de «un futuro no muy lejano» ni siquiera comenzaba a vislumbrarse. No había ninguna crisis en el tiempo de ocio, como muchos predijeron que sería el caso en la década de 1970. En realidad, daba la impresión de que las horas iban en aumento. Unos datos subjetivos sobre la falta de tiempo revelaron que las personas sentían que cada vez estaban más ocupadas y que iban más aceleradas que nunca.

El libro, publicado en 1992, tocó la fibra sensible. Aterrizó en la lista de los más vendidos de *The New York Times*. Atraje la atención de los medios y me invitaron a hablar con los directores ejecutivos de grandes corporaciones estadounidenses. Incluso recibía llamadas de personas de Washington D.C. A menudo, durante la campaña presidencial de Bill Clinton se hacía referencia al hecho de que «la mayoría de las personas trabajan más por menos»[4]. Y los liberalistas no eran los únicos que estaban preocupados. Los conservadores, quienes velaban por los «valores familiares», también criticaban el exceso de las horas de trabajo. Más tarde, el «estadounidense explotado» se convirtió en uno de los conceptos más influyentes del país[5] en el ámbito de las ciencias sociales desde los noventa.

Y luego... nada. A pesar del acuerdo generalizado de que los estadounidenses trabajaban demasiado, el asunto cayó en el olvido. Hablé con varias empresas para animarlas a experimentar con una reducción del horario laboral, pero no dio resultado. La economía neoliberal estaba en auge. Sucedió el 11 de septiembre y Estados Unidos invadió Irak. La atención se focalizó en la distribución de la renta, que cada vez estaba peor. La jornada laboral no solo dejó de estar a la orden del día, sino que una especie de amnesia se apoderó de la población. Los economistas keynesianos, resurgidos tras la crisis financiera mundial de 2008, olvidaron que el mismísimo Keynes era un gran defensor de utilizar el crecimiento económico para reducir las horas de trabajo. Incluso me encontré con cierta hostilidad ante la idea de trabajar menos.

Por eso escribí libros sobre otros temas y relegué casi todas mis investigaciones sobre la jornada laboral a los artículos académicos. Y entonces llegó la pandemia de 2020. Casi de la noche a la mañana cambiaron las tornas. La semana de cuatro días se puso en marcha como semana laboral de treinta y dos horas, con un día entero libre y sin reducción de sueldo. El movimiento se viralizó y me invitaron a dirigir una investigación a nivel mundial para estudiar a las empresas que habían puesto en práctica estos horarios. Este libro cuenta la historia de esas organizaciones, su éxito extraordinario por esta iniciativa y qué implica para los directores, los empleados y la sociedad.

Al compartir los descubrimientos de nuestra investigación, espero despertar el interés en la semana laboral de cuatro días entre los negocios, la población activa y líderes políticos, así como los responsables de recursos humanos, emprendedores, empresas sin ánimo de lucro y del sector público y sus empleados. En todos estos ámbitos, la gente es consciente de que la antigua manera de trabajar ya no funciona. Os he tenido en cuenta a todos mientras escribía este libro. Si tienes una empresa, espero que la exhaustiva investigación que hemos llevado a cabo te resulte interesante para probar el modelo en tu negocio. Si formas parte del Gobierno, es una oportunidad para que tus empleados trabajen menos y también para que la legislación difunda el modelo. Los líderes sindicalistas podéis negociar más tiempo libre. Si eres empleado y sientes que «dos días no bastan», hay evidencias más que suficientes que puedes exponer a tus directores. Este libro es mi análisis de cómo y por qué es hora de trabajar cuatro días a la semana.

LA CRISIS DE LA EXPLOTACIÓN

No todo está bien en el mercado laboral a nivel mundial. Los trabajadores están quemados y desmoralizados. Ya les suponía un esfuerzo antes de la pandemia, y luego la cosa empeoró. Hemos estado presenciando renuncias silenciosas, renuncias ruidosas, recortes laborales, empleados que se niegan a volver a la oficina a pesar de lo que imponga la empresa, el abandono de la mano de obra, vacantes sin cubrir y un repunte en huelgas y sindicalizaciones. El informe de 2024 de Gallup sobre el mercado laboral global[6] descubrió que dos tercios de los empleados entran en la categoría «luchando» o «sufriendo». En Estados Unidos y Canadá,[7] alrededor de la mitad de los encuestados tenían «estrés» durante gran parte del día anterior, se sentían «no comprometidos» y estaban atentos o buscando activamente un trabajo nuevo. La encuesta global de Microsoft de 2024[8] sobre los trabajadores del conocimiento descubrió que al 68 por ciento les cuesta seguir el ritmo y el volumen de trabajo, mientras que el 46 por ciento están quemados.

Trabajar en exceso es la raíz de estos problemas, sobre todo en Estados Unidos. El país no solo ha fracasado a la hora de reducir la semana laboral, sino que las jornadas han ido aumentando a diferencia de las de otros países ricos. Los estadounidenses han dedicado diez semanas más de trabajo al año[9] (es decir, más de cuatrocientas horas), o más, que los alemanes, daneses y holandeses, y siete u ocho semanas más que muchos países europeos occidentales. Ahora los estadounidenses pasan más tiempo en el trabajo que incluso los japoneses, cuyas directrices anuales de política económica del Gobierno en 2021[10] incluían abogar por la semana laboral de cuatro días. Con esto, trabajar más de la cuenta no es un problema que atañe en exclusiva a los estadounidenses. Las jornadas también son largas en otros lugares, como en otros países anglófonos y Asia oriental. Es en estos últimos donde hemos recopilado datos, y en todos hemos hecho observaciones similares. En comparación, los resultados que arrojan los colaboradores que han implementado pruebas en otros sitios son positivos.

Volvamos a Estados Unidos. La opinión convencional es que trabajar en exceso en Estados Unidos es cultural, que forma parte del carácter de la nación. Así que a muchos les sorprende que Estados Unidos fuera pionero a nivel global en la reducción de la jornada laboral hasta después de la Segunda Guerra Mundial. A partir de los setenta, las horas de trabajo anuales comenzaron a incrementarse y, aunque no han seguido una tendencia lineal, han ido en aumento en las décadas posteriores. Pero si la cultura no es el motivo de que Estados Unidos haya perdido protagonismo y se haya desviado de su trayectoria de reducir las horas después de un siglo, ¿cuál es? La historia resulta confusa.

En parte, la respuesta es que las nuevas tecnologías no han supuesto más tiempo libre para los estadounidenses a pesar de la expectativa reiterada de que así sería. Hace cien años, Keynes predijo[11] que si las tendencias de productividad continuaban, ya tendríamos una semana laboral de quince horas. En el periodo de posguerra que siguió a la Segunda Guerra Mundial, los sindicatos reavivaron las reivindicaciones para reducir las horas de trabajo, incluyendo la semana de treinta horas que la época de la Depresión tenía como objetivo. En la década de 1960, se esperaba que lo que curiosamente se denominaba «automatización» generase una crisis por un exceso de tiempo libre. A principios de los noventa, hubo otro momento en el que la «explotación» y los «conflictos de conciliación familiar» despertaron un gran interés en la reducción de la jornada laboral, como comentaba antes. Sin embargo, las horas seguían en aumento. Ahora que la revolución digital ha dado paso a la era de la inteligencia artificial (IA) en pleno auge, las horas de trabajo vuelven a estar en el punto de mira. A la gente le aterra que la IA se lleve por delante los trabajos de la clase media. Por fin, nuestra solución cobra impulso.

ENSAYOS CON LA JORNADA LABORAL DE CUATRO DÍAS

La idea de la jornada laboral de cuatro días no es nueva, pero el movimiento tuvo una repercusión limitada. Cuando las empresas, como Microsoft en Japón, que lo probó en 2019, lo implementaron, recibió mucha cobertura mediática. Sin embargo, las experiencias en empresas unipersonales no tuvieron un cambio significativo. En Reino Unido, los activistas llevaban años en activo. Consiguieron un gran impulso en 2018 cuando John McDonnell, ministro de Hacienda en la sombra, anunció las medidas para implantar la semana laboral de cuatro días cuando el partido laborista llegó al poder. Sin embargo, el intento se paralizó porque el partido conservador, reticente a esta idea, permaneció en control del Gobierno. Prepandemia, el impulso vino del sector privado y, en gran medida, lo impulsó un hombre llamado Andrew Barnes.

Barnes es un emprendedor inglés que se estableció en Nueva Zelanda como dueño de una exitosa empresa de servicios financieros llamada Perpetual Guardian. Se le ocurrió[12] implantar en su empresa la jornada laboral de cuatro días después de leer una encuesta que reveló que los administrativos de Reino Unido solo eran productivos entre una hora y media y dos horas y media al día. Aquello hizo a Andrew pensar: si los empleados trabajaban bien por debajo de sus capacidades, podía ofrecerles un día entero libre a cambio de esforzarse más los otros cuatro días. Esto es lo que se acabaría llamando «modelo 100-80-100»®. Era una idea brillante porque estaba diseñada para mantener el rendimiento de la empresa sin reducir el salario ni aumentar las horas de trabajo al día. Andrew envió un e-mail a su director de Recursos Humanos y, a principios de 2018, empezó a planear una prueba de ocho semanas con académicos locales contratados para estudiar los resultados. Fueron impresionantes[13]. El compromiso de los empleados, la productividad y la conciliación familiar mejoraron. Cuando publicaron los resultados, despertaron el interés del mundo entero. Andrew y su pareja, Charlotte Lockhart, comenzaron a dedicar sus esfuerzos a divulgar el mensaje. En 2019 fundaron 4 Day Week Global (4DWG), una ONG dedicada a difundir el movimiento. Más pronto que tarde, la pandemia alteró la vida normal, pero propulsó el progreso de la semana laboral de cuatro días.

Para los empleados, la pandemia supuso reconsiderar sus prioridades.[14] Cuando te pueden arrebatar la vida de un momento a otro, sientes que es más importante pasar cada día haciendo algo que importe. En cuanto a los empresarios, derribó su resistencia al cambio. Como me contó Adam Husney, director ejecutivo de la primera empresa en unirse a los ensayos en Estados Unidos: «La pandemia nos enseñó que podíamos confiar en nuestros trabajadores en cuanto a su lugar de trabajo, así que ahora confiamos en ellos en cuanto al tiempo que le dedican». Jugar con un horario flexible, talleres de bienestar o pequeños aumentos de sueldo ya no bastaban. Los empresarios necesitaban algo drástico. Ese algo ha venido en forma de un día entero libre sin reducción de sueldo. Y, cuando ofrecen este sorprendente «regalo», realmente tiene un efecto transformador.

Me pasé casi toda la peor parte del confinamiento trabajando duro en el despacho de la tercera planta de mi casa mientras impartía clases o charlas por Zoom. Los europeos cada vez estaban más interesados en trabajar menos tiempo, y yo recibía muchas invitaciones a primera hora del día. En febrero de 2021, después de una charla sobre la reducción de la jornada laboral en el Instituto Sindical Europeo, un hombre llamado Joe O'Connor se acercó. Joe trabajaba para Fórsa, el mayor sindicato del sector público en Irlanda. El sindicato estaba interesado en la jornada laboral de cuatro días, pero reconocía que necesitaría pruebas de la viabilidad por parte del sector privado antes de obtener la aceptación del Gobierno. Joe había formado una coalición de organizaciones de la sociedad civil, entre ellos grupos de mujeres, ecologistas y empresarios para llevar a cabo un ensayo de la semana laboral de cuatro días. Me preguntó si me interesaba llevar a cabo la investigación. Nos pusimos en contacto con Orla Kelly, una antigua alumna de mi departamento que daba clases en el University College de Dublín, y los tres nos pusimos manos a la obra en lo que se convertiría en el primero de numerosos ensayos globales de la semana laboral de cuatro días: la prueba piloto irlandesa. Joe no tardó en colaborar con Andrew y Charlotte y se convirtió en el director ejecutivo de 4DWG. Empezaron a planear el ensayo en Estados Unidos para continuar el irlandés, y yo firmé como investigadora principal. Amplié el equipo de investigación e incorporé a mi compañera Wen Fan, especialista en conciliación familiar, bienestar y trabajo en remoto, y a nuestra estudiante de doctorado Guolin Gu, y nos pusimos en marcha. El año en que la semana laboral de cuatro días vería la luz sería el 2022.

Los ensayos en empresas (o pruebas piloto; utilizo los términos de manera indistinta) empezaron a principios de 2022 y continúan en la actualidad. En el verano de 2024, un número de 245 organizaciones y más de ocho mil setecientos empleados[15] formaron parte de nuestra investigación. Hemos llevado a cabo ensayos en Estados Unidos, Canadá, Irlanda, Reino Unido, Australia, Nueva Zelanda y Sudáfrica. Nuestros colaboradores han dirigido la investigación en Portugal, Brasil y Alemania, y hay más países en camino. Los informes de los ensayos completados están disponibles en la página web de 4 Day Week Global («www.4dayweek.com») y los de Reino Unido, en la web de Autonomy Institute («autonomy.work»), en la pestaña de Investigación.

Los resultados son sorprendentes. A muchos empleados, esta iniciativa les ha «cambiado la vida». Hemos hecho el seguimiento de veinte marcadores de bienestar (desde el desgaste profesional hasta el sueño) y todos muestran mejoras estadísticamente significativas y, a menudo, importantes.

- El 69 por ciento de los participantes experimentan una reducción del desgaste, y casi el 40 por ciento tienen menos estrés y ansiedad.
- Más de la mitad experimentan menos emociones negativas, y casi dos tercios sienten más emociones positivas.
- El 42 por ciento tiene mejor salud mental, y el 37 por ciento nota una mejoría en su salud física.
- Las personas también obtienen puntuaciones mucho más altas en la conciliación familiar y del tiempo de ocio.

Estas respuestas no son retrospectivas. Encuestamos a las personas antes de que comience el ensayo y hacemos el seguimiento de respuestas individuales a los tres, seis, doce y veinticuatro meses.[16] Hemos llevado a cabo una modelización estadística sobre por qué las personas se sienten mucho mejor cuando trabajan menos, y hemos descubierto que se debe a una combinación de factores tanto dentro como fuera del trabajo (encontrarás más detalles en el capítulo 2). El 13 por ciento de la muestra dice que no volverían a la jornada laboral de cinco días ni por todo el oro del mundo. «Gracias por mostrarme cómo puede ser la vida», nos dijo una persona.

Puede que estos resultados no te sorprendan. ¿Quién no preferiría trabajar menos por el mismo sueldo? Pero lo que sí puede resultarte inesperado es cuánto éxito obtienen las organizaciones con este modelo. De ellas tenemos menos métricas porque queríamos referencias comunes dentro de la diversidad del grupo. Sin embargo, destaca una cifra:[17] veinte. Ese es el número de empresas que han interrumpido la semana laboral de cuatro días antes de cumplir el año. Solo representan el 10 por ciento del total. Y de ellas, unas pocas han puesto la semana laboral de cuatro días en pausa y planean volver a implantarla en el futuro. También contamos con excelentes resultados de las métricas del rendimiento de la organización en: ingresos, absentismo y renuncias. En resumidas cuentas, la semana laboral de cuatro días ha sido todo un triunfo para las empresas. Les pedimos que puntúen los ensayos y, en general, las puntuaciones son altas (de media, 8,2 de 10). Los empresarios son conscientes del hecho de que sus empleados están mejor que nunca. Como escribió uno: «Acabamos de realizar nuestra encuesta de satisfacción anual y es el mejor resultado en cuanto al compromiso de los empleados en veintisiete años (mediante veinte preguntas). Y creo que en gran parte se debe a la semana laboral de cuatro días».

Estos buenos resultados no se dan de inmediato. Los ensayos se centran mucho en mantener o mejorar la productividad, y se espera que muchas organizaciones hagan el trabajo de cinco días en cuatro. Para ello, los ensayos empiezan con un periodo de dos meses de «reorganización del trabajo» para eliminar actividades que sean una pérdida de tiempo o de poco valor. Como comentó un participante: «En los negocios planificamos mejor, empleamos mejor nuestro tiempo. Somos más productivos. Todos cumplen sus tareas». Esta experiencia es normal. Sin embargo, en algunas organizaciones no se trata tanto de productividad como de la reducción de las ventas. Jon Leland, quien introdujo este horario en Kickstarter, explica: «Perder un par de empleados clave cada seis meses desestabiliza mucho. Y, si lo evitas, lo cambia todo». La permanencia tiene mucho valor cuando hay escasez de trabajadores en el mercado laboral. En el segundo aniversario del ensayo, nuestro contacto de una pequeña *start-up* de Reino Unido estaba que no cabía en sí: «Sí, no se ha marchado nadie y eso ha ayudado muchísimo a la contratación. ¡No he tenido que llamar a un solo reclutador!». Aunque buena parte de los medios se centran en dar trucos para ser más productivos, como tener reuniones más cortas y eliminar las distracciones, en nuestra investigación hemos encontrado múltiples maneras de conseguirlo. Las empresas difieren mucho, y sus experiencias también.

También hemos descubierto que algunas de las cosas que temíamos no se han materializado. Los aspectos positivos del trabajo, como la sensación de autonomía y tener el control sobre el horario de trabajo, permanecen estables o mejoran. Los resultados en cuanto a la productividad no se deben principalmente a un acelerón. Las personas no aceptan un segundo empleo. La sociabilidad en el lugar de trabajo no decae. Además, puede que como resultado inesperado, se ve que a los clientes les parece bien. Una empleada sénior que trabaja de cara al público me contó que cuando le informó a su principal cliente de que no trabajaba los viernes, su reacción fue: «Me parece estupendo», y lo respetaron. Ahora, la semana laboral de cuatro días tiene sentido.

MÁS ALLÁ DE LA ECONOMÍA DEL CONOCIMIENTO

A diferencia de lo que muchos asumen, este horario no solo funciona con los trabajadores administrativos del conocimiento. Mientras que los servicios profesionales y tecnológicos tienen una mayor representación entre las empresas que han adoptado jornadas laborales de cuatro días, con ejemplos bastante conocidos como Bolt y Wanderlust,[18] también hay casos de éxito en fabricación, construcción, asistencia médica y otros servicios. Entre los participantes en el ensayo se incluyen cientos de organizaciones administrativas, pero también entidades como el local de *fish and chips* Platten's, en Reino Unido, y Advanced RV, un fabricante de autocaravanas de Ohio. Contamos con inspectores de obra, ingenieros y banqueros. Contamos con agencias de servicios sociales, clínicas, un departamento de policía y una cadena de hospitales. Los enfermeros trabajan cuatro días a la semana. Los despachos de abogados van a por los cuatro días laborables. Muchas organizaciones sin ánimo de lucro, e incluso un puñado de Gobiernos locales, están adoptando este modelo. Hasta ahora, ha tenido éxito en casi todos los sectores[19] de los que tenemos datos.

Este libro ahonda en la historia de las organizaciones que pertenecen a ese amplio abanico de sectores. Entre ellos, se encuentran:

- Kickstarter, una mediana empresa tecnológica con sede en Brooklyn que apoya proyectos creativos financiados mediante *crowfunding* y que ha mejorado de manera exponencial las métricas de rendimiento.
- Praxis, una empresa de *marketing* y comunicación de Toronto que encontró una solución para la Ley de Parkinson.
- Pressure Drop Brewing, un pequeño fabricante de cerveza artesanal de Londres que rediseñó su flujo de trabajo.
- M'tucci's, una cadena de restaurantes con sede en Nuevo México con cuatro locales, cuyos chefs y encargados trabajan cuatro días.
- El equipo canadiense de una gran empresa global dedicada al *marketing* digital, la publicidad y la tecnología que ha conseguido unos resultados de permanencia impresionantes.
- Una cadena de hospitales de Nueva Jersey con treinta y cinco mil empleados que abordó el agotamiento, dando un día extra libre a los enfermeros encargados.
- Grand Challenges Canada, una agencia de servicios sociales que resuelve problemas en todo el mundo y cuyos empleados sufrían agotamiento emocional antes de la semana laboral de cuatro días.
- ArtLifting, una pequeña empresa con sede en Boston que representa artistas discapacitados y sin hogar que ha obtenido un crecimiento impresionante al reducir las horas de trabajo.
- Y más…

Nuestra muestra incluye a personas que tienen un trabajo en remoto, en oficina o híbrido. Y, aunque la mayoría de las empresas de nuestros ensayos eran pequeñas, también se aplica al 99,9 por ciento de los negocios estadounidenses,[20] que juntos tienen en plantilla a poco menos de la mitad de todos los empleados. Tenemos una organización que llevó a cabo el ensayo con 999 empleados y ahora se la va a presentar a los cuatro mil restantes. También tenemos empresas con alcance global. Simpro,[21] un proveedor de servicios de SaaS privado con empleados en todo el mundo, se unió a nuestro primer ensayo en 2022. Nuestros resultados son similares[22] en todas las variantes de nuestra muestra: países y regiones; con y sin ánimo de lucro; organizaciones grandes y pequeñas; si la empresa trabaja de manera remota, híbrida o presencial; cómo gestionan el día libre; así como el sector, la ocupación, el género, la raza, la edad y casi cualquier distinción que se nos ocurra. Con esto dicho, la muestra está compuesta de manera desproporcionada por trabajadores administrativos. Solo el 4 por ciento son empresas de fabricación y de construcción. Y en su mayoría está formada por trabajadores relativamente privilegiados... y no por aquellos del mercado laboral que cobran el salario mínimo.

Es importante señalar que la semana laboral de cuatro días no es un remedio mágico a las afecciones del mercado laboral moderno. Este horario puede tener su parte complicada. La carga de trabajo en profesiones que experimentan una fuerte estacionalidad, como en contabilidad, es más complicada de controlar en las temporadas altas. Algunos de los participantes con más experiencia en nuestros ensayos tienen demasiado trabajo para tomarse un día libre, pero lo utilizan para ponerse al día, lo que les quita carga por las noches y el fin de semana. Un participante explicaba: «Como soy el jefe, me cuesta más tomarme un día libre todas las semanas que a los demás, aunque me suelo apañar».

Aunque no tenemos pruebas de que la semana laboral de cuatro días funcione solo en ciertos sectores o para ciertos empleados, las organizaciones que hemos estado estudiando parecen compartir una característica: se preocupan por sus empleados. Cuando leas sus historias, creo que lo verás claro. Es una parte importante de su éxito.

HAGAMOS UNA PAUSA

A estas alturas, seguro que tienes un millón de preguntas. Ya he abordado una de las más comunes: ¿no es solo para trabajos administrativos? Pero esta es solo una de las muchas que nos han hecho. Puede que también te preguntes:

- ¿Cómo encajan las organizaciones cinco días de productividad en solo cuatro? Con abordar las reuniones y distracciones ya estaría.
- Si las empresas pueden aumentar la productividad gracias a la reorganización del trabajo, ¿por qué no se limitan a hacer eso sin dar un día libre? Para el caso, pueden obtener más beneficios si despiden a unos pocos o si les aprietan un poco más las tuercas a todos durante cinco días.
- ¿A los empleados de las empresas no les pagan menos por la semana laboral de cuatro días? Al fin y al cabo, es una gran ventaja, y puede que algunos empresarios crean que pueden salirse con la suya y bajarles el sueldo.
- ¿Los resultados tras estos seis meses son duraderos? Claro, algunas personas se sienten mejor cuando obtienen un beneficio, como la semana laboral de cuatro días. Pero, con el tiempo, se adaptan y vuelven a su estado anterior. ¿No se acabarán quemando y estresando otra vez?
- Puede que esto funcione para los horarios de nueve a cinco, pero ¿qué pasa con la asistencia sanitaria o con servicios que funcionan 24/7?
- Esta es otra variante de «¿Cómo es asequible para todos?». Se trata de un grupo de empresas seleccionadas a dedo. Es normal que hagan que funcione. Es porque son diferentes a aquellas que no lo han probado aún.
- ¿No fracasará porque los estadounidenses son adictos al trabajo?

Puede que también estés de acuerdo con Christian Lindner, el ministro de finanzas alemán[23] que, en otoño de 2023, afirmó: «Nunca en la historia una sociedad ha prosperado trabajando menos. La clave para nuestra prosperidad sigue siendo el trabajo duro». Lindner se refería al hecho de que a principios de 2024 cincuenta empresas alemanas se unieron[24] al ensayo de la semana laboral de cuatro días. Es un punto de vista extraño viniendo de una persona cuyos trabajadores son de los más productivos del mundo, a pesar de que cuentan con una semana laboral de solo veintiséis horas[25] de media anual.

Independientemente de si sientes curiosidad por este tipo de objeciones o te muestras escéptico ante la idea, encontrarás las respuestas a ellas y a muchas otras en las próximas páginas.

LA SEMANA LABORAL DE CUATRO DÍAS ESTÁ AL CAER

Que haga ochenta y cinco años desde la última vez que Estados Unidos redujo la jornada laboral parece un hecho irrelevante. Eso fue en 1940 tras una enmienda de la Ley de Normas Laborales Justas (FLSA, por sus siglas en inglés) del New Deal (o el «Nuevo Pacto»).[26] Aun así, después de esos ochenta y cinco años, la productividad del trabajador estadounidense[27] se ha más que cuadruplicado. Conseguir los dos días del fin de semana no fue tarea fácil. Esa lucha llevó más de veinte años. Hasta ahora, la iniciativa de la semana laboral de cuatro días se está desarrollando con una similitud inquietante a cuando pasamos de seis días a cinco. En aquel entonces, empezó con pequeñas empresas, igual que hoy. Luego los sindicatos se subieron al barco. El siguiente gran avance fue que un empresario importante diera el paso; en la década de 1920 fue Henry Ford. Por último, el Gobierno aprobó la legislación. No sé si será Ford otra vez, aunque la petición del Sindicato para Trabajadores del Automóvil (UAW) para la semana de treinta y dos horas de 2023 sugiere que cabe la posibilidad de que la historia se repita. Y 2023 y 2024 también vieron un aumento en la actividad legislativa para reducir la semana laboral, aunque todavía no se han aprobado proyectos de ley importantes.

Sin embargo, incluso si estas dos últimas fases tardan un tiempo en materializarse, cada vez hay más pruebas de un cambio orgánico. Los viernes se están convirtiendo en un día distinto. Existen los viernes sin reuniones, viernes de trabajar desde casa, alternar viernes libres, los viernes libres o los viernes con jornada reducida en verano. También hay un atisbo de cambio al principio de la semana, con los lunes del mínimo esfuerzo, la versión del siglo XXI de la antigua costumbre moderna de celebrar el Lunes Santo, un festivo informal no laborable. Todo esto son señales de que estamos evolucionando de lunes a viernes hacia una semana laboral que esté más en sintonía con las necesidades de una economía basada en el conocimiento, tecnológicamente sofisticada y con una alta productividad. A las personas les cuesta llevar el ritmo de trabajo actual.

También hay cierta urgencia en la actualidad que no había hace ochenta y cinco años: nos enfrentamos a una mayor incertidumbre laboral como resultado del rápido avance de la inteligencia artificial. La capacidad de grandes modelos del lenguaje como ChatGPT para borrar de un plumazo millones de puestos de trabajo bien pagados significa que debemos ser inteligentes a la hora de adaptarnos a esa tecnología. Reducir la jornada laboral es una manera muy efectiva de mantener el empleo de más personas.

Acortar las horas también es una política climática potente. Hay diversas maneras por las que el horario laboral afecta a las emisiones de carbono. Los desplazamientos al trabajo es la más obvia, pero solo bajar el ritmo, algo que tiende a suceder cuando las personas tienen más tiempo libre, también beneficia a las emisiones. Hay indicios más que suficientes de que los países que trabajan menos, también contaminan menos. Hemos llegado hasta tal punto en la crisis climática que cualquier cambio que hagamos en el mundo debe contribuir a su vez al proceso de descarbonización.

PLANTEAMIENTO DEL LIBRO

Llegados a este punto, espero que estés deseando saber más sobre cómo y por qué la jornada laboral de cuatro días ha tenido tanto éxito. En el capítulo 1, allano el camino al explicar los problemas que resuelve este horario y cómo hemos estudiado los ensayos. Luego es el turno de los empleados y sus historias transformadoras (capítulo 2). En los tres siguientes capítulos (3-5) se detallan las experiencias de las empresas: qué las motivó a dar el paso, cómo se prepararon, qué consiguieron y los problemas a los que se enfrentaron. Si te interesa saber si la semana laboral de cuatro días funcionaría en tu negocio, aquí es donde encontrarás las respuestas. Esta es también la parte del libro en la que planteo y exploro en profundidad dudas comunes y abordo el escepticismo sobre si este modelo funciona. Estos debates te serán útiles si estás intentando convencer a tus compañeros para que lo prueben. Los dos siguientes capítulos del libro (6 y 7) dan un paso atrás para situar la semana laboral de cuatro días en el marco de la inteligencia artificial y la crisis climática. El último capítulo (8) trata sobre por qué creo que la semana laboral de cuatro días está al caer. Cada capítulo se puede leer de manera independiente. He intentado mantener el texto libre de jerga, detalles en exceso y problemas técnicos. Esos los he relegado a las Notas, el Apéndice y, en algunos casos, a las referencias a nuestros artículos académicos. Ahora sí, ¡empecemos!

LA SEMANA LABORAL DE CUATRO DÍAS

1

DOS DÍAS NO BASTAN

Nuestra historia comienza en Toronto, en 2020, durante las primeras semanas de la pandemia. La ciudad está confinada en extremo. Han despedido a millones de personas. Las escuelas están cerradas. Han cerrado las fronteras. Incluso los espacios exteriores, como parques públicos y zonas de juego, están vetados. Hay colas enormes en los supermercados y, cuando entras, a menudo los estantes están vacíos. La gente está estresada.

Tessa Ohlendorf, una experta en publicidad con muchos premios y directora general de una empresa de medios de comunicación global, estaba pasando por un momento especialmente duro. Fue uno de los primeros casos de COVID y llevaba semanas enferma. Como madre soltera, luchaba por cuidar de su hija de seis años. La semana que empezaron los confinamientos, la sede central pidió a los directores que esperasen antes de actuar. Ella desacató la política y mandó a los empleados a casa unos días antes a sabiendas de lo que les esperaba.

Los siguientes meses fueron atroces. Tessa se despertaba a las 4.30 para conectarse unas horas al trabajo antes de que su hija se despertara. De 7.30 a 9.00 le tocaba su hija; luego, de 9.00 a 15.00 y de 15.00 a 18.00 eran una mezcla de trabajo, deberes de la escuela y juegos. De 18.00 a 21.00 estaba con su hija. Sabía que su equipo estaba pasando por algo parecido, ya que trabajaban y cuidaban de sus hijos a jornada completa, además de las infinitas horas que se pasaban aprovisionándose para cubrir sus necesidades básicas. Tessa pedía café de la tienda que había al otro lado de la calle y les suplicaba que añadiesen rollos de papel higiénico a los pedidos. Estaba estudiando un grado universitario que tuvo que aparcar, lo que retrasó el avance de su carrera. Vamos, que la vida era una pesadilla.

A Tessa se la conocía por estar atenta a las necesidades de su equipo. En 2019 se observó que los empleados salían pitando a las 4.59 para ir a alguna clase del gimnasio o intentaban hacer un hueco para ir a entrenar a la hora de comer. Cuando alguien con un problema de salud le pidió permiso para ir a nadar a media mañana, ella les dio a todos tres horas a la semana para hacer ejercicio y que las empleasen cuando quisieran. Sabía que el deporte era bueno.

Ahora, con la pandemia, no estaba segura de qué podía ser de ayuda. ¿Terapia? ¿Dinero? Cuando empezó a preguntarle a su equipo qué necesitaba, la respuesta fue obvia: tiempo. Así que en julio de 2020 anunció que todos podían tomarse libre la tarde de los viernes. Un tiempo después, un miembro del equipo señaló que cuatro más tres (la tarde de los viernes más el tiempo de ejercicio) eran siete horas libres. Eso es una semana laboral de cuatro días. Así que, tras meses de planificación y tras oír hablar del ensayo que íbamos a empezar en junio de 2022, Tessa dio el pistoletazo de salida. Traía mucho dinero a la empresa y sabía que eso la protegería. De nuevo, no les preguntó a sus jefes; solo se lanzó de cabeza. Fue el principio de una experiencia que le cambiaría la vida a su equipo… y a Tessa.

Al igual que con muchas de las empresas que participaron en nuestros ensayos, la experiencia del equipo fue estupenda. La gente describía el ensayo como «impresionante», «espectacular», «increíble», «buenísimo», «transformador». Sus niveles de bienestar mejoraron. «Vivo con un problema de salud que nunca sentí que fuera lo bastante serio como para tomarme tiempo libre del trabajo para abordarlo, así que me pasé años padeciéndolo. Tener este día extra libre significó que por fin podía priorizar aquello para lo que sentía que no tenía tiempo: a mí», informó una persona. Muchos afirmaron que su vida había mejorado de manera notoria. También comentaban que eran más productivos y que estaban más motivados y dispuestos a «esforzarse a tope» por la empresa. Una persona señaló que habían «dejado de ir con la lengua fuera».[28]

Conocí a Tessa un año después de que empezase el ensayo. Quería que la aconsejara sobre cómo expandir la semana laboral de cuatro días en Canadá y entre los cerca de diez mil empleados de la empresa que había repartidos por todo el mundo. La mayoría de los mensajes que giraban en torno a la semana laboral de cuatro días, sobre todo en la prensa, se centraban en «trucos para ser más productivos» que comprimían cinco días de trabajo en cuatro. Tener reuniones más eficientes, reducir las distracciones y mejorar la concentración eran el pan de cada día del programa. Estas son ganancias reales. Pero cuando Tessa me habló de la experiencia de su equipo, empecé a preguntarme si de verdad se había beneficiado tanto de los trucos habituales para ser más productivos. Parecía tener tanto talento y ser tan profesional que, para empezar, dudaba mucho de que fuera capaz de llevar un negocio con tanta ineficacia. Me dijo que habían introducido pequeños cambios en las reuniones. Sin embargo, el secreto de su éxito yacía en los beneficios para el bienestar de su equipo. El sector publicitario se lo conoce por la alta rotación de personal, y los equipos con los que Tessa trabajaba veían tasas de renuncia entre el 30 y el 40 por ciento. Su grupo, de cincuenta y siete empleados, solo había perdido a una persona desde que el ensayo comenzó. Eso no solo supuso un ahorro evidente, sino que desembocó en un mejor trabajo y mayores ventas. Otra parte emocionante de la historia de Tessa es que empezó a descubrir nuevas formas de monetizar los beneficios de la semana laboral de cuatro días. No solo favorecía a sus empleados, sino que se transformó en una estrategia de negocio.

Retomaré la historia de Tessa en el capítulo 4, con más detalles sobre cómo funciona el generar estabilidad en el equipo. Por ahora, volvamos a hablar en términos generales: por qué los trabajadores pasan dificultades, la importancia del tiempo y cómo la pandemia ha conducido a un agotamiento extremo y animado a cientos de empresas a dar el paso.

LA SEMANA LABORAL DE CUATRO DÍAS FUNCIONA TANTO PARA LOS EMPLEADOS COMO PARA LAS EMPRESAS

Puede que resulte evidente que a los empleados les beneficia trabajar cuatro días a la semana. Lo que quizá no esté tan claro, aunque también sea cierto, es que las empresas también se benefician, tal y como demuestra la investigación. En gran medida, el éxito de la empresa proviene de que los empleados estén mejor.

Para entender el porqué, piensa que los trabajadores se enfrentan a una economía del tiempo conflictiva tanto dentro como fuera del lugar de trabajo. Incluso prepandemia pasaban demasiado tiempo en el trabajo y no lo suficiente fuera de él. La pandemia empeoró ese desequilibrio.

Fuera de su trabajo remunerado, las personas se enfrentaban a lo que la socióloga Arlie Hochschild llamó de manera memorable el «segundo turno»:[29] las labores domésticas sin remunerar que realizan las familias y comunidades. Cuando las mujeres eran amas de casa a tiempo completo o trabajadoras a tiempo parcial, la mayor parte de las labores del hogar y los trabajos reproductivos comunitarios se hacía durante la semana. Ahora, cuando dos tercios de las mujeres estadounidenses[30] tienen trabajos a jornada completa y durante todo el año, buena parte de las labores se realiza durante el fin de semana. Y, tal y como no dejamos de escuchar, dos días no bastan.

Mientras tanto, en los lugares de trabajo se lleva a cabo una dinámica perversa. Con la semana laboral estándar estancada en cinco días y cuarenta horas, no hay mucho incentivo para ahorrar tiempo y hacer que las personas sean más eficientes. Cuando el tiempo no avanza, el trabajo se alarga hasta ocupar el tiempo disponible, lo que popularmente se conoce como «Ley de Parkinson». Este es el contexto de lo que 4 Day Week Global llama «el modelo 100-80-100» (significa que se recibe el 100 por cien del salario y se trabaja el 80 por ciento del tiempo, pero se mantiene el 100 por cien de la productividad). Este modelo funciona en muchas empresas administrativas cuya carga de trabajo es baja o lo bastante improductiva como para que puedan buscar maneras innovadoras de ahorrar tiempo que permitan al personal completar todo el trabajo en cuatro días. Lo vemos en finanzas, *marketing* y otros servicios profesionales, por ejemplo. Los empleados lo agradecen y permanecen leales a sus jefes, se sienten empoderados por esta mayor productividad recién descubierta y se emplean a fondo. La empresa cosecha esos beneficios.

Por supuesto, no todos los trabajos sufren de este nivel de poca productividad. Algunos ya han eliminado la pérdida de tiempo. Sin embargo, en este grupo eficaz muchos exigen demasiado a sus empleados, quienes luego se saturan por los trabajos «muy intensos». (Piensa en los enfermeros o en quienes trabajan en restaurantes).[31] La semana laboral de cuatro días también puede funcionar en estas empresas, pero con lo que yo llamo la «aproximación 100-80-80» (el 100 por cien del salario al trabajar el 80 por ciento del tiempo, pero solo con el 80 por ciento de la productividad). Estos empresarios no pueden pedirles más por hora. Puede que las empresas que apliquen el 100-80-80 tengan que contratar personal, pero detienen la hemorragia. Los costes extra, en sueldos u otros ajustes, pueden ser menores que lo que se ahorren con la permanencia, en atraer talento y en mejorar la calidad del producto y servicio.

Así era el mundo prepandemia. Cuando llegó el COVID, estos problemas se intensificaron. La gente experimentaba más estrés fuera de su horario laboral y, en muchos casos, también en su lugar de trabajo. Al comienzo de los ensayos, vimos muchas empresas 100-80-100. A medida que pasaba el tiempo y el desgaste de la pandemia aumentaba, parecía que cada vez había más personas cuyo objetivo principal era frenar el aluvión de renuncias. Muchas de estas están en el grupo del 100-80-80. Y, por supuesto, muchas de ellas tienen elementos de ambos.

Este es el argumento en pocas palabras: los empleados tienen un problema de tiempo que resuelve la semana laboral de cuatro días; se vuelven más productivos y leales; esto, a su vez, ayuda a los negocios para los que trabajan. Vamos a desgranar cada paso en esta cadena aclaratoria.

LA ECONOMÍA DE LAS LARGAS JORNADAS LABORALES

En *The Overworked American*, lo llamé «no dar abasto». Otros términos son «falta de tiempo», «escasez de tiempo» y «saturación».[32] No hay suficientes horas al día (o a la semana) para compaginar el trabajo y las labores domésticas.

Lo más destacado de las jornadas de trabajo remunerado en Estados Unidos es que, a pesar de los impresionantes avances tecnológicos, estas se resisten a bajar. Son largas en comparación con países similares y también en términos históricos. Como señalaba en la Introducción, la trayectoria histórica es lo que de entrada hizo que me interesase por este tema. Cuando empecé a analizar la tendencia tras la Segunda Guerra Mundial, me sorprendió el hecho de que después de tantas décadas de declive constante, las horas de trabajo habían dejado de disminuir. A medida que indagaba en los datos, me di cuenta de que en la década de 1970 habían comenzado a aumentar. Medí los picos del ciclo de cada negocio hasta el siguiente (porque las horas de trabajo aumentan o se reducen con la potencia de la economía) y tras corregir el desempleo y el tiempo parcial involuntario, calculé que de 1969 a 1989 las personas, de media, trabajaban un mes adicional al año.[33] Para ser más precisa, ciento sesenta y dos horas extra. En buena medida esto se debía a cambios en los patrones del trabajo remunerado de las mujeres. Sus horas semanales aumentaban en unas dos y el número de semanas trabajadas al año aumentó en seis. (Recuerda que, cada vez, menos madres piden permiso en verano para cuidar de sus hijos). El total de horas remuneradas llegaba a las 305 al año. Las horas remuneradas de los hombres también aumentaron en poco más de cien. No seguí calculando, pero el Instituto de Políticas Económicas sí, aunque sin corregir el trabajo a tiempo parcial involuntario. Sus datos muestran que la jornada laboral siguió aumentando en la década de 1990 y los 2000. Entre 1989 y 2016, las horas de trabajo aumentaron de 1.783[34] a 1.883, justo cien horas al año.

La gravedad de no dar abasto es incluso más pronunciada desde el punto de vista de las familias. En Estados Unidos, la mitad de los hogares con parejas casadas[35] tienen dos sueldos, y muchas de ellas trabajan a tiempo completo. Una estimación prepandemia del aumento de las horas de trabajo anuales en los hogares descubrió que el promedio de las parejas de clase media con hijos trabajaba en conjunto 3.446 horas[36]. Eso son 600 horas más que en 1975.

Como las horas de trabajo anuales no es la métrica más intuitiva, también puede resultar útil considerar qué ha ocurrido con el horario laboral. Aquí tenemos datos disponibles más claros durante un periodo de tiempo más largo. En enero de 1950, según la encuesta de población actual, la media de las horas semanales de trabajo remunerado era de 41,2.[37] En 2023 esa cifra, que incluye los trabajos parciales, se había reducido al 38,5.[38] Es un pasito. Sin embargo, para los trabajadores a tiempo completo, la semana laboral de 40 horas aún no había llegado: estaba en 41,9.

Mientras estudiaba atentamente los datos, recordé otro: 39,4. Esa es la media de horas de trabajo semanales de los participantes en nuestros ensayos de Estados Unidos y Canadá (antes de empezar con horarios más cortos). No es mucho más baja que la cantidad de tiempo que los empleados estadounidenses trabajaban en 1950. Tras setenta años de automatización, digitalización y un poco de IA, aún se resistían a bajar.

La jornada laboral en Estados Unidos sigue siendo larga en otro sentido (en comparación con otros países ricos como los de Europa occidental)[39]. Estas naciones siguieron en la línea de ir reduciendo la jornada laboral, pero Estados Unidos se cayó del plan. Aquí la protagonista es Alemania; entre 1950 y 2023 ha reducido las horas de trabajo anuales a 1.086, o casi tanto como un trabajo a tiempo parcial en una semana laboral de 40 horas. Otros países también han conseguido unas reducciones impresionantes: 850 para Francia, 670 para Dinamarca, 575 para España. En cambio, Estados Unidos apenas ha reducido 216, y casi todas fueron en 1980. Desde entonces, solo se ha trabajado 34 horas menos, o unos cuatro días.

En 2023, los estadounidenses trabajaban de media 460 horas más que sus homólogos alemanes; 400 horas más que en Dinamarca y Países Bajos; 300 horas más que en Francia y Suecia; 286 horas más que en Reino Unido, 150 horas más que los españoles y 75 horas más que en Italia. Incluso en Japón, que hace unas décadas era considerado un país de adictos al trabajo, al igual que Corea o China, y donde las personas sufrían *karoshi*, o muerte por exceso de trabajo, ahora se trabaja 155 horas menos al año que en Estados Unidos.

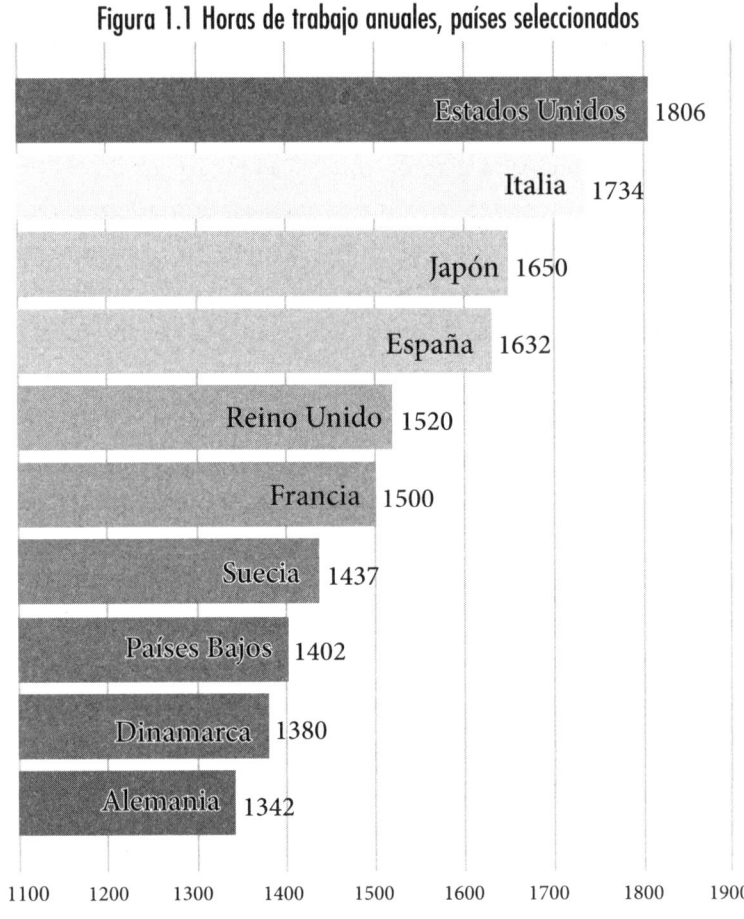

Figura 1.1 Horas de trabajo anuales, países seleccionados

Estados Unidos	1806
Italia	1734
Japón	1650
España	1632
Reino Unido	1520
Francia	1500
Suecia	1437
Países Bajos	1402
Dinamarca	1380
Alemania	1342

Nota: media de horas de trabajo anual por trabajador.
Total Economy Database, en la Conference Board.

Y, a menos que pienses que trabajar menos horas es malo, no sirve de nada si vienen de la mano de una alta productividad por hora. Sí, la alta productividad puede contribuir a reducir la jornada laboral. Sin embargo, como veremos en las historias de las empresas, la reducción de la jornada laboral también puede aumentar la producción por hora. Francia y Alemania,[40] dos de las grandes potencias de la lista de arriba, han visto un incremento enorme en la productividad por hora desde 1950. Esta cifra casi se octuplicó. Acaban de ponerse a la altura de Estados Unidos, cuyo crecimiento de productividad durante esa época fue de la mitad.

¿Por qué en Estados Unidos las jornadas son tan largas? ¿Y por qué Estados Unidos ha dejado de reducir las horas de trabajo después de la Segunda Guerra Mundial, como venía haciendo durante los setenta años anteriores? Desarrollaré esta pregunta con más detalle en el capítulo 6. El efecto distorsionado de vincular el seguro médico al trabajo ha sido un factor importante, porque genera un impuesto *de facto* que no incentiva la contratación y sí incita a las jornadas largas. Las poca fuerza de los sindicatos y la gran desigualdad también han tenido algo que ver. Para comprender el hecho de que no demos abasto, sin embargo, la clave es que prevalezca lo que se ha denominado «la norma del trabajador ideal».[41] Es un constructo cultural que refuerza la idea de que para ser un buen empleado, hay que trabajar mucho, mostrar una dedicación infinita al trabajo y no permitir que la familia o las responsabilidades personales se inmiscuyan. Aferrarse a esta norma, por supuesto, supone una desventaja para los padres y sobre todo para las mujeres, que cargan con aún más responsabilidades al cuidar de los hijos y los mayores, además de otras tareas domésticas. Y, en buena parte, explica por qué las dinámicas fuera del trabajo cuando no se da abasto son tan restrictivas.

PRODUCCIÓN DOMÉSTICA

Si las personas solo tuvieran un lugar de trabajo (el mercado), el tiempo requerido para la mayoría de los trabajos sería manejable. Aunque pocos de nosotros nos encontramos con esa situación. No solo trabajamos para ganar dinero; también realizamos labores sin remunerar en casa o para la comunidad. Estos lugares sociales tienen su propia economía y no son poca cosa. Según el análisis de los datos de la encuesta sobre el uso del tiempo en Estados Unidos realizado por la economista Nancy Folbre,[42] entre la población, las horas semanales de trabajo sin remunerar en el cuidado de los hijos, las tareas domésticas y voluntarias superan las empleadas en un trabajo remunerado: 29,4 horas frente a 24,55. En países con ingresos altos en general, los trabajos remunerados y no remunerados van a la par.

Las exigencias duales de estos dos lugares de producción han resultado en una falta de tiempo persistente. Hay una estadística que te dejará boquiabierto, aunque es sobre uno de los grupos que más se estresan por el tiempo: las familias de clase media que trabajan a tiempo completo, con dos sueldos y con hijos. En conjunto, se pasan 139 horas a la semana[43] haciendo un trabajo remunerado y no remunerado. Si lo dividimos a partes iguales,[44] sería una semana laboral de setenta horas para cada uno. Las familias estadounidenses están con la soga al cuello debido al aumento de actividades estructuradas para los hijos, una mayor carga por el cuidado de los mayores, casas más grandes que mantener, desplazamientos al trabajo más largos y la alta exigencia del día a día.

Uno de los descubrimientos más impactantes en los estudios sobre el uso del tiempo en Estados Unidos es que, al contrario de lo esperado, a medida que el trabajo remunerado entre las mujeres ha aumentado, no se ha reducido las horas de cuidado de los hijos. En *The Overworked American*, incluí la estimación de cómo el aumento del trabajo remunerado afectaba a las tareas domésticas. Mis modelos revelaron que por cada hora extra que una mujer trabajaba en el mercado, en casa se reducía casi media hora. No hice distinciones entre los distintos tipos de labores domésticas porque me centré en las horas de trabajo en total. Diez años después de publicar el libro, el Gobierno de Estados Unidos empezó a dirigir encuestas sobre el uso del tiempo con regularidad, lo que llevó a una mejor cobertura y calidad de los datos para las actividades domésticas. Las tendencias en estas labores fueron las esperadas. Las mujeres empleaban menos tiempo en ellas, sobre todo en lo relativo a la cocina. Un estudio que abarcaba el periodo en el que la jornada laboral subió de manera considerable, reveló una reducción de veintinueve minutos al día[45] entre las mujeres como población activa. Como se esperaba de investigaciones anteriores, el tiempo que pasaban los hombres realizando las tareas de casa no aumentó mucho para compensar: solo seis minutos.

Sin embargo, mientras los investigadores desmenuzaban las cifras, vieron tendencias muy diferentes en el cuidado de los hijos. A pesar de que las horas remuneradas aumentaban considerablemente, las mujeres estadounidenses pasaban más tiempo al cuidado de los hijos. Los investigadores principales descubrieron que las horas semanales dedicadas a cuidar de los hijos se duplicaron[46] entre 1975 y 2010. Los hombres triplicaron el tiempo que empleaban en esta tarea durante el mismo periodo.[47] Los cálculos son muy bajos porque no siempre incluyen el cuidado que se realiza a la vez que otras cosas,[48] y es muy probable que ese tipo de multitarea haya estado aumentando. Las madres estadounidenses se pasan mucho más tiempo cuidando de los hijos que las europeas, en parte porque tienden menos a dejar a sus hijos en guarderías.[49] Aunque otro factor también ha desembocado en la tendencia, contraria al sentido común, de emplear más horas tanto en el trabajo como en la crianza, de ahí la importancia cada vez mayor de lo que los académicos denominan «maternidad intensiva».[50] Es la costumbre de que la madre sea una presencia constante, una experta en todas las facetas de la crianza, desde la salud mental y física hasta la educación, la nutrición, los deportes, las actividades culturales y la vida social. Esta «madre ideal» es el equivalente al trabajador ideal. La maternidad intensiva siempre ha tenido sus raíces en la cultura de las mujeres blancas de clase media y alta, pero se ha extendido a otras comunidades. Es un ideal problemático, tanto para los niños a los que oprime como para las mujeres que jamás estarán a la altura de ese ideal. De aquí han surgido aún más estilos de crianza, como el helicóptero y el velcro.

La combinación de pasar muchas horas en casa y en el trabajo ha provocado un estado crónico para el que no se da abasto. No ha sido fácil cambiarlo porque los empresarios se han mostrado inflexibles en reducir la jornada y se han aferrado a la norma del trabajador ideal. Las expectativas en la crianza y la presión han aumentado, tanto por motivos culturales como porque se ha intensificado la competitividad para entrar en la universidad y conseguir un buen trabajo. Las tareas domésticas se han reducido al mínimo. En nuestra muestra al completo, de base, el total de horas semanales (remuneradas y no remuneradas) de los hombres fueron 56,8 y las de las mujeres, 70,9. Por eso oímos tantas veces durante el fin de semana a alguien lamentarse de que «dos días no bastan».

Y entonces, llegó la pandemia.

EL ESTRÉS Y EL DESGASTE DE LA PANDEMIA

La pandemia tuvo un impacto disruptivo casi inmediato en el trabajo. Más de quince millones de personas[51] perdieron su empleo. De repente, reubicaron a decenas de millones de empleados administrativos en sus casas.[52] Se estima que en junio de 2020 el 42 por ciento de los empleados estadounidenses[53] trabajaban a jornada completa en remoto. Los trabajadores esenciales seguían estando en modo presencial, por supuesto, con altos niveles de riesgo de COVID y la ansiedad que eso conllevaba. Para muchos, sobre todo las madres, la pandemia supuso añadir un tercer turno a su jornada en el trabajo[54] y en casa, con la escolarización online y la gestión de las cargas que había traído consigo la pandemia. Eso precipitó la primera «recesión femenina», por la que las mujeres dejaron de formar parte de la población activa[55] a un ritmo sin precedentes; las madres solteras, las madres con ingresos bajos y las madres negras y latinas eran las que tenían más papeletas de dejar el trabajo.

Estos acontecimientos resultaron en mayores niveles de estrés, desgaste y descontento en el mercado laboral. Todo quedó registrado en la cultura popular a medida que las tendencias en el mercado laboral aparecían en TikTok antes de que se reflejaran en las estadísticas. El primer año de la pandemia se caracterizó por vídeos del tipo «Métete este trabajo por donde te quepa», con personas que se quejaban porque no estaban dispuestas a seguir en un mal trabajo. La popularidad de r/antiwork, un subreddit que llevaba circulando desde 2013 y se dedicaba al «Desempleo para todos, no solo para los ricos», despuntó y acabó ganando 2,8 millones de suscriptores[56] de los pocos de miles que tenía en 2019. Los usuarios publicaban las precariedades que sufrían en sus trabajos y las deficiencias del trabajo debido al capitalismo.

En 2022, la gran tendencia, sobre todo en los puestos administrativos, fue la renuncia silenciosa, la idea de que no te marchabas, sino que dejabas de esforzarte. En 2023 se produjo una sucesión de variantes de la renuncia silenciosa. Teníamos los lunes del mínimo esfuerzo, las chicas perezosas y luego los trabajos de chicas perezosas (esos que podías mantener incluso sin dar un palo al agua). A finales de 2023 @Briellybelly123 se hizo viral al quejarse del trabajo de nueve a cinco que aceptó después de la universidad. Entre las horas de oficina, los desplazamientos, cocinar y barrer, no le daba la vida. Sobra decir que Brielle suscitó respuestas contundentes (tanto sarcásticas como empáticas). El experto en productividad Cal Newport apodó a esta situación[57] como «El gran agotamiento». Cree que la carga de trabajo prepandemia de la mayoría de los trabajadores del conocimiento era baja o insostenible. La pandemia los dejó en la cuerda floja.[58] Sospecho que esto también les pasó a muchos otros trabajadores.

Estas tendencias de la cultura popular se confirmaron con los datos de las encuestas. Menos de un año después de comenzar la pandemia (enero de 2021), un estudio a nivel mundial de Microsoft[59] con más de 30.000 trabajadores descubrió que el 41 por ciento se estaban planteando dejar su empleo a lo largo del año. En Estados Unidos lo llevaron a cabo y crearon lo que se conoce como «La gran dimisión», un éxodo del trabajo sin precedentes históricos. En 2022, nada menos que 50,5 millones de estadounidenses, o casi un tercio de todos los trabajadores, dejaron sus empleos. En su punto álgido, desde finales de 2021 hasta principios de 2022, unos 4,5 millones de personas renunciaron al mes. La mayoría no lo dejaban de manera permanente, lo que llevó a los economistas a hablar de una Gran Reestructuración en lugar de una Renuncia. Aunque quienes se habían marchado volvieron a la realidad a finales de 2023, que el mercado laboral estuviera patas arriba dejó a los empleados con un insólito número de puestos de trabajo sin cubrir. A principios de 2022, había más de 11 millones de vacantes,[60] casi el doble que antes de la pandemia. Estos puestos disponibles acabarían cobrando importancia para alentar a las organizaciones a realizar la prueba piloto de la semana laboral de cuatro días.

Los fenómenos de la cultura popular de las chicas perezosas y los lunes del mínimo esfuerzo también se muestran en los datos. Gallup señala que en 2022,[61] el 50 por ciento de los trabajadores estadounidenses aplicaban la renuncia silenciosa. Del resto, solo un tercio estaba activamente implicado en su trabajo. Casi el 20 por ciento lo conformaba lo que Gallup denomina «activamente desconectado», es decir, renuncias ruidosas. Las cifras de renuncia silenciosa y la desconexión eran más altas entre los trabajadores más jóvenes.

Aunque algunos interpretan estas tendencias como un privilegio o pereza, sobre todo entre los jóvenes, la realidad es que las personas estaban pasando por un momento muy duro. El estudio de Microsoft[62] descubrió que, salvo una excepción, en todos los grupos que encuestaron más de la mitad de los participantes estaba «luchando» en vez de «prosperando». (La excepción eran los «jefes de los negocios»). Los niveles más altos de personas luchando se encontraban entre los solteros (67 por ciento), nuevos empleados (64 por ciento), trabajadores de primera línea (61 por ciento), la generación Z (60 por ciento) y las madres trabajadoras (56 por ciento). Este estudio también descubrió que el 17 por ciento de los participantes respondieron que habían llorado con un compañero de trabajo, y las cifras más altas las tenían algunos de los sectores más estresantes, como el sanitario, el turístico y la educación. El desgaste profesional entre enfermeros, camareros de restaurantes y otros trabajos del sector servicios llegaron a unos niveles críticos. Los estudios de entrevistas[63] sobre cómo les fue a las personas durante la pandemia, sobre todo a las mujeres, pintan un panorama deprimente. La describen como una «locura»; tenían que gestionar emergencias en el trabajo, sacrificar horas de sueño y autocuidado, se sentían culpables. De las cincuenta y tres madres de un estudio,[64] todas informaron de que tenían más ansiedad y estrés que antes de la pandemia.

Los investigadores no tardaron en referirse a un fenómeno nuevo: el desgaste profesional por la pandemia[65] o DPP. El DPP se ha extendido y agravado más entre los trabajadores que antes del COVID. Y, para muchos, los problemas van más allá del desgaste. Los Centros para el Control de Enfermedades informaron de que en 2020 el 41 por ciento de todos los estadounidenses[66] sufría algún tipo de afección adversa relacionada con la salud mental o conductual, lo que suponía un gran incremento con respecto a antes de la pandemia. Entre ellas se encontraban la depresión, la ansiedad, los trastornos por el abuso de drogas, las tendencias suicidas y síntomas de trastorno por estrés postraumático. Las cifras eran cada vez más altas entre los jóvenes, minorías raciales, trabajadores esenciales y cuidadores adultos sin sueldo.

La desaparición de la línea que separaba el trabajo y la casa[67] fue especialmente difícil para las madres trabajadoras, y sobre todo en familias que se apoyaban en los roles tradicionales de género.[68] Las escuelas y guarderías cerraron y muchos cuidadores privados y personal de limpieza ya no estaban disponibles.[69] Un estudio de McKinsey[70] descubrió que el 75 por ciento de las madres empleaban más tiempo en las labores domésticas. A más padres les costaba encontrar el equilibrio entre el trabajo en remoto y las tareas de casa[71] a medida que la pandemia avanzaba. Cada vez más estudios revelan que la pandemia agravó las desigualdades de género y raza existentes[72] en la mano de obra.

Mi compañera Wen Fan y su coautora Yue Quian investigaron el impacto de la pandemia en el bienestar. Uno de sus estudios revela que solo el 12 por ciento de los participantes[73] no experimentó un «suceso vital estresante» durante la pandemia. El más común estaba relacionado con la salud, pero los sucesos relacionados con el trabajo remunerado se colocaron en segundo lugar. Las mujeres estaban más estresadas con los hombres, y se estresaban más por el trabajo. En un segundo artículo,[74] utilizaron un ingenioso diseño que explotaba el hecho de que las cifras de infecciones y las medidas de confinamiento por el COVID y los despidos ocurrieron en distintos momentos por todo Estados Unidos. Descubrieron impactos negativos significativos en la salud mental y en la satisfacción con la vida, no solo como resultado de factores individuales, sino también por el entorno macroeconómico más amplio a nivel estatal, y sobre todo por los altos niveles de inseguridad laboral. El mercado laboral durante la pandemia se había convertido en sí mismo en un acontecimiento vital adverso para millones de personas.

Mientras que algunos empresarios intentaron calmar el estrés ocasionado por la pandemia, otros se aventuraron a intensificar el trabajo. Muchas empresas entraron en modo crisis. Un estudio cualitativo descubrió que a la gran mayoría de las madres se les exigía lo imposible porque el peso de la norma del trabajador ideal tendía a aumentar las expectativas laborales a la vez que también tenían que cuidar de sus hijos. Muchas empresas hicieron falsas promesas[75] sobre flexibilidad, pero no las cumplieron. En aquellas que prosiguieron con los despidos, los empleados que mantuvieron tenían más trabajo que nunca.

Las horas de trabajo cayeron en picado[76] al principio de la pandemia, pero no tardaron en empezar a recuperarse. Luego comenzaron a aumentar y alcanzaron su punto álgido en 2021, con lo que volvieron a los horarios prepandemia después de dos años. Los trabajadores administrativos parecían haber visto un incremento especialmente grande según los datos de personas que se conectaron a Microsoft Teams.[77] Con esta medida, la duración de la jornada laboral se incrementó cuarenta y seis minutos, aunque algunos trabajadores en remoto tenían flexibilidad para conectarse o no (como Tessa). Estos datos también muestran que hubo un gran aumento en horas extra y las trabajadas en fin de semana, y que la cantidad de tiempo que la gente pasaba en reuniones se alargó. Por otro lado, algunos estudios han descubierto que había quienes trabajaban menos horas. Un análisis detallado descubrió una reducción notable en las jornadas[78] entre 2019 y 2022; los hombres en edad productiva y con estudios universitarios presentaron la caída más pronunciada. Otra investigación sugiere que la mayoría de las reducciones han sido voluntarias[79] y que al menos parte de ellas es temporal.

Estos cambios provocados por la pandemia en la participación de la mano de obra y las horas de trabajo deseadas en parte reflejan las maneras en las que las personas reconsideraban cómo su trabajo encajaba en decisiones vitales más importantes. Una de las razones es que la pandemia las obligó a enfrentarse a la precariedad y, en algunos casos, a la fugacidad de la vida. Ver a la gente morir antes de tiempo fue una llamada de atención para muchos. La prensa estaba llena de encuestas e historias sobre cómo la actitud de la población hacia el trabajo había cambiado.[80] Para algunos, la experiencia de pasar más tiempo con su familia cambió en lo que buscaban en un empleo. Esto no es algo que hayan registrado nuestras encuestas, pero sí salió en una de las entrevistas que realicé. Tracy Smith trabajaba en publicidad y los días laborables casi no veía a su hija. Cuando decidió buscar un trabajo nuevo, dijo que la «flexibilidad, que en realidad nunca había sido un factor que me importase demasiado, ahora estaba lo primero en mi lista». Acabó en una de las organizaciones de nuestra investigación «porque hay ciertas cosas a las que ahora no pienso renunciar y que antes ni siquiera sabía que me faltaban. Solía dejar a mi hija muy temprano y la recogía muy tarde. No pienso volver a pasar por ello».

Aunque hay cierta incertidumbre sobre cómo ha cambiado[81] exactamente la jornada laboral durante el curso de la pandemia, no hay duda de que las exigencias en el trabajo dieron como resultado un aumento del estrés y del desgaste personal en Estados Unidos y el resto del mundo. Entre los participantes de nuestras pruebas piloto, la satisfacción con el tiempo era de las más bajas de las preguntas de satisfacción. La pandemia implicó que la gente necesitaba más tiempo. Mucho más.

Este es el contexto que condujo a los ensayos de la semana laboral de cuatro días. Muchas personas ya sufrían por no dar abasto debido a las largas jornadas laborales y por tener que enfrentarse a la misma situación en casa. Cuando llegó el COVID, las exigencias se volvieron insoportables, sobre todo para los padres. Tanto los empleados como los empresarios necesitaban la solución a una situación imposible. La semana laboral de cuatro días resultó ser su salvación.

LA NATURALEZA TRASCENDENTAL DE LOS ENSAYOS

Los ensayos de la semana laboral de cuatro días, o pruebas piloto, han hecho historia en muchos sentidos. Han sido los más amplios que se han llevado a cabo jamás. En el momento de escribir esto, han participado 245 organizaciones y ocho mil setecientos empleados.[82] (Para más detalles, consulta la tabla A.1 en el Apéndice). Han abarcado muchos países: hemos hecho ensayos en Norteamérica y Sudamérica, Europa, África y Australasia. En la mayor parte de las intervenciones anteriores, en los lugares de trabajo solo había participado una empresa, no cientos. Y, aunque hubo un amplio experimento con una semana laboral más corta en Islandia de 2015 a 2019, se caracterizaba por una menor reducción de la jornada y solo incluía a empleados del sector público. Numerosos ensayos escandinavos con semanas laborables más reducidas también abarcaban el sector público. Las pruebas piloto del 4 Day Week Global fueron pioneras, y ambiciosas, por incluir a un abanico más amplio de organizaciones del sector privado. Teníamos participantes de todos los sectores principales, no solo en cuanto a servicios profesionales, informática, finanzas y otros departamentos administrativos, sino también en la industria hotelera, sanidad, fabricación y construcción. Incluimos pequeñas y medianas empresas. (Hubo algunas empresas más grandes de cinco mil empleados o más, pero solo participaron en las pruebas piloto grupos más pequeños dentro de estas). Los ensayos, y el resultado de nuestra investigación, se han alargado durante varios años, lo que demuestra la viabilidad en contextos macroeconómicos. Y, como hemos mantenido la investigación en marcha, hemos podido monitorizar a las empresas con el tiempo (dos años en el momento en que escribo esto). Todas y cada una de las pruebas piloto de los dos primeros años han tenido éxito, con muy poco índice de abandono y grandes resultados para los empleados. Este intento ha sembrado las bases que conducen no solo a que las organizaciones del sector privado sientan un gran interés por la semana laboral de cuatro días, sino para que varios Gobiernos financien sus propios ensayos.

DISEÑO DE LA INVESTIGACIÓN DEL ENSAYO

El diseño de nuestra investigación fue directo: consistió en encuestas a los empleados, carga de datos por parte de las empresas y entrevistas con los empleados. (Consulta el Apéndice para más detalles). Los ensayos comenzaron con dos meses de planificación, coordinado por 4 Day Week Global, seguido por un periodo de seis meses de una semana laboral de cuatro días. 4 Day Week Global se ocupó de todas las contrataciones. A los participantes se les pidió que mantuvieran el salario y redujeran las horas de trabajo al menos cuatro horas a la semana; sin embargo, todas salvo unas pocas implementaron[83] una reducción de ocho horas. Hicimos un seguimiento de las mismas personas con las encuestas a los empleados conforme avanzaba el tiempo: desde antes de que comenzase el ensayo (es decir, en el punto de partida), luego a los tres, seis, doce y veinticuatro meses. Las encuestas variaban de longitud; las versiones del punto de partida y la de los seis meses eran las más largas, aproximadamente con 150 preguntas[84] sobre sus experiencias en el trabajo, patrones en el uso del tiempo, energía empleada y veinte indicadores de bienestar además de comentarios abiertos. En el año 2023, los investigadores utilizaban nuestra encuesta instrumental, así como sus versiones traducidas, por todo el mundo, incluso en ensayos nacionales oficiales en Portugal y Escocia.

En cuanto a los datos de las empresas, era importante que fuera algo sencillo porque participaban muchos tipos de organizaciones y muchísimas de ellas eran pequeñas. Decidimos que los ingresos serían la forma más práctica de medir el éxito en líneas generales. Aunque muchas veces la gente pregunta por la productividad, muchas empresas no tienen métricas de productividad claras, y las que sí las tienen, no son comunes entre los ensayos con los participantes. (Les pedimos a las organizaciones que evaluasen el ensayo en cuanto a productividad y rendimiento). También les pedimos datos sobre las renuncias, bajas por enfermedad, nuevas contrataciones y el uso de la energía. Los ensayos varían de tamaño, siendo el tercero (Reino Unido) el más grande. Para este colaboramos con el 4 Day Week Campaign (Reino Unido) y con el Autonomy Institute. Cuando decidí escribir este libro, empecé a entrevistar a los directores ejecutivos y demás de las empresas participantes para conocer sus historias.

También cabe señalar que, desde el principio, dispusimos que el equipo de investigación fuese independiente de las ONG con las que trabajábamos. Mostraron un respeto absoluto a esa independencia. Reunimos nuestros propios fondos, controlamos toda la investigación y los datos, y nos preparamos para lo que fuera que arrojaran los datos. Al final, resultó que nuestros descubrimientos respaldaron con creces la misión de 4DWG y de nuestros otros colaboradores: la semana laboral de cuatro días funciona para los dueños de las empresas y sus trabajadores.

La investigación se diseñó para abordar el impacto de la semana laboral de cuatro días en los empleados y negocios. Como hay tantos tipos de impactos, hemos recopilado muchos tipos de resultados variables. Y como nos sumergimos en la investigación con la mente abierta y no para «demostrar» que la semana laboral de cuatro días funcionaría, nos aseguramos de incluir preguntas que captarían consecuencias adversas inesperadas. ¿La reorganización del trabajo conllevaría un ritmo más frenético y que la carga fuese más alta? ¿Reducir la semana a cuatro días significaría que la gente perdería el control de su horario? ¿Qué ocurriría con el sentimiento de conexión con otros compañeros? ¿Estarían más cansados al final de la jornada? ¿Aceptarían los participantes un segundo empleo en su día libre, con lo que disminuirían los beneficios sobre su bienestar? Para nuestra sorpresa, muy pocas de estas repercusiones negativas ocurrieron.

DESCRIPCIÓN DE LAS EMPRESAS

Bueno, ¿quiénes son las empresas? Ya he hablado de los distintos países, sectores, tamaños y demás características, pero solo en términos generales. Primero, los países. El ensayo de Reino Unido fue el más grande, con el 29 por ciento de las empresas. Estados Unidos está en segundo lugar con el 23 por ciento. Con respecto al tamaño, como ya he señalado, la mayoría de las organizaciones del ensayo son pequeñas. El 28 por ciento son muy pequeñas (de uno a diez empleados); el 35 por ciento tienen entre once y veinticinco; el 17 por ciento tienen entre veintiséis y cincuenta; el 9 por ciento tienen entre cincuenta y uno y cien, y el 11 por ciento cuentan con más de cien empleados. Esto se debe en parte a la configuración del ensayo. Las grandes empresas no necesitan asociarse con una ONG para cambiar su horario. Pueden hacerlo por sí mismas. En cuanto al sector, el mayor grupo lo componen los servicios profesionales y el *marketing*, que suponen el 45 por ciento de la muestra. Los siguientes son servicios civiles, sociales y demás con el 18 por ciento. El sector administrativo e informático suponen el 9 por ciento. La sanidad y la educación forman el 5 por ciento cada una. Las finanzas y las aseguradoras son el 4 por ciento, al igual que la construcción y la fabricación. Los minoristas forman el 3 por ciento. El resto de las empresas son una mezcla. En términos de trabajo presencial o en remoto, la mayor categoría es la modalidad híbrida con el 69 por ciento, el 25 por ciento totalmente en remoto y solo el 5 por ciento únicamente presencial.

Y, por último, ¿cómo implementaron la semana laboral de cuatro días? Un día libre a la semana es lo más común, y el 81 por ciento de las empresas lo hicieron; además, el otro 14 por ciento ofreció una solución mixta, y permitieron a los empleados elegir entre una semana laboral de cuatro días o una jornada reducida diaria. El 5 por ciento eligió una solución alternativa.[85] Los viernes libres fue la opción más popular, y la eligió el 43 por ciento. Otro 17 por ciento ofrecían los lunes y/o los viernes. El 37 por ciento tienen algo distinto (rotaciones, decisiones personales y así sucesivamente).

Tabla 1.1. Descripción de las empresas

País		Sector	
Australia	10 %	Servicios profesionales y *marketing*	45 %
Canadá	9 %	Servicios civiles y sociales	18 %
Unión Europea	4 %	Administrativo e informática	9 %
Irlanda	6 %	Otros	6 %
Nueva Zelanda	4 %	Sanitario	5 %
Sudáfrica	13 %	Educativo	5 %
Reino Unido	29 %	Finanzas y seguros	4 %
Estados Unidos	23 %	Fabricación y construcción	4 %
Otros	0 %	Minoristas	3 %
Tamaño		Presencial vs. remoto	
1-10	28 %	Completamente presencial	5 %
11-25	35 %	Completamente en remoto	25 %
26-50	17 %	Híbrido	69 %
51-100	9 %		
+101	11 %		

Tabla 1.2. Cómo las empresas distribuyeron la semana laboral de cuatro días

		Porcentaje de empresas
Disposición de la semana laboral de cuatro días	Un día libre a la semana (SL4D)	81 %
	Otras disposiciones	5 %
	Mezcla entre SL4D y otras disposiciones	14 %
Elección de día libre	Lunes	1 %
	Miércoles	2 %
	Viernes	43 %
	Lunes o viernes	17 %
	Otro o día libre no especificado	37 %

PENSAR COMO UN INVESTIGADOR

Si sigues los resultados de las investigaciones, sobre todo en campos como la medicina y la economía, sabrás que el sello de calidad en el diseño es el ensayo controlado aleatorizado (ECA). Los participantes se reparten de manera aleatoria entre dos grupos. A unos se les aplica el «tratamiento» o intervención (en este caso, el horario laboral de cuatro días sin reducción de sueldo) y los otros siguen con lo suyo como de costumbre. El modelo ECA proviene de la medicina, donde a la mitad de los pacientes se les suministra un fármaco nuevo y a la otra mitad se les da un placebo. Es una buena forma de descubrir si el fármaco funciona, aunque los fuertes efectos del placebo pueden complicar las cosas. Hace unos veinticinco años, los economistas del desarrollo y otros científicos sociales empezaron a utilizar el ECA para descubrir si las intervenciones dirigidas a reducir la pobreza o a mejorar la salud pública funcionaban. Sin embargo, nosotros nos encontramos con una situación más complicada. Tratábamos con organizaciones, no individuos, lo que suponía dos motivos por los que un ECA no era factible. Primero,

¿cómo íbamos a conseguir que las empresas que querían cambiar a una semana laboral de cuatro días aguantaran durante seis meses? Ningún director en su sano juicio que piense que esto ayudaría a su organización pondría la mano en el fuego en este sentido. Algunos tenían una necesidad de cambio urgente. Pero, incluso si no la tenían, no teníamos influencia sobre ellas. En los ensayos farmacológicos, las personas están impacientes, incluso desesperadas, de probar un fármaco nuevo, y los ensayos son la única manera de acceder a ellos. Se unen incluso a pesar de que solo tienen el 50 por ciento de probabilidades de tomarlo. En muchos de los ECA llevados a cabo por los economistas, la pobreza crea esa disposición. Una semana laboral de cuatro días no es un lujo al que tengamos un acceso exclusivo. Cualquier empresa podía establecerla.

El segundo motivo es que la semana laboral de cuatro días es un cambio que afecta a toda la organización. Muchos estudios previos sobre intervenciones en el lugar de trabajo han incluido solo a un subgrupo de empleados, lo que permitía a los investigadores añadir un grupo de control para cotejar. Sin embargo, en nuestro caso el «tratamiento» no es a nivel individual. La idea es que la empresa entera se someta a una reorganización del trabajo para cambiar la filosofía, las prácticas y las políticas. Una parte importante del impacto es que el estigma de la adaptación individual (que ha sentenciado muchas iniciativas previas de flexibilidad) queda eliminado. Las personas no se ven perjudicadas por trabajar menos. Aunque podríamos haber establecido grupos de control en organizaciones más grandes con divisiones o ubicaciones separadas, nuestros ensayos atraían a empresas más pequeñas donde esto no era una opción. Tenían que participar todos.

Una forma de sortear esto sería contratar algunas empresas de control[86] (organizaciones a las que les interesaba la semana laboral de cuatro días pero todavía no iban a involucrarse). Por supuesto, no sería un grupo aleatorio, pero sí les añadiría cierto peso a los resultados. En el ensayo irlandés logramos conseguir algunas, y las diferencias con el grupo tratado fueron sorprendentes. Sin embargo, el número de participantes en las encuestas era pequeño. Nuestros colegas que llevaron a cabo el ensayo patrocinado por el Gobierno portugués incluyeron un grupo de control y descubrieron que el bienestar aumentó significativamente en las empresas con jornadas laborales de cuatro días y disminuyó en muchas medidas similares en el grupo de control. En 2022, nuestra selección de empresas de control se nos quedó corta, pero en 2023 redoblamos nuestros esfuerzos y lo conseguimos. Hablaré de esos resultados en el próximo capítulo. En resumen: el bienestar y la productividad que comunicaban a nivel personal aumentan de manera significativa en las empresas con la semana laboral de cuatro días, pero no en las organizaciones de control.

Aunque lo ideal habría sido llevar a cabo un ECA, y esperamos que algunos de los ensayos gubernamentales que puedan venir influyan lo suficiente sobre las empresas para hacerlo, hay características en el diseño de nuestra investigación que palian su ausencia. En especial, como recopilamos datos durante un largo periodo de tiempo, hay menos preocupaciones sobre los efectos «de la época». Estos ocurren cuando los resultados se deben a que algo más ocurrió durante el mismo espacio de tiempo que arroja los resultados. A principios de 2022, cuando comenzamos, un efecto de la época en potencia era que los países empezaban a salir de la pandemia. Ese sería un factor evidente que mejoraría el bienestar. Seguramente, también afectaría al rendimiento de la empresa. Pero nuestros resultados se han mantenido a lo largo de 2022, 2023 y 2024, mucho después de que las naciones abrieran las fronteras. Y no han cambiado demasiado desde entonces. Una segunda característica de nuestro diseño es que la muestra varía en otros aspectos aparte del tiempo. Estos incluyen el contexto nacional, el sector, el tamaño de la organización y si es una entidad con o sin ánimo de lucro. Incluso tenemos un par de empresarios del sector público. Cuantos más tipos de organizaciones se incluyan, más sólidos serán los resultados. Y, por supuesto, importa que la muestra sea grande. Cuanto más repliquemos los resultados, más confianza tendremos en ellos.

Por último, está el problema de lo que se denomina «sesgo de selección», que es por lo que la aleatorización en condiciones de tratamiento y control es tan importante. El sesgo de selección ocurre cuando las personas seleccionadas para un estudio, o para el tratamiento, son distintas a las no seleccionadas. Este tipo de sesgo es algo serio en muchos estudios. Para nuestras empresas, sin duda, es algo importante que tener en cuenta. Las empresas que han decidido probar la semana laboral de cuatro días casi seguro que son distintas de las que no. Si asumimos que los directores conocen sus empresas, es muy probable que tengan más éxito que las que se muestran reticentes a intentarlo.

Por eso nunca afirmamos que nuestra investigación demuestra que cualquier empresa puede aplicar de manera beneficiosa una semana laboral de cuatro días ahora mismo. *Lo que sí muestran nuestros resultados es que algunas empresas se benefician de ella*. Sin embargo, también dejan entrever que el éxito es posible no solo para un tipo concreto de empresa o país. Con el tiempo, a medida que hemos obtenido resultados de cada vez más empresas, hemos visto que el éxito se obtiene por múltiples vías y motivos. Esto sugiere que cada vez más empresas pueden conseguirlo y que, probablemente, el sesgo de selección de nuestra muestra se vuelva menos grave. Como contamos con más empresas administrativas, también es posible que haya menos sesgo de selección en esos sectores. Regresaré a esta cuestión en el último capítulo, donde explico por qué creo que este modelo puede funcionar en general.

El otro tipo de sesgo de selección implica a los empleados. ¿Las personas que participan en nuestro ensayo son distintas a otros empleados? El sesgo de selección en este caso no tendría mucha razón de ser porque los empleados se seleccionan para la semana laboral de cuatro días, porque en casi todos los casos las ganas de participar provienen de los altos cargos. Aunque quizá su motivación viene porque sus trabajadores tienen más trabajo, y están más estresados y desgastados que otros empleados. En este caso, estas empresas pueden obtener más beneficios de la semana laboral de cuatro días.

A pesar de los problemas que plantea esta investigación, los ensayos han sido una intervención revolucionaria cuyo éxito ha sido mucho mejor de lo esperado. Esta ha sido la experiencia de las empresas y las personas que han participado. Ahora es el turno de los empleados.

2

UNA INICIATIVA QUE CAMBIA LA VIDA

Durante décadas, los empresarios han instaurado programas y políticas diseñadas para mejorar el bienestar de los trabajadores. Han ofrecido flexibilidad de tiempo, disminución de estrés, clases de yoga, aplicaciones de bienestar, excedencias por maternidad y más. Casi ninguna de estas intervenciones, que están enfocadas en prácticas personales en lugar de organizativas, resuelven los problemas a los que aparentemente iban dirigidas. Un análisis reciente[88] que incluía a más de cuarenta mil empleados de Reino Unido descubrió que estos programas no afectaban en nada al bienestar, por lo que se hizo eco de resultados anteriores.[89] Algunos de estos intentos son solo formas de hacer que la gente trabaje más. Otros han acabado por estigmatizar a las personas que hacen uso de ellos o les bajan el sueldo sin que cambie la carga de trabajo (una queja frecuente durante las excedencias por maternidad). Una de las conclusiones de los resultados de los estudios es que las intervenciones que ponen la responsabilidad en los individuos fracasan. Otra conclusión de estas publicaciones es que, hasta hace poco, casi ninguna empresa diseñaba intervenciones que permitieran a los empleados trabajar menos sin perder parte del sueldo.

En eso es en lo que se diferencia de la semana laboral de cuatro días. Esta se centra en la organización en vez de en el individuo. Aborda el mayor problema que tiene la gente: necesitan tiempo. Tampoco reduce sus ingresos. Y una cosa más: no es un juego ni dar un pasito. Es un cambio muy atrevido.

EL BIENESTAR MEJORA, A VECES DE FORMA DRÁSTICA

Mientras revisaba nuestros datos, no dejaba de ver palabras[90] como «salvación», «que cambia la vida», «brillante» o «impresionante». Algunos lo llamaban «revolucionario» o «transformador». Nos llegaron comentarios como estos:

- «Me encanta la prueba piloto. ¡Todo ha ido genial».
- «¡Deberían hacerlo todos!».
- «Agradezco muchísimo este ensayo. Mi vida ha dado un cambio drástico».
- «Adoro este ensayo porque ha mejorado mi vida de todas las maneras posibles».
- «Mi vida ha mejorado notablemente y me costaría muchísimo renunciar a esto».
- «¡Madre mía! El proyecto es una pasada».

Sam Smith, el cofundador de Pressure Drop Brewing, dijo: «Me siento como si volviera a tener veintitrés años». Esto no quiere decir que no haya detractores. Hay unos pocos. Pero como un empleado de una empresa de Estados Unidos dijo: «La SL4D es lo mejor que me ha pasado en la vida y a mi familia (desde el nacimiento de nuestros hijos)».

Que esta sea la sensación tiene sentido dado lo que hemos aprendido sobre el impacto de tener un tercer día libre. Hemos preguntado por el bienestar subjetivo a través de preguntas sobre el trabajo y la satisfacción vital, así como prácticas conductuales como el ejercicio y el sueño. En todas de las veinte métricas descubrimos una mejora notable a nivel estadístico desde el principio hasta el final del ensayo. Vimos una reducción en el desgaste y el estrés. Las personas sufren menos ansiedad. Experimentan menos emociones negativas y más positivas. Sus valoraciones subjetivas acerca de la salud mental y física mejoraron. Tras un año con este horario, un empleado nos contó: «Mi salud mental ha mejorado tanto durante este último año que ahora disfruto de mi tiempo libre fuera del trabajo (¡antes estaba demasiado cansado los fines de semana como para disfrutar del tiempo libre!). Ahora tengo una autonomía que se siente única y nueva». Un motivo de esto es que las personas duermen mejor y están menos cansadas. Hacen más ejercicio. No son resultados retrospectivos. Le preguntamos a la gente cómo les iba en distintos momentos y monitorizamos esos resultados (cuando empieza el ensayo y luego a los tres, seis, doce y veinticuatro meses). Hemos descubierto que estos resultados se prolongan incluso a los dos años. El 96 por ciento de los empleados de nuestra muestra quieren mantener este horario, y el 13 por ciento de quienes lo prefieren dicen que ni por todo el oro del mundo aceptarían un puesto en el que tengan que volver a trabajar cinco días.

A veces la respuesta a estos resultados es un encogimiento de hombros. Está claro, la gente se siente mejor cuando trabaja menos. No hay que ser un lumbreras para darse cuenta. Pero ¿de verdad es tan obvio? Puede que el trabajo los estrese más. Y luego está la pregunta de por qué mejoran las cosas. Nuestro modelo sugiere que no es tan evidente como cabría pensar. Cuando indagamos en por qué las personas se sienten mejor, identificamos dos vías principales. La primera es una que probablemente ya se te haya ocurrido. La gente tiene más tiempo para su familia y amigos, para dormir, sus aficiones, para hacer ejercicio y sus comunidades. Estas áreas de la vida aumentan el bienestar. Aunque lo que impulsa el cambio es lo esperado, no pensábamos que estos resultados fueran a ser tan grandes, universales o duraderos. Los datos revelan una mejora en toda clase de personas pertenecientes a todos los sectores, países, épocas, tamaño de la empresa, modelos de negocio, duración del horario nuevo y tipo de horario al que cambian.

La otra vía fue inesperada. La semana laboral de cuatro días hace que las personas se sientan más eficientes en su trabajo. «Me noto más organizada, eficiente y productiva tanto en mi vida profesional como personal». Algunos ya no se preguntan si serán capaces de llegar vivos al fin de semana. La «depresión del domingo» desaparece,[91] ya que la gente tiene las pilas cargadas y está lista para volver al trabajo. En general, hemos visto un gran aumento en la productividad. Y eso resulta que es un factor inesperado que produce mejoras en el bienestar.

En los próximos capítulos explicaré cómo los cambios en el bienestar afectan al balance de las empresas. Pero primero exploremos cómo la vida de las personas (dentro y fuera del trabajo) cambia cuando tienen un día libre extra.

MEJORAR LA SALUD

Muchos empleados han compartido sus historias sobre cómo la semana laboral de cuatro días ha mejorado su salud. Mi favorita es la de alguien que afirma que le ha salvado la vida. «Si no hubiera sido por la prueba piloto, no habría tenido tiempo ni disponibilidad para pedir citas médicas e intervenciones que básicamente llevaron a una detección temprana de algo que podría haber sido mortal. Gracias a esos pocos días libres extra puedo escribir este email sabiendo que estoy sano». Ese «algo» era cáncer, y esta persona sentía que si no hubiera tenido los viernes libres, no habría pedido esa primera cita médica. Muchos de nosotros sabemos lo que se siente. Si estamos ocupados, seguramente no haremos esa llamada. O nos alivia saber que no estábamos tan ocupados y que hemos evitado el desastre. Tener un trabajo que nos deja tan poco tiempo que ponemos nuestra vida, o a nuestros seres queridos, en riesgo es algo por lo que nadie debería pasar.

Las historias menos dramáticas también narran cambios importantes en el físico y la salud mental. Un participante respondió que pudo dejar de tomar tantos analgésicos porque sus dolores de cabeza habían remitido. Están menos «enfadados y tensos» porque tienen un día menos de lo que para ellos es un largo desplazamiento insoportable. (También les gusta ahorrar dinero al usar menos el coche). Otro participante explicó que tener más tiempo libre implicaba ir antes a terapia, lo que supuso un gran impacto en su vida. «A nivel emocional me siento mucho menos quemado; antes sentía que con dos días no me daba para darme un respiro emocional fuera del trabajo por la continua presión del puesto. La semana laboral de cuatro días ha hecho que sea mucho más fácil recuperarme de luchas/situaciones de la vida porque así tengo mucho tiempo extra para resolver los problemas».

Un empleado informó de que había sufrido su primer episodio de psicosis y que pudo mantener el puesto, algo que no pensó que hubiera sido posible con un horario de cinco días laborables. También hemos oído que para las personas con discapacidades, incluso las que no se ven, este horario es lo que les posibilita mantener un trabajo normal. Un empleado con un trastorno de ansiedad generalizada afirmó: «La presión por el tiempo me agrava los síntomas». El alivio de tener un día libre extra significa que sus síntomas se han reducido de manera «perceptible».

Un participante sudafricano nos contó que había dejado de depender de los antidepresivos y de «pastillas tranquilizantes». (Otros también han informado de esto, pero con una terminología distinta). Nos explicaron que la semana laboral de cuatro días se había convertido en una parte esencial de sus vidas. «Me da taquicardia con solo pensar en que no vayamos a mantener esto. Me ha sacado de un momento muy malo de mi vida en el que sentía que lo único que hacía era trabajar, comer, dormir y repetir. Tengo sesenta años y llevo trabajando toda la vida; es como vivir de la pensión pero trabajando todavía y en Sudáfrica jamás llegaríamos a cobrar la pensión porque el coste de la vida es demasiado alto».

Una participante de Reino Unido también lo relacionó con la salud mental y física, y nos contó que el ensayo le había cambiado la vida. «Al principio del ensayo no tardé en darme cuenta de que no estaba gestionando mis problemas mentales muy bien. Eso hizo que me costara sobrellevar el primer mes. El día extra me ha permitido superar muchos de estos desafíos, cambié la alimentación y perdí 13 kilos durante el ensayo y me ascendieron en el trabajo. Ya sea que la semana de cuatro días continúe o no, creo que después de ella seré una persona distinta». La persona que informó sobre ir a terapia explicó: «He descubierto que supone un gran impacto en todos los aspectos de mi vida, tanto en casa como en el trabajo. He vuelto a apuntarme al gimnasio, he descubierto lo fácil que me resulta hacer las tareas de casa y he retomado antiguas aficiones para las que antes no tenía energía ni motivación». En el estudio sobre una empresa de confecciones,[92] a la que llaman BldWrk, que duró cuatro días, nuestras colaboradoras Phyllis Moen y Youngmin Chu entrevistaron a alguien que informó de que llevaba necesitando fisioterapia «literalmente durante años», pero que no había podido sacar tiempo para ello. Al tener los viernes libres, ahora tenía «la libertad para hacerlo».

Una participante europea señaló grandes mejoras en distintos ámbitos. Sufría diabetes tipo 2, pero los cambios en su estilo de vida habían hecho que remitiera. Sus médicos lo consideraban «sorprendente, increíble, transcendental». Ha perdido dieciocho kilos y está menos estresada, y ha mejorado la apnea del sueño. El síndrome de ovarios poliquísticos ha mejorado tanto que incluso podría quedarse embarazada. De hecho, la posibilidad de quedarse embarazada ahora (ya sea por salud o por la presión de que el tiempo apremia) es algo que han comentado varias participantes.

Los datos de nuestra encuesta confirman la validez de estas experiencias individuales. La salud mental mejora y la ansiedad disminuye. El desgaste profesional cae en el 69 por ciento de los participantes. El estrés se reduce, al igual que la ansiedad y las emociones negativas. Las emociones positivas aumentan. La salud física también mejora, en algunos casos porque está estrechamente vinculada con la salud mental. Todos y cada uno de estos cambios es estadísticamente significativo en el nivel de probabilidad más estricto, lo que significa que no son cambios aleatorios. Estos resultados se detallan en la tabla 2.1.

Tabla 2.1. Mejora del bienestar

	Inicio	Final	Cambio	% Reducción	% Sin cambios	% Aumento
Estrés laboral	3,2	2,9	-0,3	38 %	47 %	14 %
Desgaste	2,8	2,4	-0,4	69 %	9 %	23 %
Satisfacción laboral	7,1	7,6	0,5	24 %	29 %	48 %
Salud física	3,0	3,3	0,3	17 %	46 %	37 %
Salud mental	2,9	3,3	0,4	16 %	41 %	42 %
Ansiedad	2,4	2,1	-0,3	38 %	47 %	15 %
Emociones positivas	3,1	3,6	0,5	25 %	11 %	64 %
Emociones negativas	2,3	2,0	-0,3	54 %	21 %	24 %

Nota: «Reducción», «Sin cambios» y «Aumento» son fracciones de la muestra cuya puntuación bajó, subió o no cambió. «Estrés laboral»: frecuencia del estrés laboral durante las últimas cuatro semanas (escala del 1-5). «Desgaste»: 7 ítems (escala del 1-5). «Satisfacción laboral»: (1-10). «Salud física»: (1-5). «Salud mental»: (1-5). «Ansiedad»: (1-4). «Emociones positivas»: 5 ítems (1-5). «Emociones negativas»: 3 ítems (1-5). Cuando se indique, los niveles de significación se basan en pruebas t para muestras emparejadas con el fin de determinar si los valores iniciales y finales son significativamente diferentes: +$p<0,1$; *$p<0,05$; **$<0,01$; ***$p<0,001$. Cuando no hay indicadores de significación, como arriba, todos los cambios desde el inicio hasta el final son significativos al nivel de $p<0,001$.

La tabla también incluye el porcentaje de personas para las que cada resultado mejora, no cambia o empeora. Tal vez te preguntes por qué algunas tienen peores puntuaciones. Es importante recordar que a los empleados les afectan otros factores además del horario laboral. Durante los seis meses del ensayo, a la gente le ocurre todo tipo de cosas que afectan a su salud y bienestar; algunas buenas, otras malas. Al analizar los resultados de la encuesta de una persona, me di cuenta de que el sueño y el ejercicio habían caído en picado, la ansiedad había subido y otros indicadores de bienestar habían disminuido. En resumidas cuentas, su experiencia no apoyaba el patrón general de lo que habíamos descubierto. «¡Ajá! —pensé—. Debe de ser padre primerizo». Por supuesto, lo era. Vimos un caso similar en los comentarios cuando alguien señaló: «Quiero comentar algo sobre por qué mi salud puede que no sea "excelente" ahora mismo y/o por qué mis respuestas igual parecen sesgadas. Tengo un bebé de diez meses al que cuido de vez en cuando durante la jornada. Aunque tener una semana laboral de cuatro días me ha ayudado a mí y a mi familia un montón, ¡tener un bebé y aprender a ser madre es agotador! Además, hace poco (durante los últimos cuatro meses) me han diagnosticado una enfermedad autoinmune y he tenido un brote estas cuatro semanas que ha afectado a mi salud física, mental y emocional al igual que a mi trabajo».

Este tipo de sucesos vitales suceden durante el transcurso del ensayo y es un motivo por el que cerca de un cuarto de la muestra tiene peor salud física y menos emociones positivas al final del ensayo con respecto al principio. Para algunos, puede darse el caso de que el horario nuevo no les funciona, pero como hemos visto que el 96 por ciento de las personas quieren continuar con el ensayo de la semana laboral de cuatro días, es más probable que los resultados negativos se deban a factores aleatorios que no estén relacionados como un diagnóstico o un acontecimiento adverso. (Al principio de la investigación, las personas escribían en nuestra caja de comentarios abiertos para criticar el instrumento de la encuesta bajo la premisa de que no tenía en cuenta algo malo que les pasó y que no tenía relación con la semana laboral de cuatro días. Les preocupaba que sus respuestas sugirieran por error que el horario nuevo no les funcionaba. Comenzamos a ofrecer una caja de comentarios separada para que opinasen sobre la encuesta. Así supimos que estos acontecimientos eran tanto positivos como negativos y que, en muestras grandes como las nuestras, seguramente se anularían entre sí).

La segunda tanda de resultados ayuda a explicar por qué la gente obtuvo mejores puntuaciones en cuanto a la ansiedad, la salud y el desgaste. Estos parten de cambios conductuales como el ejercicio, el sueño y el cansancio. Y todos mejoran durante el periodo de prueba. Dormir más y mejor es un cambio importante. El 39 por ciento de la muestra informa de que tienen menos problemas para dormir, y las horas de sueño se alargan doce minutos al día. Al final del ensayo, la gente duerme 6,9 horas cada noche, rozando las siete que los expertos recomiendan. Algunos recuperan las horas de sueño el día libre. Un empleado canadiense explicaba: «He tenido la oportunidad de recuperar buena parte del sueño que necesitaba durante el ensayo. He descubierto que, cuando vuelvo al trabajo los lunes, siento que de verdad he tenido la oportunidad de desconectar el fin de semana. Antes nunca descansaba los días libres porque tenía demasiadas cosas que hacer… Creo que tengo que seguir trabajando en mi autocuidado para sentirme descansado por completo… ¡Me quedan muchos años de desgaste por compensar!». Otro empleado canadiense, en una *start-up* con mucha carga de trabajo, explicaba: «Durante el ensayo, mi salud mental mejoró muchísimo. Mi rutina de sueño también ha mejorado; normalmente duermo la noche de un tirón y, cuando me levanto, me noto con energía». Otro, de Reino Unido: «La flexibilidad de tener un día extra a la semana para cuidar mi salud mental, mi ciclo de sueño y las tareas prácticas de la vida, así como para encajar actividades en mi vida personal que me nutren y otras relacionadas con el desarrollo personal… no tiene precio».

Los participantes del ensayo también se sienten más activos físicamente. Hemos visto que aumenta la frecuencia con la que hacen ejercicio. Ir al gimnasio es de las cosas que más se mencionan en los comentarios. Y bastantes personas han informado de que se han apuntado o vuelto a apuntar al gimnasio. «La experiencia de formar parte de este programa piloto ha sido muy positiva. No solo me ha permitido mejorar mis habilidades para gestionar el tiempo en el trabajo y en casa, sino que me ha permitido pasar más tiempo con mi familia y estresarme menos por la vida en general. Ahora me noto más productivo en el trabajo y en casa. Mi hijo está deseando jugar conmigo… He podido apuntarme de nuevo al gimnasio y voy 2-3 veces por semana. Es muy positivo para mi salud mental, que no ha estado muy bien entre una cosa y otra… ¡Espero que esta sea la nueva normalidad en todas las empresas! Creo que el mundo sería un lugar mejor y que la gente estaría más feliz».

Dado que los participantes duermen más y hacen más ejercicio, no es de extrañar que el agotamiento disminuya mucho y para el 44 por ciento de la muestra. (Solo el 13 por ciento experimentan un aumento del agotamiento). Un participante notó lo agotador que era el antiguo horario. «Descubrir lo cansado que estoy los jueves y cómo hemos sido capaces de aguantar una semana laboral de cinco días durante tanto tiempo me ha abierto los ojos. Durante el ensayo, tener un día libre extra se ha convertido en una parte esencial de mi rutina para hacer cosas personales, claro, pero lo más importante es descansar y prepararse para la siguiente semana de trabajo». El cansancio se asocia con el estrés en el lugar de trabajo y las exigencias de la familia y la vida diaria. La semana laboral de cuatro días ayuda en ambos casos.

Tabla 2.2. Más horas de sueño y ejercicio, menos cansancio

	Inicio	Final	Cambio	% Reducción	% Sin cambios	% Aumento
Horas de sueño	6,7	6,9	0,2	17 %	48 %	35 %
Problemas de sueño	2,3	2,0	-0,3	39 %	46 %	15 %
Frecuencia de ejercicio	2,4	2,7	0,3	18 %	50 %	32 %
Cansancio	2,7	2,2	-0,5	44 %	43 %	13 %

Nota: «Cansancio»: (1-4). «Horas de sueño»: número de horas al día. «Problemas de sueño»: (1-4). «Frecuencia de ejercicio»: veces a la semana (0-7+). Todos los cambios desde el inicio hasta el final son significativos al nivel de $p<0,001$.

Otro cambio del que hemos oído hablar es que la gente tiene más tiempo para cocinar y comer más sano. Esto no se refleja en las horas de media que dicen pasar en la cocina, pero el 29 por ciento de los participantes emplean más tiempo cocinando. Como nos dijo uno de ellos: «Uno de los cambios más importantes es que he podido tomarme mi tiempo para ir a hacer la compra el viernes (cuando no está abarrotado), concertar citas y preparar la comida. Como resultado, me siento mucho más sano y dejar la comida preparada también me ayuda a ahorrar dinero. Como la inflación está tan alta últimamente, es fundamental. Antes estaba demasiado cansado y ocupado como para ir a hacer la compra y dejar la comida hecha como es debido, así que acababa comiendo fuera más. Es más caro, menos satisfactorio y menos sano, y también me sentía más embotado y frustrado en el trabajo». Los comentarios abiertos también están repletos de personas que informan que cocinan más, ya sea para toda la semana o a diario, cocina sana o platos más complejos.

¿QUIÉNES SON NUESTROS PARTICIPANTES?

Antes de seguir hablando de otros resultados en el bienestar, quiero parar un momento para contarte algo sobre quiénes son las personas que participan en los ensayos a nivel demográfico y socioeconómico. (El Apéndice contiene una tabla, por si prefieres ver la información en ese formato). La característica más destacable es que nuestra encuesta se caracteriza por mujeres; el 64 por ciento marcan esa casilla, mientras que el 34 por ciento son hombres y el 2 por ciento, otros/no binario. El grupo también es predominantemente blanco, elegido por un 72 por ciento, y el 28 por ciento optó por las demás opciones raciales/étnicas. (Estas varían mucho porque los países de nuestra muestra utilizan distintos términos y categorías. Como algunos de los grupos son pequeños, los hemos agrupado en blancos y no blancos para nuestros análisis). Tenemos personas de todas las edades, con un 43 por ciento en el grupo de entre dieciocho y treinta y cuatro años; un 28,5 por ciento de entre treinta y cinco y cuarenta y cuatro años, y un 28,5 por ciento a partir de cuarenta y cinco años. Casi tres cuartas partes (74 por ciento) tienen un grado universitario, el 26 por ciento han cursado algunos o ningún año de universidad y el 31 por ciento tienen un título de posgrado. Más de la mitad se identifican como profesionales, y los directores y altos cargos forman el 16 por ciento de la muestra. Un tercio tienen hijos menores de dieciocho años que viven en casa. Vienen de distintos países. El grupo más grande es el de Reino Unido e Irlanda con el 42 por ciento. Les siguen Estados Unidos y Canadá con un 32 por ciento. Australia y Nueva Zelanda forman el 13 por ciento, Sudáfrica es el 5 por ciento y el 8 por ciento son «otros». (Hubo un ensayo con varios países a principios de 2023 en el que participaron empresas de unas cuantas naciones europeas). Y en Estados Unidos, el salario medio del grupo es de 60.000-75.000 dólares. En los últimos ensayos incluimos preguntas sobre discapacidad y estado sindical. El 15 por ciento afirmaron tener una discapacidad y el 11,5 por ciento están en lugares de trabajo sindicalizados.[93]

FAMILIA Y VIDA DIARIA

Solo algunos participantes nos contaron historias de salud complicadas. Aunque casi todos describieron experiencias que les habían cambiado la vida porque al fin podían sobrellevar las exigencias de la familia y la vida diaria. Para algunos, giraba en torno a lidiar con el tiempo que requieren los niños pequeños o con necesidades especiales. Para muchos más fue reducir el estrés cotidiano. Como respondió una participante: «La experiencia ha sido muy transformadora. El equilibrio entre la vida laboral y personal es mejor de lo que creía posible. Siento que por fin puedo ocuparme de las muchas prioridades enfrentadas de la vida (trabajo, autocuidado, relaciones, vida social, familia, aficiones, educación, etc.). También le estoy muy agradecida a mi organización por participar en el ensayo y valorar el bienestar de los empleados en este sentido. De verdad que ha hecho que sienta mi vida mucho más equilibrada, realizada y la disfruto más».

La gente señala una mejora en sus relaciones: «La vida en casa es mejor en términos de relaciones y en el tiempo de calidad que paso con mi pareja y nuestros hijos. Tengo mucha más conexión con ellos que nunca». Una persona informó de que estaba más «presente» con sus hijos. Los padres pueden pasar más tiempo con los niños, ya sea haciendo tareas rutinarias como recogerlos de la escuela o actividades especiales los días libres. Como dice un empleado que ahora tiene tiempo para sus hijos los fines de semana: «Como familia, nos ha cambiado la vida». Nuestros datos muestran que para aquellos que emplean su tiempo libre con los hijos, lo que ahorran en guarderías puede ser importante. Una empleada de Reino Unido afirmó haber ahorrado 12.000 libras esterlinas.

La semana laboral de cuatro días también ayuda cuando las parejas tienen horarios muy exigentes, como explica esta madre: «Este verano mi marido empezó un trabajo en el que necesitaba echar horas extra y a menudo se pasa fuera toda la semana. Con un torbellino de dos años, tener un día libre a la semana ha sido la única manera de sobrevivir al verano. Me dio tiempo para practicar el autocuidado y ocuparme de las tareas de la casa». Y hemos oído que algunos padres dicen que la semana laboral de cuatro días les ha permitido estar en la vida de sus hijos: «Ser padre primerizo y tener un día extra a la semana para estar con ella, no tiene precio. Me ha cambiado la vida y siempre estaré agradecido por el regalo de contar con este tiempo».

Algunos afirman pasar tiempo con otros miembros de la familia. Liz Powers, una directora ejecutiva que conoceremos en el próximo capítulo, normalmente visita a su madre y a su abuela en su día libre. Un participante de Reino Unido también nos contó que, además de pasar más tiempo con sus hijos (fiestas deportivas en la escuela, partidos, reuniones), fue a almorzar con su madre por su cumpleaños y entrenó para una maratón de cuarenta kilómetros. También nos han llegado noticias de futuras familias en potencia. Una persona nos contó que estaban «más tranquilos sabiendo que tengo tiempo de formar una familia y encontrar a mi pareja». Poder socializar y tener amigos es otro tema frecuente. El sudafricano que se quejaba de la medicación para la ansiedad nos explicó que ya no estaba demasiado agotado como para implicarse. «Estoy encantado con el día libre extra. He hecho tantas cosas distintas, desde remolonear a hacer manualidades, tomarme un café con mis amigos y hacer limpieza en casa. Invitar a mis amigos a pasar el fin de semana y mucho más, y en realidad estaba preparado para eso, normalmente estoy cansado y no me apetece socializar. Desde la semana laboral de cuatro días, me apetece hacer más cosas divertidas».

Los resultados de nuestras encuestas afirman lo que hemos estado viendo en los comentarios. Más de la mitad (el 57 y el 59 por ciento respectivamente) informan de una mejora en el equilibrio entre la vida laboral y familiar y la vida laboral y personal. Estas puntuaciones aumentan mucho (0,7 y 0,8 en una escala del 1-5, un 25 por ciento más). Y, cuando les preguntamos por conflictos entre las tareas de casa y el trabajo, hemos encontrado cada vez menos problemas en ambos sentidos. Es menos probable que las cuestiones familiares afecten al rendimiento en el trabajo, y hay un declive aún mayor en cuanto a que la gente esté demasiado cansada de trabajar como para hacer las tareas de la casa. Más de la mitad de la muestra afirma que no les sucede tanto con el horario nuevo.

Y hay otro descubrimiento que merece la pena señalar. Aunque para una gran mayoría, tanto de hombres como de mujeres, la semana laboral de cuatro días no cambia la cantidad de tareas del hogar que hacen con respecto a su pareja, cerca del 20 por ciento de los hombres aumentó su participación tanto en las tareas domésticas como en el cuidado de los hijos. Las mujeres, por otro lado, no tienen más carga en cualquiera de los dos, como algunas temían que pasara.

Tabla 2.3. Hay un mayor equilibrio entre la vida laboral y en familia

	Inicio	Final	Cambio	% Reducción	% Sin cambios	% Aumento
Equilibrio entre la vida familiar y laboral	2,8	3,5	0,7	11 %	32 %	57 %
Equilibrio entre la vida personal y laboral	2,9	3,7	0,8	10 %	31 %	59 %
Conflictos familia-trabajo	1,5	1,2	-0,3	42 %	44 %	14 %
Conflictos trabajo-familia	2,1	1,5	-0,6	52 %	39 %	9 %

Nota: «Equilibrio entre la vida familiar y laboral»: capacidad para compaginarlas (1-5). «Equilibrio entre la vida personal y laboral»: capacidad para compaginarlas (1-5). «Conflictos familia-trabajo»: dificultad para concentrarse en el trabajo por asuntos familiares (0-3). «Conflictos trabajo-familia»: estar demasiado cansado para hacer las tareas del hogar (0-3). Todos los cambios desde el inicio hasta el final son significativos al nivel de $p<0,001$.

TIEMPO PARA MÍ

Y luego está el tiempo «para mí». Para muchos de nuestros participantes, sus semanas estaban tan ocupadas entre el trabajo remunerado y no remunerado, además del tiempo en familia, que no tenían espacio para sí mismos. Una de mis primeras entrevistadas me contó que podía hacerse la pedicura «sin culpa». De hecho, hemos descubierto que la sensación de insuficiencia de tiempo es mayor en la categoría «para mí». Al principio, el 87 por ciento de los participantes afirmaron que desearían tener más tiempo para sus aficiones, y el 78 por ciento quería más tiempo para el autocuidado, como dormir y relajarse. Esas cifras cayeron al 59 y al 53 por ciento respectivamente.

«Con el fin de semana de tres días, siento que tengo suficiente tiempo para ocuparme de la familia y la casa y, a la vez, sigo teniendo tiempo para mí. No me imagino volviendo a la semana laboral de cinco días». Un encuestado responde con entusiasmo: «En general, ha sido una experiencia increíble y ha contribuido muchísimo conciliar mi vida personal y laboral. Personalmente, me cuesta desconectar del trabajo, pero solo porque estaba acostumbrado a estar conectado todo el rato. He tenido que obligarme a NO trabajar los días de gratificación, y también he intentado pensar en qué aficiones tengo de verdad... Antes pasaba tanto tiempo en el trabajo y con la casa/los niños que NUNCA tenía tiempo para nada más. Así que estoy redescubriendo lo que me gusta hacer en realidad en el tiempo libre que por fin tengo».

Tabla 2.4. Sacar el tiempo suficiente

Porcentaje de cuántos quieren más tiempo para las actividades seleccionadas			
	Inicio	Final	Cambio
Tareas del hogar	28 %	16 %	-12 %
Cocinar	36 %	20 %	-16 %
Cuidar de otros	40 %	25 %	-15 %
Voluntariado	60 %	52 %	-8 %

Contacto con miembros de la familia	64 %	39 %	-25 %
Otros contactos sociales	75 %	53 %	-22 %
Autocuidado	78 %	53 %	-25 %

Nota: El porcentaje de cuántas personas desearían pasar más tiempo en comparación con la semana anterior. Todos los cambios desde el inicio hasta el final son significativos al nivel de p<0,001.

MAYOR PRODUCTIVIDAD EN EL TRABAJO

Me he estado centrando en cómo un día libre extra transforma la vida fuera del trabajo. También hemos descubierto grandes impactos en la experiencia laboral de la gente, ya que la productividad y la efectividad, según informan, se disparan.

Cuando empezamos con la recopilación de datos, incluimos una variable llamada «capacidad laboral actual», que pregunta a la gente que compare su capacidad laboral en ese momento con el «punto álgido a lo largo de su vida». Hemos visto un aumento pronunciado en esa medida en todos los ensayos. De entre todas las muestras, sube un 0,9, cerca de un punto entero en una escala del 0-10. Más de la mitad de la muestra (el 56 por ciento) experimenta un incremento de esta medida desde el principio del ensayo hasta seis meses después, cuando hacen el informe. El alcance de este cambio nos sorprendió, aunque quizá no tendría por qué. Después de todo, ser más productivos en un espacio más corto de tiempo es la premisa del ensayo. Sin embargo, es un gran impacto. Añadimos una pregunta directa sobre la productividad para asegurarnos de que era un descubrimiento sólido. Y lo es. Hemos comprobado casos parecidos con la métrica de la productividad directa (está en 0,8 y también sube para el 56 por ciento de la muestra). Entonces ¿qué pasa aquí?

Tabla 2.5. Mayor productividad en el trabajo

	Inicio	Final	Cambio	% Reducción	% Sin cambios	% Aumento
Capacidad laboral actual	7,0	7,9	0,9	19 %	26 %	56 %
Productividad	7,3	8,1	0,8	15 %	39 %	56 %

Nota: «Capacidad laboral actual»: comparado con el punto álgido a lo largo de su vida (0-10). Los cambios desde el inicio hasta el final son significativos al nivel de p<0,001.

La intencionalidad es una parte importante de la historia: «Este ensayo ha cambiado la vida (no hay que ser demasiado drástico). Me he sentido más productivo en el trabajo en menor cantidad de tiempo, he puesto más intención en lo que hago y cuándo lo hago, y digo que no a tareas que no hacen avanzar el negocio o no tienen sentido ahora mismo». Un participante canadiense notó que era más eficiente: «La semana laboral de cuatro días ha sido lo mejor que me ha ocurrido en mi vida profesional… Me siento más organizado, eficiente y productivo, tanto en mi vida profesional como personal».

De lunes a jueves se ve asequible; las personas no sufren tanta depresión de domingo. Al reflexionar sobre si eran capaces de hacer el mismo trabajo en cuatro días que en cinco, un participante explicó que «la productividad en el trabajo seguía siendo la misma, pero parece más fácil de lograr». Esta persona se mostró optimista en cuanto a si podía mantener el ritmo. «Estoy seguro de que la productividad también aumentará el año que viene. La SL4D ha cambiado por completo las normas del juego. Siento que estoy mucho más con los pies en la tierra e implicado con el trabajo semana tras semana, y no siento ese desgaste y que muero por que llegue el fin de semana». Hubo distintos puntos de vista sobre cómo la carga de trabajo y el ritmo cambiaban (sobre esto hablaremos más adelante), pero incluso para aquellos que decían que había aumentado, solo un pequeño porcentaje prefería el horario de cinco días. No hemos dejado de oír que prefieren este sacrificio. «Los viernes me despierto feliz cuando tengo el día libre. Es diferente y especial. Me encanta tener los viernes libres y espero que siga así. Aunque trabajemos mucho más y más rápido en esos cuatro días, merece la pena por tener el viernes libre».

EN GENERAL, ES MEJOR

Nuestros niveles globales de bienestar también muestran una mejora. Una métrica que se utiliza normalmente es la satisfacción vital. Esta aumenta mucho, ocho décimas (0,8). La satisfacción laboral también sube, aunque menos, 0,5. Sospechamos que, en parte, es cosa del tiempo. Cuando a los empleados les llega la encuesta inicial, ya saben que van a empezar a trabajar cuatro días a la semana. La satisfacción laboral probablemente ya se haya incrementado. Otros aspectos de la vida también mejoran (las finanzas y las relaciones). Y, para sorpresa de nadie, los niveles de satisfacción con el tiempo aumentan la friolera de dos puntos. Esto se refleja claramente en los comentarios, así como en las otras medidas de cuánto le gusta a la gente la semana laboral de cuatro días.

Tabla 2.6. En general, mayor satisfacción

Satisfacción	Inicio	Final	Cambio	% Reducción	% Sin cambios	% Aumento
Vida	6,7	7,5	0,8	19 %	26 %	54 %
Trabajo	7,1	7,6	0,5	24 %	29 %	48 %
Tiempo	5,3	7,3	2,0	12 %	16 %	72 %
Finanzas	6,1	6,6	0,5	26 %	27 %	46 %
Relaciones	7,2	7,8	0,6	23 %	31 %	45 %

Nota: Niveles de satisfacción en estos ámbitos. Todas las medidas van del (0-10). Todos los cambios desde el inicio hasta el final son significativos al nivel de $p<0,001$.

«Nunca volveré a trabajar cinco días a la semana. Si mi empresa alarga la semana laboral estándar, me largo». Un europeo que trabaja para una empresa de publicidad explicaba que se ha vuelto algo esencial para su relación con la empresa. «Desde que empezamos el ensayo, mi salud física y mental ha mejorado; estoy más motivado en el trabajo y soy más productivo, ya que he aprendido a gestionar mejor el tiempo y no me hace falta estresarme tanto por cuidar de mis responsabilidades personales porque los viernes tengo tiempo para hacerlas». Luego lo comparan con qué ocurriría si su empresa volviera a la semana a laboral de cinco días. «[Eso] sería un horror, estaría agotado, tanto mental como físicamente, y no estaría tan motivado para trabajar. También perdería confianza en mi jefe, ya que tanto yo como mi equipo hemos expresado que la semana laboral de cuatro días es mucho mejor, así que si decidieran volver a la de cinco días, nos daría a entender que en realidad no han tenido en cuenta nuestras opiniones».

Y un estadounidense de una pequeña empresa de *marketing* unió todas las piezas del puzle: salud, trabajo, relaciones y aficiones, además de la necesidad de un cambio social. «Durante este periodo de prueba de la semana laboral de cuatro días, durante los últimos seis meses (desde mi salud mental hasta la física, así como mis relaciones laborales y personales) todo ha mejorado tantísimo que, a estas alturas, es indiscutible señalar que la semana laboral de cuatro días debería y NECESITA ser la nueva normalidad. Me ha beneficiado en literalmente [todas] las áreas y aspectos de mi vida. Tengo tiempo para cuidarme de verdad, a mi pareja, mis mascotas, mi hogar y mi familia. Tengo tiempo para aprender cosas nuevas, disfrutar de mis aficiones e intereses y, sobre todo, estar PRESENTE en mi vida diaria. Ya no me da ansiedad cada dos por tres en cuanto llega el domingo... Sé que la semana se pasará volando. Hace que disfrute más del trabajo. Ahora el equilibrio entre la vida laboral y personal es mucho más sano. Mi estrés se ha reducido bastante. ¡¡Duermo mejor!!».

Si bien esperábamos que el bienestar mejorase, no habíamos previsto la magnitud y la universalidad de los resultados que hemos obtenido. Estamos viendo una mejora en toda clase de personas, ya sean hombres, mujeres, padres, sin hijos, de todas las edades, niveles de estudios, raza y etnia. También hemos descubierto que los resultados sobre el bienestar se mantienen en todos los tipos de empresa de la muestra: de todos los tamaños y sectores, sean o no organizaciones lucrativas, que trabajen en remoto, híbrido o presencial y cómo implementan la semana laboral de cuatro días. Nuestros hallazgos se sostienen entre la cohorte de países y durante todos los periodos de tiempo en los dos años y medio que llevamos recopilando datos.

Quizá recuerdes que en el capítulo anterior mencioné el efecto rebote (efectos secundarios inoportunos que queríamos asegurarnos de captar si es que ocurrían). Uno de ellos fue buscar un segundo empleo. El historiador Benjamin Hunnicutt descubrió que, después de que la empresa de cereales Kellogg's ofreciese a sus trabajadores una jornada laboral de seis horas en 1930, muchos de los hombres acabaron por buscar un segundo empleo.[94] Pensamos que esto podría darse en las empresas de Estados Unidos. También nos preguntamos si las horas extra aumentarían. Pero no. No hay ninguna prueba de que las personas se sientan más inclinadas a buscar un segundo trabajo. De hecho, la cifra disminuyó. Y disminuyó aún más en Estados Unidos y Canadá que en el resto del mundo. Las horas extra también se redujeron. El otro problema que nos interesaba era la carga de trabajo. Me adentraré en ello en el próximo capítulo, pero el resumen es que no aumenta demasiado. La mayoría de las personas son más productivas, pero no van con la lengua fuera.

Tabla 2.7. Segundo empleo y horas extra

	Inicio	Final	Cambio	% Reducción	% Sin cambios	% Aumento
Segundo empleo	10 %	9 %	-1 %	4 %	93 %	3 %
Horas extra	2,1	1,9	-0,2	33 %	49 %	18 %

Nota: Porcentaje con un segundo empleo: (regular, irregular, autónomo/por encargo). «Horas extra»: frecuencia (1-4). El cambio en el segundo empleo es significativo al nivel $p < 0,05$. Los cambios en horas extra desde el inicio hasta el final son significativos al nivel de $p < 0,001$.

¿LO QUE ES BUENO PARA EL PAVO, TAMBIÉN ES BUENO PARA LA PAVA?

Aunque todo tipo de personas mostraron una mejora en el bienestar y en los resultados en su lugar de trabajo, nos interesaba saber si la magnitud de estos cambios eran los mismos para todos. En sociología, las diferencias entre raza, clase y género (sobre todo) son temas de investigación básicos. Esperábamos que algunas personas se beneficiasen más de este horario que otras. En especial, pensamos que las mujeres, los padres que vivían con hijos menores de dieciocho años y quizá empleados no blancos verían mayores mejoras en el bienestar. Las mujeres y los padres, porque se espera que estén más estresados por el tiempo. Las personas de color, porque puede que experimenten más microagresiones en el lugar de trabajo y que, probablemente, sus niveles de estrés sean más altos en general.

Los investigadores a menudo empiezan a responder este tipo de preguntas haciendo unas simples pruebas t para medir si los resultados entre los dos grupos difieren. Cuando lo hicimos nosotros, descubrimos algunas diferencias. La más importante es de género. Las mujeres experimentan una mayor reducción en cuanto al desgaste que los hombres. También hemos notado diferencias de género en otros resultados: emociones positivas, satisfacción laboral, salud mental, problemas de sueño, satisfacción vital y los conflictos trabajo-familia. En general, los hombres blancos experimentan una menor reducción en el desgaste que los demás. Por otro lado, no hemos visto divergencias entre el estado parental, raza (con independencia del género), edad o niveles de estudio. Eso nos sorprendió.

Pero la historia no acaba con unas sencillas pruebas t. En nuestro modelo estadístico completo, del que hablaré más abajo, estas variables demográficas casi nunca son estadísticamente significativas de manera constante. En una ocasión tomamos otros factores correlacionados en cuenta y descubrimos que todos se habían beneficiado más o menos de la misma manera. No era lo que esperábamos. Aunque muchos grupos socioeconómicos empiezan con diferencias de bienestar al inicio, nuestros modelos dicen que las personas se benefician más o menos por igual de la semana laboral de cuatro días. En otras palabras, lo que es bueno para el pavo, también es bueno para la pava. Los beneficios de la semana laboral de cuatro días ayudan a todo tipo de personas casi en la misma medida.

Un grupo que tal vez destaque por experimentar una mayor mejora en bienestar es el de los empleados con discapacidad. En 2023, una directora ejecutiva nos contó que un empleado con una discapacidad invisible le dijo que el horario nuevo le había permitido mantener el puesto. Es un tema importante en el que no nos habíamos centrado. Cuando añadimos la discapacidad a nuestra encuesta, descubrimos que, al inicio, aquellos que informaban de tener una discapacidad tenían una menor puntuación en casi todas las preguntas de bienestar que quienes no la tienen. Sufren más desgaste e informan de tener peor salud mental y física. Tienden a tener más problemas de sueño, agotamiento y conflictos trabajo-familia. Al finalizar el ensayo, seguían siendo quienes peor estaban, pero experimentaban un mayor aumento del bienestar que el grupo no discapacitado. Las diferencias no siempre son estadísticamente significativas porque el tamaño de la muestra es pequeño, pero estudiaremos más a fondo este problema a medida que recopilemos más datos. Por nuestros primeros resultados, parece que la semana laboral de cuatro días puede ser una reforma potente a favor de las personas con discapacidad.

¿ESTAS MEJORAS SON DURADERAS?

La otra gran preocupación que teníamos, y que los incrédulos mencionan de tanto en tanto, era si las mejoras que veían tenían fecha de caducidad. Puede que fuera solo la novedad del horario lo que le gustaba a la gente. Quizá se acostumbraban a él y sus expectativas se restablecían de manera que minasen su mejor estado mental. Añadimos una encuesta a los doce meses. Es corta porque pensamos que a la gente no le apetecería volver a sudar la gota gorda con nuestro cuestionario. Por eso no sabemos si han dejado su rutina de ejercicio. Pero lo que sí sabemos es que nuestros principales resultados de bienestar son sólidos. En algunos casos, hay un pequeño retroceso. En otros, seguían mejorando, aunque en ninguno de estos dos casos fue un cambio significativo. Lo importante es que la mejora es duradera.

Tabla 2.8. La mejora en el bienestar es duradera

	Inicio	Final	12 meses	Significación final/12 m	Significación inicio/12 m
Horas de trabajo	38,6	34,3	34,3		***
Carga de trabajo	3,5	3,6	3,4	***	*
Capacidad de trabajo actual	7,0	7,8	7,5	***	***
Desgaste	2,8	2,3	2,4		***
Satisfacción laboral	7,1	7,7	7,4	***	***
Conciliación laboral	2,9	3,8	3,8	***	***
Salud física	3,0	3,3	3,3	**	***
Cansancio	2,7	2,3	2,3		***
Problemas de sueño	2,3	2,0	2,0		***
Salud mental	2,9	3,3	3,3	**	***
Satisfacción vital	6,6	7,5	7,5		***
Calificación del ensayo	N/A	8,9	8,9		N/A

Nota: Resultados al inicio, seis y doce meses después. Los niveles de significación se refieren al cambio desde el final hasta doce meses después y desde el inicio hasta doce meses después.

Volvimos a hacerla a los veinticuatro meses. Los resultados fueron similares. Las horas de trabajo bajaron un poco más. La mayoría de las demás variables de bienestar fueron constantes o mejoraron. La calificación del ensayo subió. La única tendencia contraria es la satisfacción laboral, que disminuyó. Sospechamos que a medida que la semana laboral de cuatro días se normaliza, los aspectos negativos del trabajo vuelven a la superficie. En general, los resultados de los ensayos parecen duraderos, no solo a corto plazo, sino hasta dos años después de que se haya introducido el nuevo horario.

Quiero advertir algo acerca de estos resultados a largo plazo, sobre todo a los veinticuatro meses. A medida que pasa el tiempo, la tasa de respuesta a nuestras encuestas disminuye. Un problema es que, en la encuesta, solo se incluye a las personas que han estado ahí desde el principio porque analizamos cómo le va a esa misma persona con el tiempo. Los empleados a los que no les entusiasma tanto la semana laboral de cuatro días tienen más probabilidades de dejar la empresa, lo que introduce lo que denominamos «sesgo del superviviente a los resultados». De manera similar, si el personal menos entusiasta no cumplimenta la encuesta, crea un enfoque parecido. También vemos que las empresas están menos dispuestas a seguir con nosotros con el paso del tiempo, ya que muchas deciden no participar en las encuestas. Esto puede que también esté relacionado con el nivel de entusiasmo. Por este motivo, los resultados a largo plazo seguramente sufran por el sesgo positivo.

EMPRESAS DE CONTROL

En el debate del diseño de nuestra investigación del capítulo 1, expliqué que mientras un ensayo controlado aleatorizado no era factible, sí contratamos a un grupo de empresas que comparasen los grupos estadounidenses y canadienses que comenzó entre finales de 2023 y principios de 2024. Logramos persuadir a las doce empresas de que nos permitieran encuestar a su personal que mantenía el mismo horario, al igual que a quienes adoptaron la semana laboral de cuatro días. En su mayoría eran organizaciones[95] que asistieron a las sesiones de información de 4 Day Week Global, pero que no se unieron al ensayo en ciernes. En el mejor de los casos, eran la pareja perfecta para las empresas que participaban en el ensayo, pero esa combinación perfecta no fue posible. Los dos grupos son similares en casi todos los aspectos, pero también cuentan con algunas diferencias. El género, la raza y la estructura de edad eran las mismas, pero los empleados en las organizaciones de control tenían un 20 por ciento de menor probabilidad de tener un título universitario y tenían un poco de más probabilidades de tener hijos viviendo en casa. También descubrimos que, aunque el estrés y la carga de trabajo no difieren al inicio, algunas otras variables del bienestar sí lo hacían. Las empresas que estaban a punto de comenzar la semana laboral de cuatro días presentaban mayores niveles de desgaste y conflictos trabajo-familia, y más cansancio y problemas de sueño. También puntuaron un poco más bajo en capacidad de trabajo actual. Estas métricas sobre el bienestar más bajas al inicio sugieren una justificación para establecer una semana laboral de cuatro días.

El propósito de añadir el grupo de control era ver si los cambios en su bienestar a lo largo del ensayo diferían de las empresas que cambiaron a la semana de cuatro días. Descubrimos que así fue. Y bastante. En las empresas con el tratamiento (es decir, la semana laboral de cuatro días), todo mejoró y seguía la línea de lo que habíamos ido viendo en ensayos anteriores. Se redujeron 5,4 horas de trabajo a la semana. Las medidas de productividad subieron un 0,9. La carga de trabajo solo aumentó un poco. Pero las personas trabajaban de forma más eficiente y era menos probable que pensasen en marcharse. El estrés y el desgaste se redujeron. La salud física y mental aumentaron, la conciliación laboral mejoró. Los niveles de satisfacción se dispararon; el cansancio y los problemas de sueño disminuyeron.

En las empresas de control, no vimos estas mejoras. No experimentaron ningún cambio estadísticamente significativo en las horas de trabajo (tal y como se esperaba). Como resultado, las medidas de productividad no aumentaron. El desgaste no se redujo. La salud mental y física siguió igual, así como la conciliación laboral y la satisfacción laboral, vital y con el tiempo. El cansancio y el sueño fueron constantes. Donde las medidas mostraron un pequeño aumento o descenso (por ejemplo, la capacidad de trabajo, el absentismo, la satisfacción con el trabajo y el tiempo), las diferencias no son estadísticamente significativas, lo que significa que no los consideramos cambios reales. Solo hubo un cambio de verdad en dos métricas. El ejercicio aumentó. Creemos que es estacional. El ensayo empezó en invierno y acabó en verano. Y el estrés se redujo una pizca: un 0,1. Puede que también fuera estacional. El verano es una época más relajada.

Los resultados de las empresas de control son la prueba de que los resultados de bienestar que hemos obtenido en los ensayos se atribuyen a la semana laboral de cuatro días. Esta es la conclusión más lógica, y está apoyada por lo que ocurrió en empresas parecidas que no cambiaron su horario en el mismo periodo de tiempo. Saber esto nos lleva a unas preguntas inevitables: ¿Qué tiene el tercer día libre? ¿Por qué mejora tanto el bienestar?

Tabla 2.9. Las empresas con una semana laboral de cuatro días mejoran; las empresas de control, no

Empresas de control			
	Inicio	Final	12 meses	Significación
Horas de trabajo	39,4	39,6	0,2	
Productividad	7,5	7,5	0,0	
Capacidad de trabajo	7,3	7,1	-0,2	
Carga de trabajo	3,4	3,3	-0,1	
Trabajo eficiente	3,7	3,7	0,0	
Intención de rotación	2,3	2,3	0,0	
Absentismo laboral	0,9	0,7	-0,2	
Estrés laboral	3,4	3,3	-0,1	*
Desgaste	2,9	2,9	0,0	
Salud mental	2,9	3,0	0,1	
Salud física	3,1	3,1	0,0	
Satisfacción laboral	6,8	6,6	-0,2	
Satisfacción vital	6,7	6,7	0,0	
Satisfacción con el tiempo	5,4	5,6	0,2	
Cansancio	2,7	2,8	0,1	
Problemas de sueño	2,4	2,4	0,0	
Frecuencia de ejercicio	2,1	2,5	0,4	***
Conciliación laboral	2,8	2,9	0,1	
Empresas con semana laboral de cuatro días			
Horas de trabajo	39,0	33,6	-5,4	***
Productividad	7,3	8,2	0,9	***
Capacidad de trabajo	7,0	7,9	0,9	***
Carga de trabajo	3,4	3,5	0,1	**
Trabajo eficiente	3,7	3,8	0,1	**

Intención de rotación	2,2	2,0	-0,2	**
Absentismo laboral	1,1	0,8	-0,3	
Estrés laboral	3,4	3,0	-0,4	***
Desgaste	3,1	2,5	-0,6	***
Salud mental	2,9	3,4	0,5	***
Salud física	2,9	3,2	0,3	***
Satisfacción laboral	6,8	7,7	0,9	***
Satisfacción vital	6,6	7,7	1,1	***
Satisfacción con el tiempo	5,0	7,3	2,3	***
Cansancio	3,0	2,4	-0,6	***
Problemas de sueño	2,6	2,2	-0,4	***
Frecuencia de ejercicio	1,9	2,4	0,5	***
Conciliación laboral	2,7	3,6	0,9	***

Nota: Hay 12 empresas de control estadounidenses y 9 empresas estadounidenses y canadienses correspondientes que establecieron la semana laboral de cuatro días. Obtuvimos 283 respuestas por parte de las empresas de control; 332 por parte de las empresas de la semana laboral de cuatro días. Los inicios fueron desde noviembre de 2024 hasta febrero de 2024. Las finalizaciones fueron seis meses después. Todas las variables, incluyendo la productividad y la capacidad de trabajo, fueron informadas por los mismos empleados. Para más detalles, consulta Fan *et al.* (2024). Los niveles de significación están basados en muestras de pruebas *t* parejas para determinar si los valores al inicio y al final difieren de manera significativa: +p<0,1; *p<0,05; **<0,01; ***p<0,001.

EXPLICACIÓN DEL AUMENTO DEL BIENESTAR

Lo que hemos estado debatiendo hasta ahora son resultados de primera calidad, descriptivos (el cambio de media en los distintos resultados de bienestar y variables de la experiencia de trabajo). Nuestro siguiente paso fue profundizar con un modelo que incluyera la experiencia individual de cada persona. Lo hicimos en un artículo[96] que planteaba la pregunta: ¿Se debía la mejora a la semana laboral de cuatro días? Para responderla, necesitábamos conectar los resultados en el bienestar a las horas de trabajo. Así que la primera pregunta es: ¿El horario nuevo reduce las horas semanales? Y si es así, ¿por cuánto y para quiénes?

En la mayoría de las organizaciones no todos trabajan la jornada semanal estándar sea cual sea. Normalmente hay un subgrupo en torno a ese valor (a menudo, cuarenta), pero hay muchas personas que trabajan más y otras, menos. Desde luego, así fue en la muestra. Lo primero que descubrimos fue que el cambio de horario funcionó como pretendíamos. Al inicio, la moda (o el nivel de horas más común) era de cuarenta. Al final del ensayo, se había reducido a treinta y dos. Hasta ahí, bien.

Sin embargo, de media las horas no se redujeron en ocho. Para la muestra completa, la reducción de media fue solo de 4,6 horas, o el 12 por ciento. Y, a pesar de que descubrimos que el 76 por ciento de la gente reducía sus horas de trabajo, el 13,5 por ciento trabajaba más al final del ensayo que al principio, y el 11 por ciento no experimentó cambios. Hay muchos motivos tras este resultado. Como detallaré más adelante, algunos altos cargos informan ser incapaces de tomarse un día libre. Para algunas personas, las horas extra pueden deberse a un ascenso en un puesto más exigente. También puede deberse a que el inicio y el final sucedieron en momentos diferentes en cuanto al ciclo de trabajo anual. (Por ejemplo, el periodo de declaraciones de impuestos para los contables). Entre nuestras empresas contamos con *start-ups*. Algunas experimentaban un crecimiento rápido, lo que implicaba más trabajo. En otras hubo despidos. Así que parte de la explicación de estos cambios aleatorios es, en parte, que no todo el mundo quería reducir sus horas de trabajo y, por otra, que la semana laboral de cuatro días puede generar más trabajo para algunas personas.

Tabla 2.10. Cambios en las horas de trabajo semanales en la muestra

	Reducciones				
	8 horas o más	5-7 horas	1-4 horas	Sin cambios	Más horas
Porcentaje de la muestra	30,0 %	24,2 %	21,4 %	10,9 %	13,5 %
Nota: Los cambios de 8 horas o más, 5-7 horas y 1-4 horas se refieren a reducciones.					

Sea cual sea el motivo, pudimos utilizar esos cambios en las horas de trabajo para explicar los resultados en el bienestar. Dividimos a los participantes en cuatro grupos basándonos en cómo habían cambiado sus horas, y analizamos cinco resultados: desgaste, salud mental, salud física, emociones positivas y satisfacción laboral. También incluimos un número mayor de variables (a menudo nos referimos a ellas como «controles») que posiblemente afectasen al bienestar. También añadimos variables de las empresas,[97] en caso de que fueran importantes.

Esperábamos que los efectos sobre el bienestar se debieran a los cambios en las horas de trabajo. Y el modelo apoya esa interpretación. Cuanto más se reducen las horas, más mejora el bienestar. Esto se mantiene en las cinco variables de resultados. El efecto sobre el bienestar es el doble de grande para las personas cuyas horas se redujeron ocho o más que para aquellas que solo recortaron entre una y cuatro horas. Si trabajas menos, te sientes mejor. Si trabajas aún menos, te sientes todavía mejor.

Ese descubrimiento fue un punto de partida. Pero solo eso. ¿Qué tiene la reducción de las horas de trabajo que mejora el bienestar? Para responder a esa pregunta, debemos realizar lo que se llama «análisis de mediación». Es el término técnico para denominar a las vías de influencia. El horario nuevo produjo un montón de cambios en la vida de las personas: más ejercicio y horas de sueño, sentirse menos cansados, tener menos ansiedad. También generó que se sintieran más productivos en el trabajo. Estas son las dos grandes áreas que pensamos que serían las vías: cosas que ocurrían fuera del trabajo y cambios en la experiencia laboral. Pasar menos horas en el trabajo llevaba a dormir más horas, lo que mejoraba la salud mental. Personalmente, dormir fue el caballo por el que se había apostado cuando echábamos cuentas.

Hicimos pruebas para casi todo. Al final, lo que intuíamos sobre el trabajo, tanto dentro como fuera, resultó estar en lo cierto. Un factor importante fue ese salto descomunal en la capacidad de trabajo.[98] Sabíamos que las personas se sentían mucho mejor con su rendimiento en el trabajo, y eso se traducía en un mayor bienestar. Las variables fuera del trabajo también importaban, sobre todo el cansancio, que era el mediador más importante de todos. Las jornadas más cortas reducen el cansancio, y menos cansancio produce un mayor bienestar. El segundo factor era el sueño. El ejercicio también juega un papel, sobre todo en la salud física. Los mediadores explican cómo reducir la jornada afecta al bienestar. Nuestro modelo concuerda con los distintos comentarios que obtuvimos en la encuesta, así como al profundizar en las entrevistas. La semana laboral de cuatro días produce un impacto tanto dentro como fuera del lugar de trabajo que hace sentir mejor a la gente.

NO ES PARA TODOS

Por supuesto, no les gusta a todos. Entre los miles de comentarios abiertos que hemos recibido en las encuestas, también encontramos opiniones negativas, aunque son una pequeña minoría. La gente se queja de que la empresa no se preparó como es debido. Que no ha tenido en cuenta la parte del servicio de atención al cliente. Que su carga de trabajo es demasiado alta. Que los compañeros no hacen su parte. Que el ritmo de trabajo es más estresante. Que no consiguieron reducir las horas. Un buen puñado de los comentarios descontentos venían de empleados de Sudáfrica, donde las cosas no fueron tan bien como en los otros ensayos. El factor que destaca de esa prueba era que las horas disminuyeron mucho menos que en otras partes. Nuestro modelo predice que esas personas mostrarían una menor mejora en el bienestar, y eso fue lo que confirmamos.

Un participante de Reino Unido que cité antes en este capítulo sobre cómo lograron gestionar el sueño fue un jarro de agua fría sobre la lógica del ensayo: «Mi trabajo tampoco es compatible con la idea de la SL4D; reducir las horas de trabajo que debería hacer un 20 por ciento tiene un efecto insignificante sobre cómo puedo hacerlo todo de forma eficiente, y como resultado trabajo hasta tarde y los fines de semana cada dos por tres». Probablemente esta sea la queja más común: que no pueden hacerlo todo en cuatro días. Pero incluso esa persona terminó el comentario diciendo: «Aun así, es mejor que una SL5D». Esa opinión hace que sean más del 96 por ciento de todos los encuestados los que quieren continuar con el horario nuevo.

A estas alturas pensarás, vale, funciona para las personas. Pero no veo qué ganan las empresas. Su personal trabaja menos horas por el mismo sueldo. Eso suena a un problema, no una solución. Explicar por qué y cómo funciona en las organizaciones es de lo que tratan los tres próximos capítulos.

3

COMPRIMIR CINCO DÍAS EN CUATRO

Los empleados no son los únicos que están emocionados con el modelo de la semana laboral de cuatro días. Para las empresas también ha tenido mucho éxito. No tenemos tantas métricas para estas que para los empleados, pero los datos que hemos obtenido son muy positivos. Uno de los indicadores más potentes es si las organizaciones se quedan con los cuatro días o si vuelven a los cinco. Según esta medida, menos del 10 por ciento vuelven al horario de cinco días después de doce meses. El fracaso es mayormente aleatorio, lo que significa que nuestro modelo estadístico no lo puede predecir con mucha exactitud. Eso, en cambio, sugiere que no hay categorías obvias de organizaciones en las que no puedan implementarlo. Hablaré más sobre el tema más adelante.

Estos son algunos de los demás resultados (también están listados en la tabla A.4 del Apéndice).

- Los ingresos aumentaron un 20 por ciento[99] en las empresas que completaron los seis meses a mediados de 2024 y nos enviaron los datos. Si ponderamos el tamaño de la empresa, la cifra es un 10 por ciento.
- La permanencia de los empleados mejoró.[100] Antes del ensayo, las organizaciones tenían una media de 1,8 dimisiones al mes, o casi dos personas por cada cien empleados. Durante el ensayo, esas dimisiones se redujeron a 1,4. Esperábamos que las contrataciones aumentaran durante el ensayo, ya que el crecimiento de

los ingresos era tan sólido. Sin embargo, cayó del 3,2 al 2,6, seguramente porque se marchaban menos empleados.

- Los días de baja y asuntos propios también se redujeron, de 1,0 días al mes por empleado a 0,8.
- Le preguntamos a las empresas que puntuaran el ensayo en una escala del 1 al 10. La puntuación media fue de 8,2. Las puntuaciones de la productividad y el rendimiento eran de 7,3 cada una. En algún momento incluimos una pregunta sobre la capacidad de atraer empleados. Esta consiguió la puntuación más alta de todas: 8,5. Las empresas (y sus empleados) estaban entusiasmados.

En este capítulo, y en los dos siguientes, indago sobre cómo y por qué las organizaciones tienen experiencias tan buenas con la semana laboral de cuatro días. Mientras que la mayoría de las empresas utilizan múltiples estrategias, este capítulo trata sobre aquellas que sobre todo siguen el modelo 100-80-100 de 4 Day Week Global, que implica una atención conjunta a las maneras de emplear el tiempo. Algunas de las mejoras se dan a nivel individual. En nuestros ensayos, más de la mitad de los empleados informan de que trabajan de manera más eficiente con el nuevo horario. Sin embargo, es mucho más que la adaptación de la persona. Las empresas están implementando trucos de productividad. Están cambiando su cultura a través del proceso de reorganización del trabajo. Algunas van más allá y cuestionan en mucha más profundidad qué están haciendo y por qué en un intento de encontrar la claridad de la misión y una orientación más estratégica. Tanto los trucos como la reorientación estratégica son formas de actuar con mayor determinación. Esta, junto con tener más tiempo libre, hace que los empleados valoren más su trabajo, su motivación se dispara y genera ganancias para la empresa. El siguiente capítulo trata de estos efectos.

LA ABOLICIÓN DE LA LEY DE PARKINSON

Todos hemos oído hablar de la Ley de Parkinson, que establece que «el trabajo se expande hasta ocupar la totalidad del tiempo disponible».

No es un hecho científico. Muchas organizaciones pueden evitarlo y, en vez de una ley, se trata más bien de una maldición. Sin embargo, es real. Matt Juniper, socio de Praxis, la empresa de publicidad y relaciones públicas, descubrió cómo se podía domar a la bestia de Parkinson y, en el proceso, reforzó su empresa y mejoró su propia vida.

Matt es hijo de Maureen Juniper. Hace más de veinte años, Maureen fundó Praxis, con sede en Toronto. La empresa tiene una marcada orientación hacia el bienestar de los empleados, pero también se centran minuciosamente en el crecimiento y la rentabilidad. Al principio Matt pensaba dedicarse a la comunicación en política, pero después de probar, le desilusionó la dificultad de lograr un cambio significativo. Mientras trataba de mantenerse a flote y de decidir su siguiente paso, Maureen le sugirió que pidiese una beca en su empresa. Le encantó y no tardó en estar convencido de ello. Con los años, ha trabajado en distintas partes del negocio y se ha ido abriendo paso hasta ser director y, por último, copropietario. Aunque a Matt le importa muchísimo el trabajo, también cree que no debería absorberte (algo en lo que se diferenciaba de las campañas políticas). En las generaciones anteriores a él, «volcarte de lleno en el trabajo» era una medalla de honor, sin importar lo que le costara a la familia o a la vida personal. Se había esforzado mucho para establecer una filosofía diferente en Praxis, en la que trabajar hasta las once de la noche no se contempla como una señal del buen empleado. Y, aunque esto refleja sus valores personales, también se dio cuenta de que para ser bueno en relaciones públicas y *marketing*, necesitas saber qué ocurre a nivel cultural. Eso no sucede si te pasas quince horas al día en el ordenador.

Matt empezó a oír hablar de la semana laboral de cuatro días en los medios. Aunque se alineaba con su filosofía sobre la necesidad de tener equilibrio en la vida, pensó que no funcionaría en Praxis porque es un negocio de servicio al cliente en un sector conocido por hacer horas extra y estar siempre disponible. Matt sentía que solo podría reducir la jornada a cuatro días en cuanto sus clientes hubieran hecho el cambio.

La pandemia cambió su opinión. Al principio del confinamiento estaba emocionado por recuperar dos horas al día por los desplazamientos a la oficina, además de los cuarenta y cinco minutos que solía pasarse en el coche para reunirse con los clientes. Sin embargo, ese tiempo extra solo duró unas pocas semanas. Pronto descubrió que se conectaba antes y que «trabajaba como loco en todo momento». Algo iba mal. Un amigo le sugirió que hablase con alguien sobre la semana laboral de cuatro días y, después de aprender más sobre ella, pasó de ser un «completo escéptico» a estar muy emocionado. Maureen se subió al carro, porque en general es de mente abierta, pero también porque tenía asumido que el trabajo en remoto jamás funcionaría en Praxis y resultó que estaba equivocada. La semana laboral de cuatro días podía tener el mismo éxito inesperado. Estaban buscando algo drástico que ayudase a la agencia a «destacar» y ser líder en su campo. Cuando perdieron cinco empleados, algo sin precedentes, durante la Gran Dimisión, decidieron que era hora de actuar.

Para Praxis, un elemento esencial del éxito era una experiencia continua para los clientes. Así que optaron por hacer operaciones durante toda la semana; dividieron cada equipo en dos y les dieron o los lunes o los viernes libres. El objetivo era que la calidad, la rapidez de respuesta y la satisfacción del cliente no decayeran. Consiguieron todo esto y más. Así que ¿cómo compensaron las horas que faltaban? Ahí es donde entró la Ley de Parkinson.

Quizá porque está especializada en *marketing* digital, Praxis siempre ha sido rápida a la hora de adoptar tecnologías para ahorrar tiempo. Sin embargo, con el paso de los años, había caído en la trampa de alargar el trabajo para ocupar el tiempo disponible. Según Matt, «entré en el sector de relaciones públicas cuando la gente enviaba por fax los comunicados de prensa, y ahora contamos con una comunicación por email instantánea. Habíamos visto que todas estas tecnologías, desde el email hasta Slack, llegan para, en teoría, ahorrar unas horas al día. Sin embargo, en realidad los empleados están igual de ocupados que siempre. Así que la frase sobre que el trabajo ocupa el tiempo que dispones para realizarlo empezó a hacerse realidad». Antes de la semana laboral de cuatro días, no había habido una iniciativa clara para que los individuos cosechasen ese tiempo que se ahorraban. Ahora sí la había.

Matt dijo que los ajustes no eran especialmente complicados. Miraron con lupa las reuniones, que se habían estado alargando durante el confinamiento. Se propusieron hacer listas de tareas y planear la semana.

Hicieron lo típico con los calendarios. Preguntaron por las tareas simultáneas. Básicamente, la gente se puso más seria, se volvió más eficiente y logró hacer todo el trabajo en cuatro días. Uno de los motivos es que, para Praxis, el quinto día no es como los otros cuatro. De nuevo, entra Matt: «Los viernes siempre fueron mi día menos productivo y lo notaba con mis clientes: menos emails, iban más despacio, un ambiente más informal, solo a un ritmo más lento». Matt se fijó en que el personal evitaba bajar de marcha. «He descubierto que con la semana laboral de cuatro días este no es el caso con mis empleados ni mi equipo. Son más productivos, tienen más energía y van directos al meollo, y después pueden relajarse y disfrutar del resto del tiempo que consiguen como resultado». Matt también reconoce este mérito a lo que Praxis denomina «el resto del día»: «Hemos notado que parte de estas horas parecen condensarse y reducirse solo con que la gente trabaje de forma más eficiente, más rápido, etc. Y, en realidad, atribuimos buena parte de esto a que se sienten renovados y se esfuerzan al máximo cuando regresan».

Praxis implementó el cambio de horario con una atención minuciosa a los datos. Y estos han hablado. Praxis trabaja con unos objetivos de crecimiento ambiciosos; durante el primer año del ensayo apuntaron a un aumento del 20 por ciento en las métricas de rentabilidad. Excedió ligeramente esa meta. Los clientes ni se inmutaron: la experiencia continua que Matt esperaba sucedió (lo desarrollaré más abajo). Praxis también hacía un seguimiento de cuestiones como el bienestar del empleado y las renuncias. Las dimisiones cesaron y vieron una fuerte mejora en la satisfacción. Cuando la empresa ha tenido vacantes abiertas, han llegado más y mejores currículums. También se fija en si las personas de verdad se toman ese quinto día libre. Como su tarifario cuenta con un componente importante que se basa en las horas facturables, ya miraban con detenimiento el uso del tiempo. Cuando Matt habló conmigo, más de un año después de que comenzase el ensayo, Praxis había alcanzado el 83 por ciento del tiempo libre que de verdad se había disfrutado. Matt se ha propuesto mejorar esa cifra y para asegurarse de que cuando necesiten a más personas un viernes o un lunes, la carga se reparta de manera equitativa. A raíz de nuestras encuestas, hemos descubierto que, aunque las horas de trabajo no se redujeron tanto en

Praxis como en general, sí notaron una mejora en todas las medidas de bienestar que analizábamos. La intensidad de trabajo se redujo un poco, como cabría esperar por la forma en que se desarrollaron las cosas según Matt, pero compensó con creces si tenemos en cuenta las previsiones de rotación y otros impactos positivos. La satisfacción laboral aumentó casi un punto (más del doble de la media de nuestra muestra). Trabajar un poco más duro es un sacrificio que los empleados de Praxis están claramente felices de asumir. Establecieron unos cuantos cambios y siguen en ello, de lo que hablaré cuando lleguemos a las modificaciones. Sin embargo, la conclusión es que ha supuesto un éxito tremendo y que ahora Matt es un fiel defensor de la semana laboral de cuatro días.

En buena parte se debe a lo insidiosa que se había vuelto la Ley de Parkinson en su propia vida y en su empresa. Cuando hay barreras para reducir la jornada laboral (ya sean económicas o culturales), el flujo de trabajo se distorsiona. Esto ha salido a relucir en varias conversaciones con altos directivos. Sam Smith, a quien conoceremos en breve, me explicó: «Es un concepto muy simple, pero algo que llevo viendo desde que empecé a trabajar; es solo hacer algo hoy si puedes hacerlo y […] lo a menudo que no se realiza en el curso normal a cuenta de expandir el trabajo para ocupar el tiempo. Trabajar cinco días a la semana es lo normal». Cree que se trata de un problema generalizado que incluso afecta a la tendencia del empleo. «También lo he visto en el ambiente en oficinas y corporativos, que el trabajo se alarga hasta ocupar el tiempo, e incluso se llega a decir que el trabajo se expande para ocupar el puesto».

A Matt se le ocurrió una modificación esclarecedora del dicho de Parkinson: «El trabajo se expande para ocupar el espacio que le das». Su versión subraya la capacidad que tienen las personas para controlar su tiempo. Descubrir cómo conseguir ese control implica reconocer las maneras en las que la semana laboral de cinco días ha contribuido a este problema. Para Matt, evitar volver a los cinco días se basaba en una atención constante a mantener el trabajo a raya, o lo que él llamó poner las «vallas de seguridad en su sitio». Para otras empresas, los cambios estructurales marcaron la diferencia.

RECORTAR LAS REUNIONES

La filosofía de los ensayos de la semana laboral de cuatro días ha sido que las empresas descubran cómo mantener el 100 por cien de su rendimiento a pesar de dedicarle un 20 por ciento menos de tiempo al lugar de trabajo. Con un poco de ayuda, a la mayoría de las empresas se les ocurren trucos de productividad. La más común es recortar las reuniones.

Encuestas, anécdotas y datos contundentes corroboran lo sensata que es esta aproximación. La cultura de las reuniones en muchos puestos administrativos se ha ido de las manos. En los inicios de los primeros ensayos, acudí a la conferencia TED anual y me hice a la idea de dónde radicaba el problema, incluso en algunas de las empresas tecnológicas más importantes y con más éxito de Estados Unidos, y para algunas de las personas en los escalafones más altos. Bill Gates me había invitado a una cena privada que daba el día de nuestra sesión. Me senté con el fundador de una de las principales empresas de *software*, alguien del personal de Gates y un puñado de personas bien informadas. Al saber de mi investigación, me ofrecieron un sinfín de historias sobre la cultura de las reuniones en el mundo de la tecnología. Sus equipos se pasaban meses preparándolas con los responsables principales en la toma de decisiones, solo para que tirasen su trabajo por la borda o resultase irrelevante en cuestión de minutos. También tenían problemas más comunes, del tipo al que se enfrentaban empresas más pequeñas de nuestros ensayos: tenían demasiadas reuniones que duraban mucho tiempo, con demasiadas personas y con las que conseguían muy poco. Cuando me marché de la cena, estaba sorprendida por las deficiencias que describían. Cuando consulté las publicaciones, descubrí un campo de investigación que se dedicaba por completo a la ciencia de las reuniones, con un ejército de personas y productos cuya misión es ayudar a las empresas a mejorar la cultura de las reuniones.

Es difícil establecer con exactitud cuánto tiempo pasan reunidos los trabajadores y, evidentemente, varía mucho en función de la ocupación y del sector. La prensa está repleta de encuestas sobre el tema, muchas financiadas por empresas que intentan vender productos o consultoras que prometen la cura para la depresión por las reuniones. Las estadísticas informan de que en Estados Unidos se celebran cincuenta y cinco millones de reuniones a la semana[101] (prepandemia). La mitad del tiempo que se emplea en ellas[102] se considera perdido. Incluso hay encuestas sobre tipos concretos de reuniones. Un sondeo de Harris en 2015[103] descubrió que, de media, los empleados pasan 4,6 horas a la semana preparándose para reuniones de «seguimiento» (es decir, para ponerse al día), y 4,5 horas a la semana asistiendo a ellas. Al parecer, son tan horribles que el 46 por ciento de los encuestados preferían actividades poco gratificantes, como ver la pintura secarse o ir a la Dirección General de Tráfico antes que tragarse esas reuniones. Steven Rogelberg, de la Universidad de Carolina del Norte, es decano de la ciencia de las reuniones. El estudio que realizó en 2022 con Otter.ai[104] descubrió que, de media, las personas tienen 17,7 reuniones a la semana y que los profesionales se pasan un tercio de su tiempo en ellas. El porcentaje de asistentes a esas reuniones que sienten que no son necesarias ronda el 30 por ciento.

Está claro que las reuniones se ven como un lastre para el rendimiento. Una encuesta global de 2023[105] con 31.000 encuestados realizada por Microsoft descubrió que el principal «disruptor de la productividad» son «las reuniones poco eficaces», con «demasiadas reuniones» como la tercera opción más elegida. Los investigadores administrativos de Harvard,[106] la Universidad de Boston y Yale entrevistaron a 182 directivos sénior acerca de su opinión sobre estas. Descubrieron que el 71 por ciento dijeron que no son productivas ni eficaces, y el 64 por ciento estuvo de acuerdo que se realizan a costa de un análisis exhaustivo.

Las investigaciones sobre las interrupciones en el trabajo sugieren un motivo por el que las reuniones pueden afectar a la productividad: las interrupciones provocan un estado de ánimo negativo.[107] Se ha demostrado que las reuniones, sobre todo las mal llevadas, aumentan la ansiedad y la depresión[108] y también la probabilidad de dejar el trabajo. También incrementan el cansancio y la carga de trabajo subjetiva.[109] El Human Factors Labs de Microsoft colocó EEG (electroencefalogramas)[110] en un grupo reducido de asistentes a reuniones online. Descubrieron que los marcadores de las ondas cerebrales asociados al trabajo excesivo y al estrés eran más elevados que cuando los sujetos se conectaban para hacer otras tareas. También descubrieron que el cansancio surge cuando la reunión pasa de los treinta o cuarenta minutos. Los días repletos de videollamadas, el cansancio entra a las dos horas aproximadas. Un estudio del mundo real sobre la calidad de las reuniones en distintas empresas de fabricación descubrió que las reuniones mal planteadas se asocian con peores resultados para la organización a dos años vista.

Las empresas están empezando a darse cuenta de los beneficios de reducir las reuniones. Benjamin Laker y sus compañeros[111] de la Universidad de Reading entrevistaron a veintiséis empresas de todo el mundo con más de mil empleados y que habían introducido al menos un día sin reuniones a la semana. Analizaron distintas medidas de resultados: nivel de estrés de los empleados, productividad, colaboración, autonomía, compromiso, satisfacción y microgestión. Casi la mitad de las empresas (el 47 por ciento) habían establecido dos días sin reuniones. Unas pocas dieron un paso más: el 35 por ciento tenían tres; el 11 por ciento fue a por los cuatro, y el 7 por ciento prohibió las reuniones directamente. Los investigadores vieron mejoras en todas las medidas antes y después de vetar las reuniones. El número óptimo de días libres de reuniones resultó ser de tres, y algunos beneficios se revertían si las reuniones se concentraban en un solo día o se eliminaban del todo.

Por tanto, no es de extrañar que para muchas empresas que han adoptado la semana laboral de cuatro días, la zona cero para mejorar la productividad es domar la bestia de las reuniones. Microsoft Japón es el vivo ejemplo de esta estrategia. En 2019 estableció una semana laboral de cuatro días temporal que se planeó para cinco viernes consecutivos en agosto. Para que funcionase, la empresa determinó que las reuniones no podían durar más de treinta minutos. También avisó a los directivos que evitaran las reuniones innecesarias y que en su lugar utilizasen los chats individuales. Los resultados, que tuvieron una gran difusión, fueron sorprendentes. La productividad aumentó un 40 por ciento[112] durante el periodo de prueba. Asimismo, descubrieron otros aspectos positivos. Los empleados estaban más felices, el tiempo libre se redujo un 25 por ciento y también obtuvieron beneficios medioambientales: el uso de la electricidad en la oficina cayó un 23 por ciento y los empleados imprimieron un 59 por ciento de menos hojas.

EL ENCANTO DEL «TRABAJO DE FONDO»

Si la historia de Praxis subraya por qué la semana laboral de cuatro días funciona (la Ley de Parkinson), la experiencia de ArtLifting muestra cómo puede ponerse en práctica. ArtLifting fue creada por Liz Powers hace diez años. Durante su época universitaria en Harvard, Liz había hecho un voluntariado con las personas sin hogar. Tras enterarse de que muchos albergues locales almacenaban cuadros que pintaban los residentes y que no les daban uso, comenzó a organizar exposiciones para venderlos. El éxito que tuvo hizo que la empresa despegase, y ahora es una organización multimillonaria con veinticinco empleados que vende obras de arte creadas por personas discapacitadas y sin hogar, sobre todo a empresas importantes. La empresa ofrece a sus artistas y al personal ingresos, una comunidad y un sentido.

ArtLifting entró en el negocio de reducir las horas de trabajo de manera gradual. Como muchos otros altos directivos, a Liz le fascinó un artículo, en su caso, de *The New York Times*. Dirigir su *start-up* fue agotador, y Liz quería tener más tiempo para sí misma. Acababa de salir de una crisis fiscal tras la que casi había tenido que cerrar la empresa. Estaba agotada y sabía que necesitaba volver a equilibrar su vida personal y laboral. Con una semana de trabajo estándar, encontrar ese equilibrio es muy complicado para las personas que están en su posición. También sabía que no podía establecer un horario más reducido solo para sí misma y reconocía el valor que tenía su equipo. Muchos de ellos eran personas con discapacidades que no aguantaban trabajar muchas horas ni exigencias ilimitadas en el trabajo. Llevaban en el ADN la necesidad de ese equilibrio. Sin embargo, Liz es una persona cautelosa. Como acababa de salir de esa crisis y al ser consciente de lo raro que era reducir la jornada laboral en el mundo de las *start-up*, así como lo que su junta podría pensar, procedió con prudencia, paso a paso.

Cinco años antes de adoptar la semana laboral de cuatro días, ArtLifting empezó lo que se convirtió en una prueba del escalón. En 2019, los empleados se tomaron todos los viernes libres durante los tres meses de verano. Al año siguiente, lo hicieron durante cinco meses. Luego estuvieron dos años tomándose un viernes libre y otro no durante el año entero. En 2025, la empresa estableció una semana laboral de treinta y dos horas, con todos los viernes libres, el año entero. Liz y los miembros de su equipo están de acuerdo en que ha tenido un éxito increíble, incluso «impresionante». Desde 2019, sus ingresos han crecido de media un 59 por ciento al año, y aunque hay muchos factores que explican este crecimiento, Liz siente que la semana laboral de cuatro días fue uno «enorme». En una época en la que ve lo que les cuesta a sus amigos fundadores contratar a alguien para sus empresas, en cuestión de dos semanas a ella le llegaron trescientas solicitudes para la vacante abierta más reciente de la suya. «¡Guau!», exclamó. De ArtLifting no se ha marchado nadie desde hace dos años. Ahora Liz cree que dar el paso progresivamente en cuatro años no era necesario y que bastan seis meses para prepararse. Pero cuando empezó a pensar en esto hace tanto tiempo, sentía que era «superradical».

Cuando le pregunté a Liz qué era lo más importante que habían hecho para mantener la productividad, no lo dudó. Fue reducir las horas de reuniones, hacer que fueran más eficientes y añadir tiempo para concentrarse. Cambiaron la reunión permanente de una hora a la semana a una de treinta minutos cada dos semanas. Reciben actualizaciones por escrito con antelación y ofrecen un debate real en lugar de informes. Todas las invitaciones del calendario deben tener una agenda de Google Doc adjunta para diferenciar entre las actualizaciones escritas y lo que necesitan debatir. Y tienen que enviarlo veinticuatro horas antes de la reunión. Sin embargo, no solo han mejorado y eliminado las reuniones. También han añadido maneras nuevas de reunirse. Tienen un «club de aprendizaje» con tareas que hacen por adelantado y treinta minutos de debate. Han aumentado la frecuencia de las populares sesiones de «Conoce al artista». Y, como todas son virtuales, han añadido reuniones que fomentan la cohesión y la sociabilidad del equipo. Estas incluyen «Huddle», una recapitulación del fin de semana de quince minutos los lunes a las 13.00, y «Donut», una incorporación de Slack que crea grupos aleatorios de personas para divertirse con charlas informales. También crearon la «Culture Squad», un grupo de voluntarios que organizan cada dos meses juegos y actividades de disfraces, de cocina y otras que no tienen nada que ver con el trabajo para unir al equipo y que son «sorprendentemente divertidas».

La otra cara de reducir las reuniones es que deja tiempo para que la gente se concentre. La encuesta global de Microsoft[113] descubrió que el 68 por ciento dicen que no tienen mucho tiempo para concentrarse sin interrupciones durante el día. En Teams, el usuario medio se pasa el 57 por ciento del tiempo comunicándose con otros, ya sea en reuniones, por email o por chat.

En ArtLifting, los cambios en las reuniones fueron de la mano con una expansión en el tiempo de concentración. Liz lee muchos consejos sobre gestión y le gustó mucho el famoso libro *Céntrate*, de Cal Newport, en el que aboga que tres horas o así de tiempo sin interrupciones como lo ideal para entrar en un estado de trabajo fluido. La empresa dedicó el espacio de 9.00 a 13.00 (zona horaria del este) como las horas del día en las que no esperaban que la gente entrase en Slack, en el email ni tuviera reuniones. (Se adaptó para las personas de distintas zonas horarias). Los empleados notaron que esta iniciativa les «cambió la vida» porque de verdad les permitía «pensar». El equipo de ventas utiliza este horario para crear estrategias y luego contactar con clientes potenciales, algo para lo que no tendrían tiempo en el transcurso de un día con interrupciones constantes. Liz utiliza el tiempo para pensar con perspectiva.

Para muchas empresas, el *software* juega un papel importante a la hora de ahorrar tiempo, tanto para obviar reuniones como para reducir el tiempo de comunicación. ArtLifting instaló un *software* que programa reuniones de manera automática para maximizar la cantidad de tiempo (sin programar) de concentración. Cuando me reuní con parte del personal de ArtLifting, estaban entusiasmados con Asana, su *software* para gestión de proyectos. (Fue revelador que Liz, con quien ya había hablado unas cuantas veces, jamás mencionase Asana, un indicativo de cómo las estrategias de eficiencia varían según el nivel organizativo). Otras prácticas comunes incluyen calendarios compartidos y coordinar otro tipo de información, como las tareas en progreso. Las personas también dejaron de lado formas de comunicarse que consumían más tiempo, como hablar por teléfono y en persona, y optaron por el email, Slack, Teams y sistemas similares. Esto conlleva que se pierda esa charla informal para socializar, pero ayuda a que se haga el trabajo.

Y, por supuesto, también hay métodos de baja tecnología para evitar las distracciones y darles más tiempo a los empleados para concentrarse. El ensayo en una agencia de relaciones públicas de Reino Unido utiliza un sistema de semáforos en su oficina de plano abierto. Una sencilla luz verde en el ordenador de un empleado significa que puedes interrumpirlo; el amarillo, que solo puedes interrumpirlo por algo importante, y el rojo es para «Déjame, estoy ocupado». Nuestras miembros del equipo Phyllis Moen y Youngmin Chu también identifican estrategias de baja tecnología en su estudio detallado de BldWrk. La empresa tenía la costumbre de tener distracciones frecuentes, algo que necesitaban cambiar cuando adoptaron las treinta y dos horas semanales. Los empleados informaron de que se notaban más determinados y que agrupaban las solicitudes. Según un trabajador de planta,[114] «Ya no me interrumpen tanto. Hemos convertido esas interrupciones en reuniones programadas. Y también intento recopilar todas las preguntas que tenga, o todas las respuestas, y me he fijado en que todos intentan hacer lo mismo para obtener más información de las reuniones de la que tenemos. Así que, aunque puede que ahora tengamos un 10 % más de reuniones, nos ha quitado el 50 % de las interrupciones diarias».

Crear una buena filosofía sobre cómo emplear el tiempo tiene otro beneficio que Liz identificó: «Si las personas sienten que están perdiendo el tiempo en cosas para las que no usan la cabeza, se frustran y se van. Así que los aprendizajes sobre la eficiencia no se centran solo en generar más ingresos o cómo encajarlo todo en treinta y dos horas. Es sobre la felicidad y el valor del empleado».

FOMENTAR LA CREATIVIDAD

Hasta cierto punto, cómo el tiempo de concentración funciona tiene su lado mecánico, que es aquello que elimina las interrupciones y permite a las personas meterse de lleno en sus tareas. Aunque la falta de interrupciones tiene otra cara, que es la habilidad de fomentar la creatividad y de pensar con perspectiva. Alex Soojung-Kim Pang, nuestro compañero de 4 Day Week Global, es experto en creatividad y se ha pasado años estudiando y escribiendo sobre las empresas que se pasan a unas jornadas más cortas. En su libro *Descansa*,[115] Alex indaga en las publicaciones científicas sobre la creatividad, que ha dado unos pasos gigantescos con el uso de técnicas como la IRM. Cada vez hay más evidencias de que los procesos cerebrales inconscientes son clave para los momentos eureka, sobre todo de algo llamado la «red en modo predeterminado». Divagar, las tareas poco exigentes, el ruido de fondo, los despistes...; todos estos son estados en los que las ideas nuevas emergen (y un motivo por el que a muchas personas les gusta trabajar en cafeterías). En *Shorter*, la secuela sobre las empresas que han reducido la semana laboral, Alex detalla las maneras en las que trabajar menos hace que la gente innove más y sea más creativa.

Buena parte de esto puede ocurrir y, de hecho, ocurre en el lugar de trabajo, por ejemplo, durante la concentración. Sin embargo, Pang afirma que pasar un tiempo ininterrumpido fuera de la oficina también importa. Liz Powers siente que los fines de semana de tres días, durante los cuales se desconecta del email, del calendario y de Slack, conllevan esta clase de resultados. «Con solo tener ese espacio libera el cerebro para hacer trabajos más estratégicos... En la hora de trayecto en coche cuando voy a visitar a mi abuela, no me propongo pensar en técnicas de estrategias de venta, pero puede que, así de simple, se dé este momento eureka. Y después, el lunes por la mañana, lo primero que hago es mandar ese email de diez minutos». Buena parte del éxito de la empresa se debe a la proactividad y a desarrollar estrategias de negocio a largo plazo. En cierto momento, descubrió cómo alquilar el arte en lugar de venderlo, lo que condujo a unos ingresos recurrentes que ayudaban a los artistas y a la empresa. Según Liz, el mérito es del horario. «Tener tres días para resolver problemas de manera inconsciente hace que nuestro equipo sea más estratégico». Me fijé en eso mientras escribía este libro, que en el tiempo de enfriamiento al final de mis clases de ejercicio tenía ideas nuevas.

A medida que más participantes nos hablaban sobre la creatividad y el papel que tenía en el éxito de la semana laboral de cuatro días, empezamos a interesarnos más en esta dimensión del tiempo de trabajo reducido. En otoño de 2023 incluimos una escala de creatividad con puntos como «Soy una buena fuente de ideas creativas» y «Sugiero nuevas maneras de realizar tareas». En verano, habíamos descubierto algo en las empresas de Estados Unidos y Canadá. Descubrimos un pequeño aumento en la autoevaluación de esta medida (de 3,9 a 4,00 en una escala de 5 puntos). El 46 por ciento de la muestra registró un aumento en la creatividad, mientras que en el 29 por ciento declinó. Una interpretación es que los primeros aprovechan el cambio de horario para resolver problemas y hacer las cosas de manera diferente, mientras que el segundo grupo siente más presión en el trabajo y tienen menos tiempo para dejar que su mente vague.

Estas ideas resuenan con el fenómeno de la *slow productivity* (o «productividad sin estrés»), que exploró Cal Newport en el libro del mismo nombre que publicó en 2024.[116] Newport, historiador de los trabajadores del conocimiento, explica que la presión para ocupar el tiempo y parecer ocupado mina la calidad y los verdaderos resultados. Aboga por hacer menos cosas, trabajar a un ritmo natural y obsesionarse por la calidad. Newport afirma que su filosofía, que se alinea con cómo algunas, aunque no todas, las organizaciones de nuestros ensayos abordan el trabajo, cosechan más creatividad.

Aunque he descrito las medidas que las empresas adoptan como trucos de productividad, buena parte de lo experimentado no encaja en el significado de «truco» que, en este caso, se refiere a maniobrar, simplificar métodos o innovaciones que aumentan la productividad y la eficiencia. Estas cosas pasan. Sin embargo, los resultados de nuestra encuesta sugieren algo más profundo: la sensación de empoderamiento, eficacia y control que la gente llega a sentir en el lugar de trabajo. Sienten que tienen la carga de trabajo bajo control, pueden concentrarse más y completar las tareas sin demorarse. La ansiedad y la depresión del domingo les afectan menos. Vuelven al trabajo renovados, listos para ponerse manos a la obra. Puede que utilicen algunas maniobras o simplifiquen métodos, pero el mayor cambio es que el trabajo se vuelve menos un problema y más una fuente de satisfacción y realización. Creemos que esta es una parte importante de por qué las empresas se muestran tan positivas en cuanto a su productividad y rendimiento en general como resultado del cambio de horario. Como nos dijo un participante del ensayo: «No esperaba que la semana laboral de cuatro días tuviese tanto impacto en tantas áreas de mi vida [...], sobre todo que mi energía y mi creatividad hayan aumentado durante la semana. Siento que estoy deseando empezar el lunes, algo que no me ha pasado en toda mi carrera y que estaba deseando que ocurriera. También me siento más cercano a la empresa y más motivado a invertir mi tiempo incluso durante el día libre para rendir mejor en el trabajo».

EL SERVICIO A LOS CLIENTES

Las tres empresas que he descrito hasta ahora (Praxis, ArtLifting y la agencia de publicidad de Tessa) son negocios orientados a ofrecer servicios al cliente, como muchos en nuestros ensayos. Recordarás que Matt Juniper de Praxis al principio sentía que tenía que esperar hasta que sus clientes adoptasen la semana laboral de cuatro días para que este horario fuera factible para su agencia. Cuando Praxis se decidió a dar un paso adelante, estableció encuestas frecuentes de satisfacción al cliente con preguntas como «Mi agencia está ahí cuando la necesito, completan el trabajo y cumplen las fechas de entrega según sea necesario». Incluso con la plantilla reducida los lunes y los viernes, hubo un ligero repunte en esas métricas. De hecho, Matt dice que[117] «los clientes han acogido plenamente el modelo». Se han «fijado en que nuestro equipo acude a las reuniones con los clientes con más energía, más estrategias y más productividad que antes». La satisfacción del cliente se ha reflejado en los resultados finales. A la conclusión del ensayo, el crecimiento de ingresos provenía principalmente de los clientes existentes que habían ampliado el volumen de trabajo que habían contratado en lugar de negocios nuevos. «Lo atribuyo a que el equipo llega a la oficina renovado y que pueden vender en más negocios».

Algunas empresas se sinceran con sus clientes antes de que comience el ensayo. Tyler Grange,[118] una consultoría medioambiental de Reino Unido, llevó a cabo una estrategia de comunicaciones minuciosa antes de empezar. Elaboró un informe, junto con una sección de preguntas frecuentes, que envió a sus más de tres mil clientes. Hizo llamadas telefónicas de uno en uno o se reunió con sus cuentas más importantes. Su aproximación resultó ser un éxito, y algunos clientes incluso le pidieron ayuda para establecer el horario nuevo en sus propias organizaciones. La American Sociological Association, que adoptó la semana laboral de cuatro días en enero de 2024, también avisó a la gente con tiempo. Publicó la nueva política en su página web junto con sus motivos (y algunos de nuestros resultados).

Otras organizaciones resolvieron que no necesitaban informar a los clientes porque no escatimarían en su capacidad de respuesta. Un estudio de arquitectura que participó en nuestros ensayos decidió no avisar de lo que planeaba hacer, y dejó que los encargados de cada proyecto se lo comunicasen a los clientes. Alguien del personal nos explicó que, con algunos de los clientes más grandes, «no vamos a llamar y decirles: "Oye, que vamos a trabajar cuatro días a la semana". Para empezar, no les importa. Pero tampoco es apropiado. Con los desarrolladores más pequeños, recomendé que, después de haberla aplicado durante cuatro meses, se lo podían contar. Y entonces, si les preocupaba algo… ya llevaría un tiempo; en realidad llevamos haciendo esto cuatro meses, y sería en plan: "Ah, vale, claro. Está bien". Y tenía dos motivos para esto. Uno de ellos era, por supuesto, que no queríamos asustar a nuestros clientes. Pero la otra era por si no funcionaba. No quería hacer este gran anuncio y luego quedarnos modo: pues ha sido un fracaso».

Aunque nuestro equipo de investigación no ha recopilado datos sobre la satisfacción del cliente, lo que hemos aprendido indica que estos no suponen una barrera para el éxito. Algunos participantes, como Matt Juniper, sienten que los empleados más felices, sanos y motivados sirven mejor a los clientes. Tessa Ohlendorf dice que sus clientes están encantados porque ella les ofrece un producto superior. Liz Powers también está segura de que los suyos no van a oponerse a que cierren los viernes. Solo un puñado de nuestras empresas nos han facilitado datos de los clientes, pero en esos casos las métricas o no cambiaban o habían mejorado al final del ensayo con respecto al principio. Cuando hemos hablado con el pequeño número de empresas que han vuelto a adoptar la semana laboral de cinco días, la insatisfacción del cliente o consumidor no salió a relucir.

Como anécdota, parece que a algunos clientes les entusiasma el cambio a una semana laboral de cuatro días porque a ellos también les gustaría tenerla. Liz Powers dice que la respuesta de los clientes ha sido estupenda: «Es increíble. Es decir, es lo mejor; me encanta que estéis haciendo esto. Quiero convencer a mi empresa». Hace cinco años, cuando ArtLifting comenzó el cambio gradual a la semana de cuatro días, a Liz le preocupaba la respuesta de los clientes. «Aun así, todo lo que nos ha llegado es apoyo. Creo que un gran factor ha sido que después del COVID [se ha generado] mucha más consciencia sobre la salud mental». ArtLifting creó el lenguaje estándar «fuera de oficina» (FO) que todos utilizan los viernes. Liz dice que la actitud del cliente se muestra en las respuesta a esos mensajes FO. «Normalmente los clientes acaban los emails con un punto. He tenido algunos que lo escriben todo en mayúscula y con cinco signos de exclamación a modo de respuesta. De esto ha habido como treinta ejemplos este año».

INGENIERÍA DE PROCESOS EN FABRICACIÓN

Como la mayoría de las empresas de nuestros ensayos son organizaciones administrativas, gestionar las reuniones, distracciones y la comunicación hace mucho para que la semana laboral de cuatro días sea factible. En sectores como la fabricación y la construcción, es más probable ahorrar tiempo haciendo que el flujo de trabajo sea más eficiente mediante la ingeniería de procesos. Pressure Drop Brewing, un pequeño fabricante artesano de Londres, hizo justo esto para que el ensayo triunfara. Nuestros colaboradores de la Universidad de Cambridge[119] llevaron a cabo una serie de entrevistas en Pressure Drop antes, a mitad y al final del ensayo. Un año después, contacté con los fundadores para ver cómo se había desarrollado todo.

Hasta la década de 1990, las empresas de cerveza han tenido el monopolio vertical en Reino Unido; unos cuantos fabricantes eran dueños de casi todos los pubs de Londres. Como resultado, cuando la cerveza artesanal despuntó en Estados Unidos, Reino Unido se quedó a la zaga. Sin embargo, el Gobierno tory ordenó la fragmentación del sector en 1989, lo que propulsó el renacimiento de la cerveza artesanal.

Pressure Drop fue fundada hace cerca de una década por tres hombres que querían darle un giro a su vida laboral. Ben y Graham habían sido voluntarios en una cervecería pequeña, y Sam tenía habilidades empresariales. Actualmente la empresa fabrica unos dos mil quinientos litros de cerveza «de lujo» de alta calidad a la semana. Imaginaba su local como un espacio bastante abarrotado y mugriento con cubas de fermentación y aires victorianos. Me sorprendió descubrir un suelo espacioso cubierto de acero inoxidable reluciente. Adiós al siglo xix.

Sam fue quien impulsó la semana laboral de cuatro días. Cuando empezaron, Graham ya había dejado la empresa y Ben se mostraba escéptico. (Ahora se ha convertido). Los motivos de Sam surgen de su experiencia previa en el mundo corporativo.

Sam había sido gestor de proyectos informáticos en varias empresas, sobre todo en la ciudad de Londres. Nunca le gustó esa vida; trabajaba un tiempo, ahorraba dinero y renunciaba. Es un hombre extremadamente considerado, con grandes ideas sobre la vida y el trabajo que compartía con libertad junto con su viaje personal. En sus entrevistas, hizo referencia al libro *Trabajos de mierda*, del antropólogo David Graeber, y a la idea de que los patrones de trabajo convencionales son algo «descabellados». En cierto punto comentó que prefería vender manzanas en un puesto, en parte porque, aunque no le supondría un reto intelectual, había cierta materialidad y utilidad gratificantes en ello. Esa actitud refleja todo lo que hace Pressure Drop.

El ímpetu por fundar la empresa vino después de que se rompiera la pierna jugando al fútbol. Mientras se recuperaba en el hospital, «algo se quebró en mi cabeza», y todo se sintió tan «insignificante y sin importancia». Dejó el mundo corporativo y fundó una fábrica de cerveza. Quería que Pressure Dop no fuera «una especie de parte horrible de tu vida de la que te desconectas al final del día [...]. No queremos adueñarnos del cuerpo y el alma de la gente [...]. Ya sabes, sobre todo las empresas con sueldos más altos tienden a hacerlo». Parte de hacer que Pressure Drop fuera diferente fue rechazar la trayectoria de crecimiento típica de las *start-up*. Su visión es la sostenibilidad, ser un negocio familiar que sea innovador y ambicioso. No somos especialmente «voraces en términos de querer dominar el mundo, convertirnos en una gran empresa o tener un crecimiento sin fin». Para Sam lo importante es ofrecer a sus empleados una gran vida laboral y mantenerse a flote en un sector muy competitivo y dinámico. Que han conseguido lo primero queda claro como el agua, porque los niveles de satisfacción laboral superan por un punto a las otras empresas de nuestros ensayos. La semana laboral de cuatro días parecía estar hecha para esta filosofía más abierta. «En este mundo pasan muchas cosas malas que creo que afectan a la gente de manera negativa [...]. Parte de la motivación de establecerla, para empezar, es para tratar de formar parte de un movimiento positivo y crear algo bueno para nuestros empleados».

Pressure Drop participó en el gran ensayo de Reino Unido que comenzó en junio de 2022. Era un momento muy complicado para la economía del país debido a una alta inflación y a que muchos de los competidores de la empresa quebraron. Las personas bebían menos cerveza. Sin embargo, han conseguido que funcione. Ben, que dirige la parte artesanal del negocio, explicó que para que el ensayo triunfara, los empleados tenían que aceptarlo. Eso implicaba averiguar cómo debían reorganizar sus funciones. «Sam y yo no vamos a deciros cómo hacerlo; lo vais a descubrir vosotros mismos. Y eso es justo lo que sucedió». Tuvieron varias sesiones para planificar los cambios. «Todo el mundo estuvo de acuerdo y se les ocurrieron ideas; algunos reflexionaron bastante y tenían listas enteras de cosas que deberíamos hacer de manera distinta».

El horario normal era que fabricaban la cerveza de martes a jueves, y dedicaban el lunes y el viernes al empaquetado, la limpieza y demás tareas. Así que un plan obvio era dividir al personal de fabricación en dos grupos para que rotaran los lunes y los viernes libres. Esa decisión fue fácil. En cuanto al proceso, tardaron cerca de dos meses, durante los cuales el personal cronometró todas las tareas para ver cuánto tiempo llevaba hacer cada una. Ben los animó a ser honestos con respecto a los descansos; quería una medición realista. Descubrieron que algunas de las suposiciones reinantes estaban muy lejos de la realidad. Pensaban que hacían falta tres horas para limpiar una de las máquinas, pero el ejercicio que llevaron a cabo demostró que solo necesitaban una hora y media. También incorporaron herramientas nuevas a algunos de los procesos para que fueran más eficientes.

Fabricar cerveza implica muchas tareas diferentes; la estimación de Ben era de entre diez y quince. Como explicó un empleado, a menudo hacían cinco a la vez.[120] Eso les brindaba múltiples oportunidades para secuenciarlas de manera distinta y asignar tareas nuevas en momentos fuera de lo común. Por ejemplo, limpiar la línea de enlatado lleva horas, pero hay espacios de treinta a cuarenta y cinco minutos en los que el operador se dedica a esperar. Eso significa que puede empezar a disponer la siguiente tanda de envasado alineando los barriles y preparando las latas para llenarlas. También cambiaron cuándo limpiaban y preparaban. Antes del ensayo tenían una reunión los lunes por la mañana para hacer una lista de las tareas y distribuirlas. Trasladaron esa reunión a la semana anterior, lo que implicaba que si alguien tenía un rato libre el jueves o el viernes, podía organizar la semana siguiente. Al limpiar el equipamiento, escanear (es decir, etiquetar) los barriles y alinearlos de antemano, ahorraban entre una hora y dos los martes. Los lunes estaban más organizados, y también los viernes, y se convirtieron en días de organización y limpieza. Añadieron un chequeo rápido los lunes por la tarde por si alguien tenía tiempo de encajar alguna tarea extra.

El personal lo denominó «trabajo eficaz». Es cierto que el ritmo de trabajo en general aumentó. Como dijo Ben: «Esa era la idea». Sin embargo, está seguro de que las personas disfrutan de un ritmo más ajetreado. Los días se pasan más rápido. Y el ritmo de trabajo antes del ensayo era lo que Sam describió como «distendido». Recibí una lección de historia fascinante cuando me explicó que esto era intrínseco a la fabricación de cerveza, que «a veces tiende a un ritmo distendido, al igual que la agricultura [...], donde hay épocas de trabajo intenso y otras donde la gente básicamente está ociosa. De ahí viene el término "estar de permiso"».

La dirección se centró en cumplir con los indicadores generales en lugar de hacerlo en el rendimiento personal. Es posible que esto crease un buen espíritu de equipo y que «echasen más una mano». Trabajar por el objetivo común de terminar en cuatro días llevó a los empleados a ayudar de nuevas maneras al hacer cosas que técnicamente no eran su trabajo, pero que contribuían a cumplir las cuotas de producción y a asegurar la calidad. Este es un resultado relevante que va más allá de la fabricación.

Más de dieciocho meses después de que comenzase el experimento, no cabe duda de que ha sido un éxito. Sam dice que no se pasan demasiado tiempo pensándolo porque va «como la seda». Pressure Drop ha experimentado una de las mayores reducciones en la jornada laboral de entre todas nuestras empresas: un 7,9. El horario nuevo se ha normalizado. Ahora la preocupación es la inflación y el deterioro del mercado de la cerveza cara. Sin embargo, la empresa no tiene deudas y se mantiene. También tiene la ventaja de los empleados leales y satisfechos. Sam cuenta que todos son parte interesada. Han conseguido que «las personas piensen como lo haría un jefe en términos de "¿Cómo podemos hacer esto de manera eficiente? ¿Cuál es la mejor manera de hacer esto?". Ese tipo de cosas. Y, como sabes, tenemos un buen equipo».

Aunque el papel de la ingeniería de procesos era prominente en Pressure Drop, también hemos visto pruebas de ello en lugares de trabajos administrativos. Allá donde haya un flujo de trabajo que se pueda estudiar, tiene sentido realizar ese ejercicio, ya sea el movimiento de documentos, la aprobación de una oficina a la siguiente (como suele suceder en finanzas y contabilidad), las fases de un diseño de producto (como con los *software*) o la organización para preparar un plato en un restaurante. Con la filosofía relajada de Pressure Drop, no habían hecho los estudios de eficiencia que los estándares económicos suponen que toda dirección lleva a cabo. Cuando lo hicieron, se dieron cuenta de que era un gran beneficio tanto para los trabajadores como para los dueños.

La experiencia de Pressure Drop también ilustra otro aspecto de los ensayos: el énfasis en la implicación del empleado. El punto de vista de Ben era que los empleados tenían que descubrirlo. Es algo que enfatiza Andrew Barnes, y esa filosofía se llevó a cabo en las sesiones de incorporación. En los últimos ensayos, añadimos una pregunta a la encuesta para los empleados sobre si el encuestado formó parte del proceso de planificación o si era un asunto de los de arriba. Descubrimos que poco más de dos tercios del personal dijeron que habían estado involucrados en la decisión del nuevo horario.

¿METER QUINTA O TRABAJO EFICAZ?

En estos momentos quizá te preguntes si el éxito de la semana laboral de cuatro días de verdad radica en la eficiencia y el trabajo eficaz. La ley de Parkinson sugiere que las personas operaban a intensidad baja y el cambio de horario les hizo meter quinta, como en Praxis. En Pressure Drop, no cabe duda de que el ritmo de trabajo era distendido. Si esto es así, la mayoría lo prefiere porque les compensa. Sin embargo, es un descubrimiento mucho menos convincente que afirmar que la semana laboral de cuatro días puede catalizar novedades que de verdad ahorran tiempo. Los trabajadores han estado sometidos a un aumento de producción acelerado impuesto por los directivos desde el comienzo de los trabajos en fábricas. ¿Sería nuestro equipo parte de otro episodio de ese largo proceso de manera inconsciente?

Desde el principio nos hemos preguntado (lo cierto es que me estaba preocupando) sobre el problema del aumento de producción. Como resultado, lo hemos marcado como una de esas consecuencias negativas en potencia que queríamos analizar. En los primeros ensayos incluimos dos preguntas[121] sobre si el trabajo implicaba fechas de entrega ajustadas y a marchas muy forzadas. A medida que los resultados llegaban, nos sorprendió ver que las respuestas a estas preguntas no cambiaban en absoluto entre el inicio y el fin. Según este cálculo, no hay un aumento en la intensidad de trabajo.

El resultado fue alentador. No parecía que la producción aumentase mucho. Sin embargo, no estábamos convencidas. Tal vez no lo preguntábamos de forma correcta. Así que decidimos añadir preguntas directas sobre el ritmo y la carga de trabajo. Por aquel entonces nos acercábamos al final de un ensayo, así que tuvimos que hacer preguntas retrospectivas. Estas difieren del método más exacto de preguntar al principio y al final. Al volver la vista atrás, la gente pensaba que su ritmo y carga de trabajo aumentaban un poco. En cuanto incorporamos esas preguntas a la encuesta del inicio y volvimos a analizarlo al final, el aumento había desaparecido. No había cambio en el ritmo ni en la carga de trabajo.

Sin embargo, a medida que la muestra crecía, vimos un repunte sutil en las dos preguntas sobre la intensidad originales (fechas de entrega ajustadas y marchas forzadas). Fue un aumento de menos de un 0,1 en una escala de 5 puntos. También habíamos empezado a preguntar directamente por el ritmo y la intensidad del trabajo, y esos puntos revelaron un aumento de un 1-2 por ciento. Para nuestra sorpresa, para alrededor del 30 por ciento de la muestra, el ritmo, la intensidad y la carga de trabajo disminuyeron. Para otro 30 por ciento no hubo cambios. Y hacia el 40 por ciento registró un aumento. Cuando actualicé por última vez el libro, la intensidad había aumentado un 0,1 y el ritmo se había incrementado en un 0,3. Así que parece que hay cierto ritmo acelerado.

Sin embargo, el mayor cambio es que las personas trabajan de manera más eficaz, tal y como sugería la filosofía de 4 Day Week Global. Como señalé en el capítulo anterior, nuestra pregunta original sobre la productividad iba dirigida a la «capacidad de trabajo actual comparada con la mejor marca personal» de los trabajadores. Esta cifra aumenta en todos los ensayos, por lo general, casi por un punto (0,9) o un 13 por ciento. Para más de la mitad de los participantes (56 por ciento), la capacidad de trabajo aumenta. Los resultados en productividad son similares. Y el «trabajo eficaz» (una escala de cuatro ítems) también aumenta 0,2 puntos.

Tabla 3.1. ¿Trabajar más o de forma más eficaz?

	Inicio	Final	Cambio	Significación	% Reducción	% Sin cambios	% Aumento
Intensidad de trabajo	3,5	3,6	0,1	***	30 %	32 %	38 %
Ritmo de trabajo	7,3	7,6	0,3	***	30 %	29 %	41 %
Carga de trabajo	7,4	7,5	0,1	*	33 %	29 %	38 %
Productividad	7,3	8,1	0,8	***	15 %	29 %	56 %
Capacidad de trabajo actual	7,0	7,9	0,9	***	19 %	26 %	56 %
Trabajo eficaz	3,6	3,8	0,2	***	31 %	18 %	51 %

Nota: «Intensidad de trabajo»: escala de 2 ítems, trabajar a gran velocidad, cumplir fechas de entrega ajustadas (1-5). «Ritmo de trabajo», «Carga de trabajo» y «Productividad»: autoevaluación (0-10). «Capacidad de trabajo actual»: comparada con la mejor marca personal (0-10). «Trabajo eficaz»: escala de 4 ítems (0-5). Los niveles de significación están basados en muestras de pruebas *t* parejas para determinar si los valores al inicio y al final difieren de manera significativa: $+p<0,1$; $*p<0,05$; $**<0,01$; $***p<0,001$.

Ya he hablado de las estrategias que las organizaciones ponen en práctica para fomentar la eficiencia y el rendimiento, como los cambios en las reuniones, el uso del tiempo y la ingeniería de procesos. Esto hace que las personas se sientan más productivas y «eficaces» en el trabajo. Un aspecto clave es que implican a la organización, o al equipo, como un todo. 4 Day Week Global y otros grupos abogan por esta aproximación de organización al completo en lugar de centrarse en los individuos y su rendimiento. Y la mayoría de las empresas de nuestros ensayos están de acuerdo con esa filosofía. Pero esto no significa que los empleados no estén haciendo las cosas de manera diferente para ahorrar tiempo, sobre todo aquellos que se autogestionan más su trabajo. La gente desarrolla estrategias personales, incluso si a menudo se tratan de técnicas que les enseñan en formaciones y otros entornos organizativos. Hasta cierto punto, es una cuestión de adoptar lo que una empleada de Healthwise, la primera empresa de los ensayos de Estados Unidos, llamó «enfoque láser». Su comunicación es más económica, prioriza y termina el trabajo. En BldWrk, Moen y Chu descubrieron que reorganizar tareas era un tema importante. Al hacer listas de tareas y planificar con más antelación, las personas pasaban de una tarea a otra con mayor rapidez. Algunos empleados comerciales empezaron a llegar más temprano, cuando el lugar de trabajo estaba en silencio. Otros vieron que rendían mejor si cambiaban el orden de hacer las cosas. Era una cuestión muy personal; no había una forma común preferida en el orden del día. Tanto en Pressure Drop como en Praxis las personas planeaban la semana con antelación, eran más conscientes de lo que necesitaban hacer y cuándo sucedería eso.

Y, por supuesto, hay otro problema del que no se habla demasiado, pero que seguro que está en jaque para algunas personas: la pura pérdida de tiempo. Para muchos empleados, hay suficiente inactividad durante el día para, a veces, conectarse a internet, jugar a un juego, comprar o entrar en las redes sociales. O puede que ese tiempo lo pasen charlando con los compañeros, algo que ha surgido en las entrevistas. No sabemos cuánto se habrá reducido esto, aunque asumimos que no es un ahorro trivial. La gente está renunciando a lo que los economistas denominan «ocio en el trabajo» a cambio de un día entero libre. Una entrevistada de Healthwise fue una de las pocas que lo sacó a colación: «Seamos honestas, no estoy haciendo el vago ni miro Facebook...; algo que antes hacía».

UN MECANISMO DE FORZAMIENTO

Para las tres empresas de las que hemos estado hablando (Praxis, ArtLifting y Pressure Drop), el punto de mira estaba en la eficiencia que les permitía seguir triunfando con lo que ya hacían. Ben, de Pressure Drop, reconoció que el esfuerzo había tenido un impacto positivo generalizado: «Al menos, el ensayo de la semana laboral de cuatro días ha sido un gran ejercicio para cualquier negocio solo para que la gente reflexione sobre sus tareas de manera crítica y tengan un foro o una excusa para hablar de esas cosas». Para Banks Benítez, el cofundador y director ejecutivo de una organización llamada Uncharted, el proceso de establecer una semana laboral de cuatro días no resultó en más de lo mismo, sino que redirigió el posicionamiento estratégico de la organización. La semana laboral de cuatro días puede ser un «mecanismo de forzamiento». Es un término que se utiliza mucho en ciencias ambientales. En los negocios, es algo que impulsa el cambio.

Banks creció en una familia de padres emprendedores y le ha interesado fundar y dirigir empresas desde que iba al colegio. Después de la universidad, cofundó un programa llamado Unreasonable Institute, en el que enseñaba habilidades emprendedoras a personas de todo el mundo. Bajo su liderazgo, la organización estuvo en activo en más de cuarenta países. En 2017, hizo un cambio de imagen y cofundó Uncharted, un acelerador de impactos sociales. La organización tuvo éxito, y se asoció con grandes corporaciones y se ganó un lugar en las listas de «mejores lugares para trabajar». Sin embargo, Banks no estaba del todo satisfecho.

Banks tenía tanta experiencia personal con el desgaste profesional que la semana laboral de cuatro días le llamaba la atención. Estaba siguiendo los informes de prensa de Microsoft Japón, Perpetual Guardian y otras empresas que se pasaban a los cuatro días, y eso le intrigó. Esto lo llevó a cuestionarse sus propios hábitos. Trabajaba entre cincuenta y sesenta horas a la semana y decía sí a casi todo, incluyendo bastantes peticiones de poco valor. Empezaba a darse cuenta de que podía estar más feliz y ser más productivo si trabajaba menos horas. Conocí a Banks en las sesiones de información de 4 Day Week Global, donde nos contó su experiencia en la organización. Cuando le pedí una entrevista meses después, no se me escapó que agendó una breve reunión de media hora.

Banks lideró el cambio a la semana laboral de cuatro días en Uncharted en junio de 2020. Le había influido un libro llamado *Esencialismo: Logra el máximo resultado con el mínimo esfuerzo*, que aconseja que, como el tiempo es un recurso tan escaso, la gente debería averiguar qué es lo esencial y centrarse en ello. Para Banks, eso implicaba un proceso que él llama «repriorizar». Con la escasez de tiempo, la organización empezó a mirar con lupa todo lo que hacía: cuánto esfuerzo necesitaba, cuáles eran los resultados y, lo más crucial, la relación entre el esfuerzo y los resultados. Descubrió que había una desproporción generalizada entre sus actividades: cosas que llevaban mucho tiempo pero que aportaban poco valor. Algunos de los cambios fueron menores. Redujeron la newsletter semanal a cada seis semanas. Estas eran mejores y más efectivas, y no tener que redactar una cada dos por tres ahorraba mucho tiempo. Pero los cambios más importantes fueron decisiones grandes y estratégicas. Cuando se fijó en los distintos programas que tenían en marcha, la organización se dio cuenta de que no todos estaban lo bastante «alineados con su misión». Cuando decidieron «despriorizar» un programa de patrocinio corporativo, significó rechazar una subvención de un millón de dólares de una gran empresa tecnológica. Al rechazar un dinero que temían que los alejase de sus objetivos principales, la organización vio un camino a seguir que estaba más en sintonía con su legado original. Banks sentía que Uncharted se había estado «yendo de las manos».

Yo era escéptica sobre la relación de esa decisión con la semana laboral de cuatro días porque no parecía tratarse principalmente sobre cómo empleaban el tiempo. Presioné a Banks sobre si Uncharted de verdad necesitaba la semana laboral de cuatro días para conseguir su reorientación estratégica. Estuvo de acuerdo con que priorizar es algo que ya hacían hasta cierto punto y que deberían hacer como parte de la rutina. Pero siente que «el negocio, como de costumbre, es una fuerza muy poderosa».

Y la realidad era que a Uncharted no se le daba bien en comparación con respecto a después de cambiar el horario. Según su opinión, con la semana de cuatro días llegaron más deprisa y, quizá lo más importante, los forzó a adoptar prácticas continuas de autorreflexión, reconocimiento de las compensaciones (temporales y demás) y un buen liderazgo.

«Forzar» es la palabra clave aquí. De vez en cuando, a medida que hablaba con los participantes de nuestros ensayos, surgió la idea de la semana laboral como un mecanismo de forzamiento. Sobre todo, salió a relucir cuando les planteé la pregunta de por qué no habían establecido muchos de estos cambios antes, en especial aquellos más sencillos, baratos u obvios. Destaca una respuesta. Fue de Terry VanDuyn de Kickstarter, una empresa que conoceremos en el siguiente capítulo. Estábamos hablando de organizaciones que, normalmente, se toman su tiempo para hallar distintas formas de optimización que descubrían las organizaciones con una semana laboral de cuatro días. Puede que, inocente de mí, las llamara «empresas funcionales». «¿Por qué no hay más como esas?», pregunté. Terry no vaciló: «¿Alguna vez has trabajado en una empresa funcional? Te aseguro que nadie lo hace». «Pero ¿por qué?», insistí. «Porque todo el mundo está atado de pies y manos… Todo se acumula y todos se limitan a intentar mantenerse a flote». La semana laboral de cuatro días obliga a la gente a estudiar la situación, a reducir las cargas y a ser estratégicos.

¿DE VERDAD HAY BILLETES DE VEINTE EN EL SUELO?

Llegados a este punto, necesito preguntarte: ¿Cómo va ese escepticismo? Cuando piensas en la historia, ¿suena demasiado bueno para ser verdad? Aunque no sea así, te garantizo que mis amigos economistas sí lo están. De hecho, tienen una antigua broma que es muy posible que resuma su actitud. Dos tipos están dando un paseo por la calle. Uno mira abajo y dice: «Oye, hay un billete de veinte en el suelo». El otro no tarda en replicar: «¿Qué dices? Si hubiera un billete de veinte ahí, alguien ya se lo habría llevado».

Ahí está el quid de la actitud más común de aquellos a los que no les convence el movimiento de la semana laboral de cuatro días: no creen que sea posible aumentar la productividad en un 25 por ciento con cambiar el horario. La idea de que haya dinero en el suelo, o cualquier oportunidad sin explotar, es contraria a cómo ven el mundo los economistas. El modelo estándar asume que los mercados son eficientes. Si se puede fabricar (o «encontrar») dinero, la gente ya estará en ello. Enfatizan las oportunidades existentes.

La consecuencia es que si de verdad se pueden obtener ganancias en productividad, ¿cómo es que las empresas no las han conseguido ya? ¿Tienen que darles a sus trabajadores un día libre para implementar cambios en las reuniones o procesos? ¿Tomar mejores decisiones estratégicas? Esas cosas están en manos de los directivos. Después de ensayar mi charla TED, Chris Anderson, el director de TED, hizo precisamente este comentario. ¿Por qué las empresas no hacen estas cosas con la estructura de la semana laboral de cinco días y obtienen un mayor rendimiento de sus empleados? Es una buenísima pregunta.

Una respuesta puede ser que el cambio que mejora la productividad es caro. Sin embargo, el movimiento de la semana laboral de cuatro días no les dice a las empresas que necesitan comprar un *software* ni maquinaria costosos para aumentar la productividad por hora. Solo un puñado en nuestros ensayos han incluido consultores para averiguar cómo deben implementarla sin que disminuya el rendimiento ni la producción. De hecho, están haciendo estos cambios con poco o nada de gastos, movilizando el tiempo de los trabajadores, la energía y la creatividad. Con esta novedad, lo normal es considerar que todos salen ganando. Los economistas, en general, no lo creen así. (Su terminología es «almuerzo gratis»). Si hay cambios que pueden hacer que alguien esté mejor sin que otro esté peor (lo que se denomina «eficiencia de Pareto»), los directivos ya lo habrían implementado. Habrían recogido esos billetes de veinte tirados en el suelo.

Si esto parece poco realista, o incluso extremo, recuerda que los economistas tienen un as bajo la manga: la competencia. Una buena parte de por qué no creen en las oportunidades sin explotar es que a las empresas que fracasan a la hora de fomentar las reformas que potencian la productividad las superarán aquellas que sí ven estas oportunidades. La competencia asegura que no hay un camino de rosas ni de bajo coste para mejorar. Los frutos «más bajos» se cosechan. El resto tiene un coste: maquinaria, experiencia, *software* o, por parte de los trabajadores, sueldos más altos o más formación. Así que la idea del movimiento actual de la semana laboral de cuatro días (que hay una forma de ofrecer más a los trabajadores que también beneficia a la dirección y a los dueños) es muy poco probable en el mundo económico convencional.

Y, aun así, sucede. Las empresas de verdad encuentran billetes de veinte y los utilizan para comprar almuerzos gratis para que todo el mundo salga ganando. En el siguiente capítulo, explicaré más sobre cómo y por qué creo que funciona. Pero, para ello, hay que echar un vistazo a otro tipo de experiencia que ha tenido una empresa. Hasta ahora hemos conocido organizaciones que se centran en ahorrar tiempo y optimizar. Para otras, los beneficios en el bienestar de los trabajadores se traducen en un mejor rendimiento, menos dimisiones y reducción de costes.

4

CUANDO MENOS ES MÁS

El modelo 100-80-100 de 4 Day Week Global implica un 100 por cien del sueldo en un 80 por ciento del tiempo a la vez que se les pide a los empleados que rindan al 100 por cien. Como vimos en el capítulo anterior, muchos lo lograron cambiando la forma en que se reunían, se concentraban, secuenciaban tareas y las priorizaban. En este capítulo estudiaremos aquellas que siguen una estrategia diferente, que ya han reducido al máximo la mayor parte de las actividades de poco valor. A lo mejor son «demasiado» eficientes porque muchos de sus empleados están agotados. Las llamo «empresas 100-80-80» porque no les piden a los empleados que hagan lo de cinco días en cuatro. Solo reducen la jornada laboral. Sus motivos son mejorar el bienestar del empleado, evitar el desgaste, calmar las aguas de las dimisiones y mejorar la calidad de lo que producen. Aunque muchas organizaciones combinan aspectos de ambos modelos, y terminaré el capítulo con un caso híbrido, los ejemplos con los que empiezo han tenido un éxito ejemplar con solo pedir menos.

REDUCIR EL DESGASTE PROFESIONAL EN EL SECTOR SERVICIOS

M'tucci's es una cadena de restaurantes informal que se unió a nuestro segundo ensayo en abril de 2022. Había leído sobre establecimientos de alta cocina (famosos por sus horarios inhumanos y ambiente estresante) que reducían las horas de trabajo al cerrar uno o más días a la semana. Alex Pang describió varios en su libro *Shorter*. Sin embargo, la mayoría de ellas eran propiedad de chefs famosos que tenían estrellas Michelin y trabajaban en las altas esferas en comparación con M'tucci's, que vende pizza y pasta. ¿Podía funcionar en un entorno en el que estar abierto los siete días era esencial para el modelo de negocio?

Los motivos de M'tucci's para hacer el cambio me resultaban familiares. John Haas, el presidente y cofundador de la empresa, leyó un artículo en *The New York Times* sobre la semana laboral de cuatro días y pensó que podía funcionar. Está alineado con la filosofía de la organización, que se remonta al modelo de los años cincuenta del negocio local que se preocupa por los suyos, tiene múltiples generaciones de empleados en nómina y apoya a las familias. En M'tucci's, muchos de los directivos sénior son socios (es decir, dueños) del negocio. La empresa cree en una inversión a largo plazo en mano de obra y cuenta con muchos beneficios, incluyendo clases particulares para los hijos de los empleados. Este es el contexto en el que apoya la semana laboral de cuatro días. Sin embargo, creer en los tuyos es una cosa. Cambiar la filosofía del prominente desgaste profesional en los restaurantes es otra.

Al principio, M'tucci's decidió que comenzaría el ensayo con solo parte de la plantilla (directivos y chefs asalariados). Su semana laboral estándar era de cincuenta y cinco horas agotadoras. Ahora, estos empleados solo tendrían que trabajar cuatro días. Amanda Cronin era una de ellas.

Amanda es una gerente general que lleva trabajando en la empresa desde 2015. Empezó como ayudante de camarero durante la universidad y pronto ascendió de puesto a camarera, y luego a gerente por horas. Se había estado planteando sacarse un máster en hostelería, pero el dueño le dijo que no tirase el dinero. Él mismo la formaría. Ahora no solo es directora general, sino que le han pedido que abra Roma, el local nuevo de la empresa con espacio para entre cuatrocientos y quinientos comensales, justo cuando empezaban a introducir la semana laboral de cuatro días. El tremendo éxito de ese restaurante es una de las cosas que hizo la experiencia de M'tucci's más impresionante si cabe.

Para Amanda, el mayor beneficio del horario es aliviar lo que ella llama «culpabilidad por el restaurante» (la idea de que si no estás en el restaurante, se va a «desmoronar»). La culpabilidad por el restaurante es algo generalizado entre los gerentes y los chefs, y Amanda la sufría desde antes del cambio de horario. Eso se acabó. Dice que la semana de cuatro días la ha ayudado, y también a otros, a alcanzar el equilibrio entre la vida personal y la laboral.

Nuestro enlace en la empresa es Howie Kaibel, gerente de marca y «ministro de cultura». Howie supervisó el cambio y es un gran creyente. Me contó la historia de cómo implementaron la semana laboral de cuatro días. Como muchas de las empresas de nuestros ensayos, M'tucci's se basa en los datos. Acudió a la National Restaurant Association para obtener los datos sobre la rotación de empleados y descubrió que la media del sector en su categoría era del 80 por ciento al año, hacia el doble de la media del sector privado en total. (Para la comida rápida, me explicó, es mucho más alto, de cerca del 120 por ciento). Durante la pandemia, M'tucci's estaba muy por debajo de su categoría, con un 40 por ciento, pero el desgaste y la rotación seguían siendo un problema. Eso fue parte de lo que los motivó.

A diferencia de la mayoría de las organizaciones de las pruebas piloto, M'tucci's no seguía el proceso habitual de los consejos de productividad para adaptarse al modelo 100-80-100. Los gerentes tienen una reunión semanal obligatoria, pero está bien dirigida, solo un día a la semana, y es vital para que todos estén en la misma onda. Eso no cambió.

Otra diferencia de muchos otros participantes en el ensayo es que M'tucci's reconoció que, para hacer que funcionase, necesitaba ampliar la plantilla. No iban a pedirles a sus empleados que trabajasen más o más rápido, sobre todo postpandemia, cuando el personal desarrolló expectativas de horarios más humanos. Ya era bastante eficiente sin muchas maneras económicas de recuperar el tiempo perdido. Así que contrataron por horas a nuevos gerentes para cada uno de los locales del restaurante. (Cada uno tiene un gerente general, unos cuantos gerentes asalariados y algunos gerentes por hora adicionales). En cuanto a la preparación de la comida, crearon un puesto nuevo de jefe de equipo en cada local y ascendió a alguien del grupo de cocina para ello. Esa persona podía abrir y cerrar la cocina y los formaban para trabajar en la presentación final del plato antes de llevarlo al comensal. Eso alivió la carga de trabajo de los chefs porque el jefe de equipo ahora hacía parte de su trabajo. Y eso permitió que el chef tuviera un día extra libre. También incluyó un puesto de ascenso para el personal, y un escalón para llegar a segundo chef, algo que los gerentes consideraban un gran añadido. La estrategia conllevó tanto contratos nuevos como cambiar la repartición de trabajo para dar más trabajo cualificado a empleados con menor sueldo.

Cuando pregunté por los costes, la respuesta fue que los gerentes adicionales y el sueldo algo más alto para el puesto de jefe de equipo eran tan triviales que no importaban. La empresa no perdió a un solo gerente durante el periodo de prueba por dimisión. Ahora incluye la semana laboral de cuatro días en sus mensajes de reclutamiento. Sin embargo, Howie piensa que el mayor beneficio está en la calidad de su producto. El personal llega con tanta energía al trabajo que se refleja en el servicio y la comida. Parte del trabajo de Howie es supervisar las puntuaciones, sobre todo de los nuevos locales: «La energía que consigues se refleja en el restaurante [...]. Las reseñas de Yelp sobre el servicio han sido "¡guau!"».

Amanda también siente que el cambio ha mejorado la calidad y el servicio. Un motivo es que los equipos son más fuertes. Dice que las personas están más dispuestas a colaborar y hacer cosas que no venían en la descripción del trabajo, como ir a otros locales para eventos especiales. La confianza ha mejorado mucho. El personal actual ha estado «superemocionado» con el horario, y para los nuevos contratados es una ventaja fantástica. Según ella, parte de por qué necesitaban hacerlo es que la pandemia cambió las actitudes que prevalecían entre los trabajadores de los restaurantes. Ya no estaban tan dispuestos a «involucrarse con el restaurante al 100 por cien» como en el pasado, cuando se esperaba de ellos que llegasen pronto y se quedasen hasta tarde sin rechistar. Ahora los chefs esperan más de los dueños. En M'tucci's lo están consiguiendo para beneficio de la empresa. «Esto va para largo», comenta Amanda.

La historia positiva que me contaron Howie y Amanda se refleja en los resultados de sus encuestas. M'tucci's ha mejorado mucho más en absentismo, desgaste y salud mental que la media de las empresas de los ensayos. Los empleados de M'tucci's también mejoraron más sus problemas de sueño (un inconveniente particular del sector debido a los turnos de noche). La satisfacción con las relaciones personales casi se duplicó con respecto a la media de la muestra. La satisfacción laboral supera en más de un punto a otras empresas.

El plan original era expandir el horario de cuatro días a todo el personal, algo que no había ocurrido para cuando hice estas entrevistas a finales de 2023. Hay dificultades con las preferencias de horarios de los empleados por hora que no se han resuelto. Las horas semanales de los gerentes tampoco se ha reducido a treinta y dos a la semana. La horquilla varía entre cuarenta y cinco y cuarenta y ocho. Pero están en ello. Y Howie y Amanda son grandes creyentes, no solo de que una empresa guay con un modelo antiguo y un ministro de cultura puedan hacerlo, sino que cualquier restaurante informal también puede.

LA PARADOJA DE LA INTENSIDAD DEL TRABAJO

El hecho de que el modelo 100-80-100 funcione para muchas empresas sugiere que son organizaciones con una intensidad de trabajo relativamente baja. No son eficientes con su filosofía y flujo de trabajo o el ritmo no es muy exigente. Muchas sufren a cuenta de la Ley de Parkinson. Sin embargo, también hay lugares de trabajo en los que no hay de dónde sacar. Esto lo he visto de primera mano en la década de 1990, cuando me reuní con los ejecutivos de Motorola para despertar su interés en un experimento de jornada laboral reducida. La competencia de los fabricantes japoneses ya los había obligado a seguir las modas de gestión de la época: producción eficaz, sistemas de tiempos ajustados y el cambio al trabajo en equipo. La organización había aumentado el ritmo y se había transformado. Me marché de la reunión convencida de que no había margen para reducir la jornada sin costes. Desde entonces, otros sectores han pasado por experiencias similares. En sanidad, los consultores y economistas ya han ido al grano. En los restaurantes con éxito, décadas de ligeros ajustes han convertido la cocina en una máquina rápida y bien engrasada (valga el juego de palabras). El personal no se pone a jugar con el *smartphone*. Y, aun así, estos lugares de trabajo de alta intensidad también logran implementar la semana laboral de cuatro días. Son el otro extremo del espectro de las organizaciones que tienen el camino despejado para el modelo 100-80-100. La paradoja es que la semana laboral de cuatro días tiene sentido para ambos tipos. Es el último porque pueden. El primero porque deben.

En ambientes de alta intensidad, los empleados están agotados en parte por el ritmo de trabajo. Se trata de sectores que exigen mucho a su plantilla, cuya respuesta es dimitir en masa, enfermar de estrés e incluso dejar el sector. Es un problema bastante conocido entre los profesionales de la salud. De manera similar, la Gran Dimisión fue un golpe extremadamente duro para los restaurantes.

En estos casos, el desgaste y la rotación de personal es tan alto que contratar personal en realidad puede resultar rentable. En nuestros ensayos, vemos esta situación en el sector servicios, en sanidad y entre las organizaciones sin ánimo de lucro. En lugar de definir estrechamente la productividad, lo que importa para el éxito es el panorama económico general. La empresa necesita prestar atención no solo a cuánto trabajo hacen los empleados por hora, sino cómo de bien lo llevan a cabo, la probabilidad que tienen de renunciar y cuál es el coste de reemplazarlos. Aquí la palabra clave no es «optimización», sino «estabilidad». Estos casos demuestran que la semana laboral de cuatro días puede generar estabilidad en el equipo. Y, en algunos casos, esa estabilidad genera una productividad mayor y más oportunidades de negocio.

Si Microsoft Japón es el vivo ejemplo de aumentar la productividad al reducir las reuniones, la ciudad de Gotemburgo en Suecia es el ejemplo más conocido de reducir la jornada laboral al ampliar la plantilla. Llevó a cabo un ensayo de dos años que redujo el turno de los enfermeros de la residencia de ancianos Svartedalens[122] a seis horas al día y se contrató más personal para cubrir las horas extra. El bienestar de los enfermeros mejoró y la ciudad ahorró en prestaciones por desempleo, baja por enfermedad y costes en atención sanitaria. El resultado de los pacientes también mejoró. Por último, el ahorro directo del personal no igualó del todo los costes adicionales de sueldo, aunque se le acercaba. Un nuevo Gobierno conservador en la ciudad acabó con el experimento. Sin embargo, si hubieran hecho un análisis de costes completo, habrían tomado una decisión distinta. En casos en los que los costes sociales de los profesionales sanitarios que dejan el sector y los beneficios para los pacientes están incluidos, el aumento salarial se amortiza por sí solo.

PRIORIZAR LA SALUD DEL EMPLEADO

Grand Challenges Canada (GCC), que participó en el ensayo de 2022, entra en la categoría 100-80-80. La organización cuenta con la financiación del Gobierno de Canadá y ofrece fondos para iniciativas innovadoras para resolver problemas graves en países de ingresos medios y bajos. La entidad está teniendo un crecimiento rápido y ha triplicado su plantilla en los últimos años. Cuando se inició la prueba piloto, contaba con noventa y siete empleados. Casi un año después de cambiar a la jornada laboral de cuatro días, hablé con Tracy Smith, directora sénior de personal y cultura, sobre por qué ha funcionado tan bien en GCC. Tracy sentía que la clave era que «la gente de verdad respeta ese tiempo entre ellos [...]. Desde luego, los viernes ha reinado casi una sensación universal de tranquilidad». Esto era importante porque el trabajo drena mucho psicológicamente. Cuando Tracy y yo nos conocimos, el conflicto en Oriente Medio era la situación más difícil a la que se enfrentaban los empleados. Trabajan en medio de una pobreza extrema, una catástrofe medioambiental, la guerra y demás a diario. Tracy reconoce que esta «carga emocional pasa factura». El COVID lo empeoró todo. También se fijó en que su personal es muy diverso y consciente; para ellos, el asesinato de George Floyd fue un «momento clave» que añadió más peso al trabajo. Ser consciente de ello subraya la importancia de asegurarse de que el cambio en la carga de trabajo fuese absolutamente equitativo; que nadie tuviera que ocuparse de las tareas que otros no habían terminado y que de verdad pudieran beneficiarse todos los que formaban parte de la organización. Tuvieron mucho cuidado de asegurarse de que «ningún papel y ningún grupo de personas esté en desventaja por el puesto que tienen». En GCC, como en muchas organizaciones, el estado del mundo es un factor de estrés omnipresente.

La necesidad de reducir esos niveles de estrés significaba que el modelo 100-80-100 no sería un buen plan. Estas personas ya trabajan muchas horas, en parte para comunicarse con el resto del mundo. Suelen tratar asuntos de alto riesgo. Tracy vio en numerosas ocasiones lo productivos y motivados que están. Sin embargo, los resultados de la encuesta de la organización al inicio mostraron niveles de estrés por encima de la media en comparación con el resto de la muestra. También les va peor en otros indicadores de bienestar, como en el cansancio, la ansiedad y el conflicto trabajo-familia, así como en las variables de la carga y el ritmo de trabajo (la intensidad del trabajo, las horas extra y tener un segundo empleo). Cuando pregunté específicamente por el modelo 100-80-100, Tracy fue clara: la prioridad era generar bienestar para sus empleados. Y GCC lo consiguió. Ha mejorado mucho en las cifras de bienestar, sobre todo va en la línea de la muestra completa, aunque seguían siendo un poco altas en estrés y desgaste. Y esto era prioritario. Si hacían un poco menos, tendrían que vivir con ello. La organización bajó a treinta y dos horas semanales. Punto.

Tracy explicó que las tecnologías que adoptaron durante el COVID, de hecho, mejoraron la eficiencia de GCC; Slack, Zoom, documentos compartidos y otras herramientas los ayudaban a «eliminar parte de la saturación del trabajo diario». Al final, Tracy sintió que el éxito de GCC se debía menos a la tecnología o al número de días que trabajaban a la semana que a la filosofía de la empresa. «La filosofía es el alma de una organización […], la unión de personas distintas que comparten valores y que reconocen lo más importante para ellos; ser unas personas maravillosas los unos para los otros […], y estar en un lugar en el que te sientes seguro a nivel moral, psicológico y cultural. Esa es una filosofía muy muy rica; aquí puedes venir, ser tú mismo y dar lo mejor de ti en el trabajo cada día».

MANTENER A LOS ENFERMEROS EN EL PUESTO

Una de las preguntas que suelen surgir en las conversaciones sobre la semana laboral de cuatro días es si funcionaría en la atención sanitaria. Cuando planeamos el primer ensayo, en Irlanda, tuvimos la oportunidad de reunirnos con Leo Varadkar, que en ese momento era el *tánaiste* (viceprimer ministro) que se convertiría en *taoiseach* (primer ministro). Esperábamos que el Gobierno irlandés apoyase el ensayo. Después de nuestra presentación, se centró, con total precisión, en la asistencia sanitaria. ¿Cómo iba a funcionar esto en el sector? ¿Dónde está el tiempo perdido? Varadkar se mostraba escéptico ante el modelo. Con el tiempo, obtendríamos sus respuestas.

En los dos primeros ensayos no se apuntaron ninguna organización médica. Pero en junio de 2022, una organización con 5.500 empleados de Reino Unido llamada Outcomes First Group se unió. Ofrecía servicios de salud mental en distintos entornos. En el primer ensayo, incluyó a 999 de sus empleados. Los resultados fueron excelentes, con una mejora importante en todas las cifras habituales. «Va muy bien. Tanto que ahora en septiembre lo presentaremos a todos nuestros compañeros de facultad. Luego lo implementaremos en las residencias», nos informó nuestro contacto con la empresa. Desde entonces ha habido un ligero aumento de los participantes del sector sanitario en nuestros ensayos, aparte de otras organizaciones que sabemos que han adoptado la semana laboral de cuatro días por su cuenta.

Mientras redactaba esta sección, me escribió una mujer de una organización con quien había estado hablado que facilita enfermeros en el noroeste del Pacífico. Me informó de que la empresa había decidido continuar con un ensayo en el que participarían unos doscientos enfermeros. Poco después de que el libro fuera a imprenta, recibí los resultados, que fueron fantásticos. La mejora en el estrés, el desgaste y la productividad duplicaban la media de nuestros ensayos. Es muy probable que se tratase de que los trabajadores del sector sanitario experimentan niveles especialmente altos de agotamiento, estrés y desgaste. Estos problemas ya se consideraban una epidemia antes de la pandemia,[123] sobre todo entre los enfermeros, que son el grupo de profesionales de la salud más grande de Estados Unidos. Se estima que al menos un tercio (el 31,5 por ciento) de los enfermeros[124] que dejaron el trabajo en 2018 lo hicieron por agotamiento. Cuando se desató la pandemia, los niveles de malestar se pusieron por las nubes. En un estudio sobre enfermería en la Costa Este,[125] el 65 por ciento experimentaban niveles altos de «agotamiento emocional», y el 70,5 por ciento tenían niveles altos de desgaste en general. La encuesta anual de 2023 de la American Nurses Association[126] descubrió que el 64 por ciento de los encuestados habían sufrido estrés durante las dos últimas semanas. Casi la mitad informó de la intención de dejarlo, «Sí» (19 por ciento) o «Quizá» (27 por ciento), durante los seis meses siguientes, con un 43 por ciento de aquellos que respondían «Sí» o «Quizá» dejaban la enfermería del todo. Este es el contexto en el que las organizaciones de asistencia sanitaria implementan la jornada de cuatro días semanales.

Antes de la pandemia, había algunas residencias de enfermeros y de ancianos que descubrimos que habían establecido la semana laboral de cuatro días. En 2018, Glebe, en Virginia,[127] empezó a ofrecer a sus auxiliares de enfermería titulados, con una rotación del 50 por ciento, un programa 30/40 por el que les pagaban cuarenta horas por trabajar seis durante cinco días a la semana. Tuvo que abrir una lista de espera para el puesto[128] y, mientras escribo esto, está expandiendo el programa. Postpandemia, otros la siguieron. Capri Communities en Wisconsin[129] comenzó el programa de la semana laboral de cuatro días a principios de 2023. En 2022, Carrie Cadwell, directora ejecutiva del proveedor de servicios de asesoramiento en salud mental 4C Health[130] en Indiana, anunció que estaba «emocionada de dirigir el cambio en nuestro sector [...]. Creemos que devolverle un día a la semana a nuestro personal para que disfruten de su vida fuera del trabajo sin cambio de sueldo ni de prestaciones es la mejor inversión que cualquier empresa puede hacer por el bienestar de sus empleados, a la vez que se asegura la calidad de la atención y unos resultados óptimos».

Y ahora comenzamos a ver que los hospitales adoptan la semana laboral de cuatro días. En el Hospital Universitario de Temple,[131] en Filadelfia, el impulso vino por la pérdida de la mitad de sus enfermeros jefe de hospitalización entre enero de 2020 y noviembre de 2021. Tras un proceso de planificación exhaustivo que incluía cambios en estructuras jerárquicas y añadir puestos de liderazgo, implementó una semana laboral de cuatro días para todos los enfermeros jefe de primera línea. El horario nuevo tuvo tanto éxito que el equipo directivo lo hizo permanente treinta días después del ensayo. La renuncia voluntaria se redujo a cero, y muchas cifras en los resultados de los pacientes mejoraron.

Una de las organizaciones de nuestros ensayos tuvo una experiencia similar. La empresa es un gran (aproximadamente con treinta y cinco mil empleados) sistema sanitario integrado de Nueva Jersey. Acudió a 4 Day Week Global para que les ofrecieran un asesoramiento especializado sobre un ensayo que incluiría a los trabajadores de oficina y a los enfermeros. Nuestro equipo cubrió la investigación de los trabajadores de oficina, pero el grupo de enfermeros optó por seguir recopilando sus datos utilizando Well-Being Index de Mayo Clinic. Heather Veltre, la directora de enfermería de uno de sus hospitales, me contó su experiencia poco después de terminar el ensayo.

Como el Hospital Universitario de Temple, la empresa se centró en los encargados de enfermería, e identificó a unos cuarenta y nueve participantes. (Al final fueron treinta y ocho debido a bajas y otros motivos idiosincráticos). Estos puestos estaban a cargo de los departamentos, como el de oncología y cirugía en los distintos hospitales, y la unidad al completo los informaban. Un motivo para limitar la prueba piloto a los encargados es que los enfermeros de primera línea tienen principalmente tres turnos de doce horas y son no exentos, así que es complicado implementar la semana laboral de cuatro días. Otro es que los puestos de encargados son agotadores, y su semana laboral habitual es de sesenta horas con responsabilidades 24/7. Como hicieron en Temple, Heather organizó varias sesiones de planificación en las que pusieron en común objetivos y métricas y se comprometieron a informar de los progresos y seguir las directrices. Los jefes de enfermería tendrían derecho a retirar a alguien de la prueba piloto en cualquier momento si sentían que bajaban su rendimiento. Como dijo Heather: «En asistencia sanitaria, no hay espera que valga […]. Hay vidas en riesgo».

El modelo que utilizaron consistía en recurrir a un enfermero jefe de una unidad adyacente para cubrir el día libre. Para asegurar el rendimiento, esto no es solo un refuerzo para cuando surjan problemas. Es una «cobertura real». El jefe sustituto reúne al equipo, es proactivo y presta atención al flujo de trabajo. Y siempre hay un enfermero jefe auxiliar para la unidad. Estos puestos son de turnos de diez horas y no formaban parte de la prueba piloto.

El programa ofrecía a los participantes cuatro días de trabajo, aunque no necesariamente una semana laboral de treinta y dos horas. Eso era personal. Si hacían su trabajo en ocho horas, estaba bien. Eran asalariados exentos, así que cuánto dure la jornada en realidad depende de la carga de trabajo que tengan. La cuestión del programa era darles un día libre de verdad a la semana (como un día de vacaciones, sin estar de servicio o que se les acumule el trabajo). Otra persona se ocuparía por ellos.

El programa ha tenido un éxito increíble. A los enfermeros jefe les encanta. Las puntuaciones en Well-Being Index de Mayo Clinic son excelentes, con la puntuación en malestar en un -0,82, un resultado «¡guau!» según Heather. (Es un sistema de puntuación algo complejo que va del -2 al 9 y que incluye una combinación de preguntas de sí/ no e ítems con niveles de acuerdo de la escala Likert). Una puntuación negativa, como el -0,82 de los participantes del programa, indica una mejora. Contaron con un grupo pequeño que no participó para comparar resultados que llegaba al 1,29. El punto de referencia nacional en 2022 estaba en 2,11. La puntuación de los enfermeros del estudio de la semana laboral de cuatro días casi se salía de lo normal.

Ha habido otros indicadores de éxito. Heather dijo que no habían perdido a ningún enfermero jefe desde que comenzó la prueba piloto. Algunos incluso rescindieron la carta de renuncia cuando se enteraron del programa. Las métricas de los resultados de los pacientes, como de las infecciones, mejoraron, al igual que la puntuación en la experiencia del paciente. Cuando hablamos, el estatus del programa aún no se había decidido. Heather tenía que informar a la junta pronto. Esperaba que su aprobación implicase que el programa se aplicase a todo el sistema. No estaba segura de cómo iría esto y sentía que si lo cancelaban «nos las tendremos que ver con un motín». Aunque también sabía que la implementación sería «arriesgada». Había algunos directores de enfermería cuya experiencia personal consistía en trabajar 24/7. ¿Estarían dispuestos a intentarlo? Heather sentía que era necesario porque «los *boomers* ya no están al pie del cañón [...]. Esta generación de líderes jóvenes quiere flexibilidad y tener una familia. Creo que soy la última de los que trabajaban todos los días, todo el tiempo».

Una de las cosas más notables sobre estos dos programas en hospitales es que no conllevaron costes directos adicionales. En Temple, los cambios en la estructura de la plantilla generaron ahorros que hicieron que el programa no tuviera coste alguno. En los hospitales de Heather, los cambios de personal implicaron emplear a personas que ya estaban en el trabajo. Podían hacer estos cambios porque reflexionaron sobre cuestiones básicas y planificaron con atención. No todas las organizaciones podrán llevar a cabo estos tipos de ajustes económicamente neutros al principio. Sin embargo, la rentabilidad de la semana laboral de cuatro días en entornos de alta rotación no se basa solo, ni siquiera principalmente, en la inversión inicial. En su informe, Heather empleaba una horquilla de entre 132.000-228.000 dólares[132] por cada renuncia. Esta cantidad variará un poco según la región y la época, pero la cuestión es que si la semana laboral de cuatro días corta de raíz las dimisiones, puede amortizarse por sí misma, al menos durante los primeros años. A largo plazo, entran en juego otros ahorros en costes, como una menor atención sanitaria y costes por prestaciones de desempleo. En una época en la que el mercado laboral está saturado y los sueldos suben deprisa, mantener a las personas en su puesto le ahorra dinero a la empresa. Y ahí entra el aspecto laboral. También debemos tener en cuenta el valor monetario de un mejor resultado en los pacientes que se genera gracias a una mano de obra más descansada, con menos estrés y más estable.

La historia se vuelve más intrigante en otros contextos.

ESTABILIDAD DE EQUIPO COMO ESTRATEGIA DE NEGOCIO

Conocimos a Tessa Ohlendorf en el capítulo 1. Es la directora de medios de comunicación que hizo la transición en su equipo a la semana laboral de cuatro días durante la pandemia.

Al igual que muchas de las empresas de nuestros ensayos, el equipo de Tessa obtuvo muy buenos resultados en general, entre ellos un salto bastante grande en la variable «capacidad de trabajo actual», que tan importante es. Tal vez recuerdes lo que contaba anteriormente, que no creía que su éxito se debiera a los trucos de productividad. Por los logros de su carrera, así como por su clara destreza y profesionalidad, dudaba que dirigiera una tienda en la que se perdiera algo de tiempo.

Y, cuando le pregunté si había «optimizado» su equipo, ella coincidió conmigo en gran medida. «Éramos más o menos eficientes. Ya utilizábamos las herramientas de Google con las que, por ejemplo, si tienes un documento de Google y colaboras con personas de otras regiones, en un uso horario diferente o que tengan días libres distintos, podíamos trabajar en el mismo documento a tiempo real. Y ya hacíamos todo eso». Concedió que tenían demasiadas reuniones y que podían reducir el tiempo con los clientes. Pero, en gran medida, su éxito radica en el impacto de la rotación. El equipo de cincuenta y siete personas de Tessa solo perdió a un empleado desde que comenzó el ensayo. Eso no solo ha conllevado un ahorro de costes, sino trabajar mejor y negocios adicionales. Igual que la experiencia de M'tucci's, garantizar la estabilidad del equipo los ayudó a ganar dinero.

La rotación es un problema crónico en *marketing* y publicidad. Algunos equipos del sector cuentan con un 30 e incluso un 40 por ciento de renuncias. En la empresa de Tessa, de alcance global, no era diferente. Tessa trabajó con el equipo de finanzas para descubrir cuánto le estaba costando ese desgaste a la organización. Mediante la cifra estándar del 30 por ciento del salario por cada dimisión, calcularon que la empresa gastaba 40 millones de dólares al año por renuncias. Los equipos con los que colaboraban los empleados de Tessa perdían empleados a una velocidad de vértigo. Uno de los lugares problemáticos era Latinoamérica, a la que su equipo canadiense externalizaba tareas. Tenían un 40 por ciento de rotación porque la gente lo tenía fácil para bajarse del barco y ganar el doble. Tessa necesitaba una forma de mantenerlos a bordo. Así que, cuando incluyó las treinta y dos horas semanales en un importante contrato nuevo, también incluyó en el horario al grupo de Latinoamérica. El objetivo era detener el éxodo y conseguir algo de permanencia en el equipo. Eso aseguraría una calidad y un rendimiento más consistentes. Como había comprobado con su propio equipo, ahorrarían una cantidad ingente de tiempo en incorporaciones, mentoría y formación.

Cuando Tessa me contó la situación, reconocí un fenómeno que los economistas denominan «Aprender con la práctica». Cuando las personas ganan experiencia, pueden mejorar en su trabajo. Los progresos con una de las cuentas más grandes de Tessa revelaron cómo funciona. Tres de sus equipos trabajaban con una cadena de restaurantes de comida rápida. El equipo de medios de comunicación, de diez personas, había hecho el cambio a la semana laboral de cuatro días. Luego, el equipo de Latinoamérica seguía con el horario de cinco días. Y el tercer grupo era el equipo de contenidos, que también trabajaba cinco días. Cuando hablamos, llevaban con el proyecto veintinueve meses. El equipo de medios de comunicación había tenido cero renuncias durante ese periodo. Eso «permitió al equipo trabajar en otras oportunidades con el cliente y aportaban mucho valor. Conocían el negocio muy bien y hacían un gran trabajo. No había incorporaciones de personas nuevas ni se gestionaba la marcha de otras. No hay nadie nuevo que cometa errores. No hay que hacer ninguna gestión adicional para dirigir al equipo. Así que consiguen que este sea mejor». Contrastó este grupo con el de contenido, que tuvo un 30 por ciento de renuncias, y el de Latinoamérica, con un 40 por ciento de renuncias. Con el de los medios de comunicación, «el cliente consigue un equipo optimizado que entiende el negocio, que hace un gran trabajo y en el que se puede confiar. Hemos presentado oportunidades al cliente que seguro que no habríamos sido capaces de sacar a colación porque el equipo habría estado demasiado ocupado [gestionando las idas y venidas del personal]».

El valor de la estabilidad se muestra en la capacidad de Tessa para asegurar el negocio. «Estaba haciéndole una presentación a una clienta importante y, cuando le estábamos lanzando el discurso de venta, pasé la diapositiva del 1 por ciento de rotación. La clienta interrumpió la presentación. "Vuelve a eso un momento". Y entonces nos sentamos a hablar sobre el tema. Dijo algo así como: "¿Me estás diciendo que tu rotación es del 1 por ciento? ¿Es lo que debemos esperar?". Respondí que sí. Es que es algo sin precedentes».

Tessa dejó claro que la estabilidad del personal era clave para el éxito de la relación. «En el negocio, es algo revolucionario porque en el mundo de las agencias […] todo el mundo asume que habrá rotación. De esta forma, los directivos y el equipo siempre pasan parte del día formando a otra persona […]. Esta es la primera vez en la historia de mi trabajo (y llevo aquí veintidós años) que tengo un equipo, y ahora algunos de ellos lo único que hacen es concentrarse en su trabajo en lugar de formar a las nuevas incorporaciones y apoyar y conocer a esta persona y demás». La clienta dijo que el resultado de rotación en el equipo de medios de comunicación era «verdaderamente increíble» y ahora también querían obtener ese resultado con el equipo de contenidos, por lo que esto requeriría cambiar también a la semana de cuatro días con toda probabilidad.

Cuando hablamos, Tessa intentaba monetizar estos resultados más allá de los ahorros comunes que vienen con la retención. Dice que está incluyendo cláusulas en los contratos para ofrecer unas bonificaciones cuantiosas si es capaz de conseguir que un equipo dedicado trabaje todo un año con un ratio de rotación de menos del 5 por ciento. Reflexiona sobre cómo, si el precio es elevado, puede aplicar un descuento del 15 o 20 por ciento porque sabe que lo compensará con la bonificación. Esto se debe a que confía en la semana laboral de cuatro días y a su filosofía de equipo positiva para evitar que los empleados se marchen.

ÉXITO EN UN CONSEJO DE GOBIERNO LOCAL

También tenemos bastantes pruebas de un Gobierno local de Reino Unido[133] que se ahorró bastante dinero con la semana laboral de cuatro días mediante la mejora de la retención y el aumento de las solicitudes de vacantes abiertas. Comenzó con un ensayo de tres meses a principios de 2023 y luego lo alargó a un año. Su experiencia es un contrapunto a la residencia de ancianos Svartedalens de Gotemburgo, donde los costes adicionales de salario eran un poco más altos que los ahorros directos. En el caso de South Cambridgeshire (o South Cambs, como se le conoce), los ahorros de un año fueron considerables: 371.500 libras esterlinas. Este ejemplo cuenta con los datos y el análisis más extensos que he visto en un ensayo de la semana laboral de cuatro días, quizá porque se politizó mucho. El parlamentario (conservador) local[134] se dejó la piel en obligar a los empleados a que volvieran a trabajar cinco días, y el Gobierno tory los amenazó con multas desorbitadas. (Perdió el escaño, por cierto, y los tories perdieron las elecciones).

El consejo no formaba parte de nuestro ensayo, pero nuestros compañeros británicos analizaron los datos de rendimiento. Los resultados son extraordinarios. La contratación y la retención han mejorado de manera notable. La rotación de personal se ha reducido en un 39 por ciento y ha tenido un 53 por ciento más de solicitudes para los puestos, además de un aumento para algunos de los puestos que normalmente les costaba cubrir. Ya no tienen que pagar bonificaciones cuantiosas (lo que cariñosamente se conoce como «prima de bienvenida») para atraer a los empleados ni bonificaciones de retención. También redujeron otros costes en la contratación, al igual que la necesidad de utilizar al personal de una agencia de empleo para las vacantes desiertas. Sí que tuvo que invertir en contratar personal adicional de limpieza y transporte de residuos. Pero, en general, salió adelante.

En cuanto al bienestar, los cambios fueron los esperados. El consejo utiliza una empresa de encuestas comerciales con un sistema de puntuación sencillo. Antes de que comenzase el ensayo, registraron el «área de peligro» (es decir, los resultados pobres) sobre distintas métricas de bienestar; ahora ha pasado de negativo a positivo en salud mental y física, compromiso del empleado, bienestar subjetivo y otras medidas. Muchos de los resultados de los empleados han pasado de rojos (malos) a verdes (buenos).

Sucedió algo similar con los indicadores clave de rendimiento (KPI). Veintidós de los veinticuatro que analizaron han mejorado o permanecido sin cambios. (Uno que ha disminuido son los pagos del alquiler a tiempo, que se deben más a la crisis por los costes de la vida en Reino Unido que al rendimiento de la plantilla del consejo). Están alcanzando o superando los objetivos en cuanto a la atención a las llamadas, responder ante emergencias, la satisfacción de los inquilinos, el tiempo que lleva tramitar las solicitudes de planificación y otros indicadores.

Aunque se trata de una experiencia más documentada de lo que hemos podido llevar a cabo con nuestras empresas, va de la mano con lo que hemos estado viendo. Unos empleados más felices con un rendimiento equivalente o mejor. Y, en este caso, también hay un ahorro. La experiencia de South Cambs también es importante porque demuestra que la semana laboral de cuatro días no solo es viable para las organizaciones del sector privado; también puede ser transformadora para entidades del sector público que pasan por dificultades.

Hasta ahora he destacado empresas individuales como ejemplos de una estrategia particular para triunfar. Praxis se volvió más eficiente con cómo empleaba el tiempo. ArtLifting se centró en las reuniones y en la concentración. Pressure Drop restructuró el flujo de trabajo. Uncharted cambió su estrategia. M'tucci's, South Cambs, la agencia de publicidad de Tessa y los hospitales de Heather redujeron el desgaste y evitaron que los empleados se marchasen. Por supuesto, todos han tenido experiencias más híbridas en el sentido de que la mayoría de ellas no hicieron solo una cosa o consiguieron un resultado. La aproximación más común implica múltiples cambios que contribuyen al éxito generalizado.

UNIENDO LAS PIEZAS

En ningún otro sitio vi el poder de aplicar distintos métodos que en Kickstarter. Su experiencia abarca toda la gama de estrategias y resultados: trucos de productividad, optimizar el flujo de trabajo, reorientación estratégica, contratar personal adicional, beneficios de bienestar adicionales, mejor atracción de talento y una reducción drástica de la rotación. Este caso también muestra la necesidad de ajustar la aproximación a cada uno de los niveles de una organización.

Kickstarter es una plataforma de *crowfunding* muy conocida por sus proyectos creativos como películas, libros y juegos. Fue fundada en 2009 y ha atraído la atención de los medios como una opción popular para iniciativas creativas que no cuentan con el apoyo de empresas de financiación. Es una empresa de interés público, lo que significa que su misión no es solo ganar dinero para sus dueños, sino generar riqueza social y pública. En 2023 la catalogaron como una de las 100 empresas más influyentes en *The Times*, en parte por su semana laboral de cuatro días. Cuando hablé con los empleados de la empresa, me quedó claro que su misión atraía a personas del sector tecnológico. Ofrecía un hogar donde la gente se sintiera bien sobre el contenido de su trabajo.

La parte conocida de la historia del origen de la reducción de la jornada laboral en Kickstarter es que comenzó con alguien de dirección. Lo que es único es que Jon Leland, el catalizador del cambio, ya era un experimentado activista de la semana laboral de cuatro días. Su interés en la jornada reducida venía motivado por la preocupación por el cambio climático y cómo la mentalidad de crecimiento estaba destruyendo el planeta. Tras la universidad, Jon entró en la Facultad de Derecho. Durante esa época combinó periodos dedicados a adquisiciones tecnológicas para grandes empresas como Google con su implicación en las políticas del cambio climático globales y domésticas. No mucho después de graduarse, se unió a Kickstarter como director de participación comunitaria. Después de casi una década en la empresa, se convirtió en el jefe de sostenibilidad y director de estrategias.

En agosto de 2020, Jon cofundó el 4 Day Workweek Campaign. (Posteriormente le cambiarían el nombre a WorkFour). En ese momento, en Estados Unidos la cosa iba lenta. Pero eso cambió con los ensayos y Jon logró convencer al director ejecutivo y a la junta de Kickstarter no solo de probar la semana laboral de cuatro días, sino de ser la empresa principal de nuestra prueba piloto en abril de 2022. Para aquel entonces, Kickstarter estaba negociando con un nuevo sindicato de trabajadores (una relación que resultó en ser la única empresa tecnológica del país con un sindicato pared con pared). Jon era el negociador principal de la empresa y puso la semana laboral de cuatro días sobre la mesa de negociaciones. Dijo que el sindicato estaba «sorprendido» por la propuesta, pero en el buen sentido. Cree que eso genera confianza entre ambas partes.

Las entrevistas que realicé en Kickstarter revelaron la variedad de cambios que sucedieron en toda la organización. Cuando hablamos, Jon se centró en su grupo (el equipo directivo) y los pasos que dieron. Leland describe el papel del liderazgo como crear una filosofía de «gran confianza y altas expectativas», lo que implica claridad en los objetivos y métricas en cuanto a «velocidad, eficiencia y calidad». La función de este grupo con respecto a la semana laboral de cuatro días era establecer objetivos y llevar a cabo los cambios necesarios para que estos fueran realistas. Miraron los embudos (cuando los proyectos se atascan y hacen perder el tiempo) y su papel en esas demoras. Descubrieron que las guías que les daban a los empleados que estaban por debajo de ellos no eran lo bastante claras. Necesitaban conocer más al comienzo de un proyecto acerca de lo que querían y por qué lo querían. En cuanto lograran comunicar esto, serían capaces de ofrecer mayor autonomía a los equipos que hacían el trabajo. Después, cuando un equipo de producto llegaba a una encrucijada (una experiencia común en el diseño de *software*), sabría qué camino tomar porque sabían los objetivos del equipo directivo. Leland explicó que este cambio implicaba «permitirles explorar esos puntos de decisión por sí mismos con el contexto de cuáles son las preocupaciones y prioridades del equipo directivo […], al contrario que tener que suponer qué tendrá en la cabeza algún ejecutivo y tomar la decisión equivocada». Implicaba trabajar con mayor anticipación por parte de los directivos y compartir de antemano. Leland sintió que estaba claro que sus ajustes funcionaban como un proceso «esclarecedor y de alineación» que reducía la pérdida de tiempo. El equipo directivo también se dio cuenta de que con una semana laboral de treinta y dos horas necesitarían ampliar plantillas en algunos puestos que estaban faltos de personal. Por ejemplo, necesitaban invertir más en equipos a los que les hacía falta más gente para completar el trabajo, como el grupo que respondía a las incidencias de los consumidores. Hicieron esas inversiones.

A Wolf Owczarek, el director de operaciones de la empresa, le encargaron la tarea de supervisar el cambio de la organización en su conjunto. Para Wolf, la filosofía predominante era que la semana laboral de cuatro días es una «pedazo de ganga» con la que «si consigues sacar ese tiempo extra durante la semana, te lo compensaremos». Además de la logística de ese chollo, Wolf reconoció la importancia de los aspectos culturales del cambio y cómo afectaban a la moral. Los lunes por la mañana comenzaban con los hilos de Slack sobre las cosas que la gente hacía durante el fin de semana de tres días; ahí hablaban de viajes, el tiempo que pasaban con sus hijos y cosas por el estilo. «Para incluir [esos hilos] como parte de nuestra propuesta de valor para los empleados, en mi opinión, se convirtió en un incentivo muy útil […]. Estamos orgullosos de ofrecer algo mejor para nuestros empleados y al mundo gracias a este programa. —Y añadió—: La retención ha sido impresionante».

Pero también dejó claro que para que esto funcionase, necesitaban «ajustar» mucho sus sistemas. «¿Cómo vamos a medirlo? ¿Cómo vamos a ver la productividad general cuando en la mayoría de las empresas tecnológicas es una caja negra?». Para los trabajadores del conocimiento, ¿qué es? «¿Líneas de código? ¿Con cuánta frecuencia las actualizaciones nuevas se cargan en la página?». El primer paso era ponerse más serios con las métricas de productividad. El segundo, dejar que los equipos descubriesen cómo mejorarlas.

Una de las personas que se pasó una ingente cantidad de tiempo pensando cómo hacerlo fue Terry VanDuyn, directora de gestión de productos. En el desarrollo del producto, la relación entre el resultado y las horas no siempre es evidente, lo que deja mucho espacio para ser creativo. Terry dirigió a los empleados a través de un análisis previo de la productividad y los factores que perjudicaban el rendimiento, pidió tanto a individuos como a equipos que rellenasen cuestionarios y se prepararan mucho para reducir la ansiedad sobre cómo iba a funcionar esto. Decidieron que todo el mundo tendría el viernes libre. Era la opción clara, aunque además de tener un día libre en común, significó que, cuando el equipo estuviera libre, sus compañeros no estarían tan ocupados creando tareas que tendrían que solucionar al volver a la oficina. Eso era importante. Los equipos movieron algunas tareas para que no fueran simultáneas en lugar de hacerlas durante las reuniones, y mejoraron la documentación para que todo el mundo pudiera ocuparse del encargo. (Mejorar la documentación es algo que también surgió en otras empresas). Se volvieron más conscientes con las reuniones que mantuvieron y las hicieron más efectivas. Terry calcula que con esos cambios ganaron medio día. Consultaron el ratio tiempo-valor para casi todo lo que hacían e intentaron verificarlo. Hicieron un ejercicio de «iniciar, parar, continuar el proceso». Revisaron todos los documentos que pedían a la gente que rellenase y los pasos de ese flujo de trabajo. Para los informes de contratación, prescindieron del formulario posterior a la entrevista, que requería mucho tiempo, y los redujeron a unos pocos elementos esenciales que necesitaba saber Recursos Humanos. Estos cambios no fueron drásticos, pero sirvieron. Un cambio que vino más a consecuencia de esto fue en cómo abordaban las quejas de los consumidores. En lugar de concentrarse en cada queja, priorizaban aquellas que afectaban a un número mayor de personas.

El éxito de Kickstarter se puede ver en varias cifras que la empresa ha compartido con nosotros. En el pasado solía cumplir el 62 por ciento de sus objetivos y resultados clave (OKR) trimestrales; esa cifra aumentó al 95 por ciento. La implicación de los empleados subió del 51 al 73 por ciento. La fracción de empleados que afirmaron verse en Kickstarter a dos años vista pasó de un 39 a un 62 por ciento. Estos resultados son especialmente impresionantes debido al contexto en el que se dieron. Kickstarter se lanzaba a la aventura de la semana laboral de cuatro días en mitad de la pandemia y la Gran Dimisión. Las empresas tecnológicas tenían dificultades por las personas que se marchaban. Terry se fijó en que «el mercado de repente pagaba como un 20, 30 o 40 por ciento más por el mismo trabajo». Eso creó tanto retos como oportunidades.

Sucedió algo similar con los resultados de nuestras encuestas. Los empleados de Kickstarter tuvieron una reducción de la jornada laboral más grande que la media (seis horas a la semana) sin intensificar el trabajo y con un aumento sustancial en la capacidad de trabajo autoevaluada. El estrés, el desgaste, la ansiedad, las emociones negativas, el cansancio y los problemas de sueño disminuyeron. La salud física y mental y las emociones positivas mejoraron. La satisfacción con el trabajo, la vida y el tiempo aumentaron y el conflicto trabajo-familia se redujo.

En el momento en que escribo esto, Kickstarter no ha pasado por lo que el sector tecnológico llama «marcha lamentable», es decir, que se marchan las personas que quieren mantener. Como Leland explicó: «Estamos en un sector en el que la permanencia media en una empresa tecnológica es de unos dos años. No sé cuál es la nuestra ahora mismo. Pero está claro que la supera y casi nadie se marcha».

El horario de cuatro días laborables fue un mecanismo de forzamiento como el que comentamos en el capítulo anterior. Para Terry, la gran idea fue fijarse en «las horas que no estabas produciendo tu producto principal». Al ahorrárselas, tanto ella como sus compañeros encontraron esa segunda mitad del día. Para Jon, fue obligar a los jefes de equipo a que tuvieran en cuenta la manera en que las decisiones afectaban al equipo y asegurarse de que hicieran mejor su trabajo. Para Wolf, fue crear una cultura en la que la pedazo de ganga eran las operaciones. Siempre tan escéptico, también quería restarle importancia al cambio de horario. «Seguramente como yo lo veo es que, al igual que todo lo que hicimos, no tuvo tanto que ver con la semana laboral de cuatro días; solo creó un incentivo común con los empleados para que fueran a una».

Wolf opina que la semana laboral de cuatro días fue un factor de muchos. «En la Pascua de la tradición judía hay una canción, "Dayenu"; con eso habría bastado». La canción hace referencia a los dones que Dios ha dado y que cualquiera de ellos habría sido suficiente. El argumento de Wolf es que la empresa tiene muchos aspectos positivos y que yo tenía que comprender el éxito de la semana laboral de cuatro días en un contexto más amplio. «Kickstarter es una empresa de interés público, y habría bastado con centrarse en la misión en lugar de solo en los beneficios. Y habría sido suficiente ser solo una *start-up* de negocios que intenta sobrevivir en el mundo como un negocio. Con eso habría bastado, además de haber sido la primera empresa tecnológica en sindicalizarse. Habría bastado […]. Básicamente no dejamos de añadir cosas a la lista. De manera que la semana laboral de cuatro días está por encima de todo lo demás». Sin duda, es suficiente.

Wolf estaba metido en algo importante. Muchos de mis entrevistados atribuyeron el éxito a la semana laboral de cuatro días. Pero Wolf tiene razón en que no debería verse como algo aislado. No es una tirita con la que cubrir una cultura disfuncional o inhumana. Funciona cuando a los empleados se los valora de verdad, tanto como trabajadores como personas. Y en algunos casos, como Kickstarter, es la guinda de un pastel bastante rico.

RETENCIÓN, RETENCIÓN, RETENCIÓN

Para los empresarios, evitar que la gente renuncie es lo que la ubicación para los agentes inmobiliarios. Casi todo. Mientras escribía este capítulo, he recibido un email de una directiva en una agencia de servicios sociales con un presupuesto anual de más de 100 millones de dólares. Me dijo que la gente «está experimentando unos niveles de desgaste muy altos». La agencia quiere probar la semana laboral de cuatro días, empezando con uno de sus departamentos en el que la rotación anual de personal es del 50 por ciento (es decir, la mitad de los empleados se marchan cada año). Mientras que las empresas en sectores de alta rotación como la publicidad, restauración, servicios sociales y salud mental pueden ser las que más saquen ventaja de reducir las renuncias, la experiencia de Kickstarter sugiere que también es un factor presente en empresas que siguen el modelo 100-80-100, en las que el desgaste profesional puede no ser la motivación principal para implementar la semana laboral de cuatro días. En toda nuestra muestra, vemos que desde el inicio hasta el final, el 29 por ciento de los encuestados puntuaron más bajo en la afirmación «Estoy considerando seriamente dejar o cambiar mi trabajo actual». También tenemos pruebas de que las dimisiones se redujeron en las empresas con una semana laboral de cuatro días: pasó de casi dos personas al mes de media al inicio a una cada pocos meses al final del ensayo.

Kickstarter consiguió cero marchas lamentables en un sector conocido por saltar de un trabajo a otro como forma de conseguir un aumento de sueldo. Y, aunque también se da el caso de que al final los despidos llegan al sector tecnológico, Jon Leland atribuye los resultados de su empresa a la semana laboral de cuatro días. Es «de lejos el beneficio más asimétrico que puedes ofrecer a las personas, y es increíble porque no reduce la productividad como organización. Así que es lo más valioso que puedes darles a tus empleados y no le cuesta nada a la empresa. Es... es increíble [...]. Cambia nuestra posición en el mercado laboral». Hemos oído esto repetidas veces por parte de directores ejecutivos y otros directivos. Evita que las personas se marchen. Y les ayuda a atraer a aquellas que quieren. En Kickstarter, ha sido clave para su capacidad de contratar personas con un gran talento; ingenieros que podrían irse a Google o Microsoft, pero que decidieron quedarse con una organización diminuta en comparación, una que vive sus valores y valora a los suyos. Por supuesto, casi sobra decir que la ventaja de retener y atraer el talento es relativa. Si todas las empresas adoptaran la semana laboral de cuatro días, esta desaparecería. Sin embargo, aún nos queda un largo camino para llegar a esa situación y hay sitio más que de sobra para que las empresas mejoren su posición comparativa.

DE VUELTA A LOS BILLETES DE VEINTE

Ahora que he descrito las experiencias de distintas compañías pertenecientes a varios sectores, podemos volver a la pregunta que planteé al final del capítulo anterior: ¿De verdad es posible compensar un día entero de productividad perdida? Y si lo es, ¿por qué los empresarios no identifican esos ahorros de costes en la estructura de cinco días laborables?, tal y como preguntó Chris Anderson.

Comencemos con la primera pregunta: compensar ese día. Es importante reconocer que, en muchos de estos entornos que hemos estudiado, no se trabaja durante todas las horas de las cuarenta estándar. Uno de los comentarios más comunes que hemos oído es que las personas cambian las «gestiones cotidianas» al día libre en vez de hacerlas durante el horario laboral. Las citas con el médico, las reuniones con profesores y otras obligaciones que solo se pueden hacer de lunes a viernes de 9.00 a 17.00 ya no se agendan durante el horario laboral. No sabemos con cuánta frecuencia las personas intentan compensar ese trabajo fuera de sus horas reglamentarias, pero como lo mencionan tan a menudo, parece ser una parte importante del cambio. Esto no aumenta la productividad como tal, sino que se trata de una manera de endosarle el coste al empleado. Y en su mayor parte les ocurre a trabajadores asalariados que tienen la libertad de entrar y salir sin perder sueldo cuando no están en su puesto.

Lo segundo que hay que reconocer es que no todos los días se crea igual y que las empresas pueden aprovechar los días menos ocupados (es decir, menos productivos). Esto significa que en realidad no tienen que compensar un día entero de trabajo. Pressure Drop es un ejemplo de este caso. Fabrica la cerveza de martes a jueves, así que sus días libres son los lunes y los viernes. Matt Juniper monitorizó la actividad de los viernes y vio que era más lenta que el resto de los días. Es el día libre más popular de nuestra muestra. Y probablemente se deba a que ya estamos desvinculando el viernes como día de trabajo. Unos estudios sobre el rendimiento de la bolsa[135] revelan que los informes sobre las ganancias de los viernes cada vez llegan más tarde, lo que sugiere que los inversores están prestando menos atención a este día. Las respuestas a las encuestas de negocios[136] también señalan el efecto de los viernes. Incluso antes de la semana laboral de cuatro días, a algunos representantes en nuestros ensayos les habían pedido que informaran de las cuotas semanales al final de la jornada del jueves, reconociendo en efecto que el viernes no es un día en que se venda. Como sugieren los títulos de un par de libros (*Thursday Is The New Friday* —Joe Sanok— y *¡Por fin es jueves!* —Pedro Gomes—), ya nos habíamos estado alejando de manera gradual de la semana laboral de cinco días.

Otro motivo por el que las empresas logran mantener la productividad es que hay una relación muy afianzada entre el tiempo de trabajo y la productividad por hora. Aunque no hay muchos estudios al respecto, sobre todo fuera de la fabricación, las pruebas sugieren que hay una parte de la curva donde las reducciones de horas conllevan una mayor productividad por hora. Un artículo conocido sobre los fabricantes de municiones[137] de la Primera Guerra Mundial descubrió que, después de pasar cierto umbral, el resultado por hora disminuía a la par que aumentaban las horas. Unos datos recientes de un centro de atención telefónica holandés[138] muestran que, a medida que se incrementan las horas, la cantidad de tiempo que lleva finalizar una llamada también lo hace. Un estudio belga[139] también ha descubierto que en este ámbito, las horas extra reducen la productividad. Alison Booth y Martin Ravallion citan pruebas empíricas[140] que muestran que «el resultado por horas se reduce drásticamente hacia el final de la jornada, así como al final de la semana laboral», lo que implica que reducir las horas puede aumentar la productividad.

Evidencias históricas también sugieren que unas jornadas más cortas a veces se pueden completar sin ninguna pérdida en cuanto a los resultados. En 1929, cuando la semana laboral de cinco días comenzaba a dar sus primeros pasos, la National Industrial Conference Board[141] llevó a cabo un estudio exhaustivo sobre empresas de fabricación que ya la habían establecido. A pesar de que más de la mitad no podían evaluar qué había ocurrido con los resultados, la gran mayoría de aquellos que sí podían, informaron que o bien no hubo cambios o aumentó. En aquella época, el 75 por ciento de las empresas redujeron el número total de horas cuando aplicaron la semana laboral de cinco días, y entre ellas el 68 por ciento fueron testigo de la estabilidad o de un incremento de los resultados.

También sabemos que en la muestra representativa (es decir, en un momento concreto), los países con jornadas más cortas de trabajo tienden a tener una mayor productividad por hora. Por supuesto, esta relación va en ambos sentidos. La alta productividad tiende a conducir a una reducción de la jornada. Sin embargo, también se da el caso de que el coste por la reducción de la jornada laboral se ve compensado en parte por unos mayores resultados durante el tiempo que pasa la gente en ese puesto. Este es uno de los motivos principales de que la reducción del horario laboral a menudo haya generado resultados decepcionantes en cuanto al empleo; las personas se vuelven más productivas, por lo que la empresa no necesita contratar personal. Cuando la semana laboral francesa[142] pasó de cuarenta a treinta y nueve horas en 1982, la intensificación del trabajo reemplazó a la mitad de los resultados perdidos. Una reseña del impacto económico[143] de la disminución de las horas laborales concluye que los aumentos en productividad, que en general se predicen para compensar cerca de la mitad de la reducción de la jornada, se suelen subestimar antes de recortar las horas. Las publicaciones sugieren que esto sucede más en entornos administrativos del sector servicios [144] que en otros lugares. Puede que un motivo sea que la energía mental requerida en el tipo de lugares de trabajo que hemos estudiado mayormente empieza a menguar después de un número determinado de horas. Los economistas Gilbert Cette y Dominique Taddei opinan que «la factura (es decir, el coste por la reducción de la jornada laboral)[145] siempre se paga según las ganancias en productividad».

Estudios aparte, esto es lo que venimos oyendo de las empresas, sobre todo las que siguieron el modelo 100-80-100. Y también lo dicen los empleados. Trabajan de manera más eficaz, son más eficientes y tienen mayor capacidad de trabajo. Informan de que su productividad se está incrementando. Todas estas medidas aumentan desde el inicio hasta el final.

Por último, y quizá lo más importante, la productividad es solo uno de los factores que determinan si las empresas tendrán buenos resultados con una semana laboral de cuatro días. Como se muestra en este capítulo, puede que haya ganancias en cuanto a retención y a la atracción del talento que compensa cualquier pérdida en productividad. La historia de

Tessa, y hasta cierto punto la de Praxis, sugiere que la estabilidad del equipo puede generar nuevas oportunidades de negocio. Todos estos impactos son importantes para la organización: los costes totales y los beneficios del cambio. A veces, la conversación sobre la semana laboral de cuatro días ha sido demasiado estrecha al centrarse solo en la productividad por hora en lugar de hacerlo en su totalidad.

Nuestros resultados (desde los trucos de productividad hasta la reorientación estratégica para retener a los empleados) muestran que hay una posibilidad de que todos salgan ganando con el cambio de horario. Conseguir esto no es tan fácil como encontrarse un billete de veinte en el suelo. Para empezar, hace falta planificar, trabajar duro y tener la filosofía correcta. Pero para muchas de las empresas que lo están intentando, los resultados han sido astronómicos.

EL TIEMPO ES UN REGALO

Esto nos deja con la pregunta que Chris Anderson, de TED, planteó. Para las empresas con el modelo 100-80-100, ¿por qué no hacer estos cambios que les ahorra tiempo en el contexto de la semana laboral de cinco días? ¿Es necesario reducirla a cuatro? Claro, las empresas intentan ahorrar tiempo y ser más eficientes. Adoptan nuevas tecnologías, cambian sus políticas e implementan mejoras a diario. Pero, en muchas de nuestras empresas, todavía hay mucho margen para mejorar la productividad.

Cuando trasladé esta pregunta a los participantes de nuestros ensayos, oí algunas explicaciones diferentes. Ya os he contado la respuesta de Terry VanDuyn a mi ocurrencia sobre las empresas «funcionales». Para ella, no había tiempo ni espacio para optimizar. Están demasiado ocupados en sobrevivir. La experiencia de Banks Benítez sugiere que las personas simplemente no tienen la suficiente intención ni capacidad estratégica de forma continua. Se olvidan de lo «esencial». Todo esto tiene sentido. La optimización continua agota.

Le he dado a Chris una respuesta diferente. Ninguno de nuestros ensayos ha terminado aún, así que solo fue una corazonada. Le dije que los directivos tenían que ofrecerles algo a cambio a los empleados para que trabajaran de manera más eficaz o con más intensidad. Necesitaban reciprocidad. (Por aquel entonces, no sabía que la intensidad de trabajo no aumentaría mucho en la mayoría de las organizaciones y tan solo asumí que sería mayor). Jon Leland respondió algo similar cuando le hice la pregunta, y la redujo a la naturaleza humana. «Las empresas están formadas por seres humanos, y los seres humanos no son eficientes. No somos máquinas». Me explicó que los economistas no se dan cuenta de esto. «Y tenemos la sensación de que somos privilegiados por poder hacer esto. No es la norma. Así que, en cierta manera, es un regalo».

La idea de que la semana laboral de cuatro días sea una concesión surgió durante la investigación. Se reflejó en la terminología que algunas empresas utilizaban para describir el programa. Una la llamó «desbloquear» el día libre. Un ejecutivo de una agencia de publicidad escribió en el tablón de anuncios de 4 Day Week Global: «Nuestra prueba piloto de seis meses ha concluido con resultados positivos. Con más de 800 horas dedicadas, los resultados han aumentado considerablemente, el equipo está motivado y afirman que 4DW es un "regalo"». De nuestros comentarios abiertos, un empleado, después de decirnos lo mucho que apreciaba el tiempo libre, afirmó: «Me sentí mucho mejor haciendo mi trabajo porque para mí fue una recompensa tener un día libre que no me quitaran de mis vacaciones anuales». Otro explicó: «Solo quería mencionar algo en concreto, y es que me siento bien por formar parte de una organización que pone en valor la vida personal de sus empleados. Y por eso a veces siento que tengo que esforzarme más para devolverles el favor (lo considero un favor, ya que firmé un contrato para trabajar cinco días a la semana)».

En muchas empresas, una parte importante de este regalo es que es para el grupo y no solo entre el jefe y el empleado. Como explicó Leland, la semana laboral de cuatro días «hace que todo el mundo esté supermotivado para implementar estos cambios, que no son fáciles. Hace que todos sean más honestos. Hay mucho en juego, porque estos beneficios que ganas en eficiencia no son solo para ti, sino que lo haces por todos los que te rodean». Esta responsabilidad hacia los compañeros es una parte importante de por qué la gente está dispuesta a hacer un esfuerzo extra para ser eficiente, abstenerse de holgazanear y trabajar duro. Desarrollan un mayor espíritu de equipo. Leland sintió que en Kickstarter no era sobre todo «un problema entre los directivos y los trabajadores. Al menos en nuestro negocio, estas cosas se mezclan». Su compañero Wolf está de acuerdo con la importancia del «incentivo en común con los empleados para que vayan a una. De lo contrario, sería innecesariamente duro. Todos ganan porque hacen el trabajo. Y lo hacen no solo por sí mismos, sino por sus compañeros u otros miembros del equipo. Así, todos pueden estar con sus familias los viernes».

La alternativa es una cultura que está más basada en el miedo. Leland siente que «si la única motivación que le ofreces a los empleados para mantener la productividad y la eficiencia es la amenaza de que los despidas, no cultiva una cultura de trabajo muy buena, sinceramente. No sería un lugar en el que a las personas les gustaría seguir trabajando. Por eso pierdes empleados, que afecta de forma drástica a la productividad de la organización». Matt Juniper hizo un análisis parecido que hacía referencia a la idea de que si intentase que las personas trabajasen más duro sin darles nada a cambio, estas acabarían resentidas. «Verás que la motivación disminuye, que algunos se queman, notarás que los empleados están menos implicados en ofrecer algo a la empresa. Así que, por experiencia…, les das algo a cambio».

No es de extrañar que muchos experimenten la semana laboral de cuatro días como un regalo. A estas alturas, sucede como resultado de la iniciativa de los directivos en vez de mediante la negociación colectiva. No necesita recortes de sueldo. Es un beneficio que pocas personas tienen. Sin embargo, no a todos los participantes de nuestros ensayos les gusta esta interpretación. Cuando le pregunté a Sam Smith de Pressure Drop qué pensaba sobre la idea de que la semana laboral de cuatro días fuese un regalo, coincidió en que sus empleados «lo veían de esa manera». Pero él se resistió a formularlo por la necesidad de gratitud implícita. «[Dirección] debería hacerlo porque cree que es lo correcto, no porque quiera que te den una palmadita en la espalda […]. Si quieres que te den las gracias, no va a suceder. Y no deberías hacerlo por ese motivo». Para Sam, todo el mundo tiene derecho a tener un trabajo que le posibilite llevar una vida equilibrada y satisfactoria.

EL VALOR DE TRABAJAR CUATRO DÍAS A LA SEMANA

A pesar de que tanto empresas como trabajadores utilizan el idioma de los regalos, que viene de la tradición antropológica, también hay un fuerte motivo económico que explica por qué la productividad aumenta con este modelo. La semana laboral de cuatro días incrementa el valor del trabajo para los empleados porque les ofrece algo mejor que lo que hay disponible en el mercado en líneas generales. Mi tesis doctoral, de principios de los ochenta, trataba sobre el valor que depositan los empleados en los trabajos y cómo afecta a cosas como el salario y el esfuerzo laboral. Mi tesis formaba parte de un corpus bibliográfico emergente llamado «teoría del salario de eficiencia», que ofrecía una explicación novedosa de por qué las economías de mercado suelen sufrir el desempleo. Es un hecho de la vida económica que ha traído a los economistas neoclásicos de cabeza durante décadas. Su modelo dice que el mercado consigue el equilibrio en el que la oferta es igual a la demanda. Así que si hay desempleo (es decir, exceso de oferta) , lo esperable es que el salario disminuya. Eso, a su vez, provoca que las empresas contraten a más trabajadores. Y esto conlleva que algunas personas abandonen el mercado laboral porque quieren un sueldo mejor. El resultado es que la oferta y la demanda volverá a equilibrarse; es decir, que el desempleo desaparecerá. La teoría del salario de eficiencia explicaba por qué, en el mundo real, en el mercado laboral la oferta no es igual a la demanda. Si no hay desempleo y las personas encuentran fácilmente otros trabajos de igual valor, a los empresarios les costará mantener a sus trabajadores. La Gran Dimisión fue un buen ejemplo, y desde luego drástico, de esta inestabilidad. Conseguir el equilibrio requiere que los trabajadores tengan algo que perder cuando renuncian o los despiden.

Los empresarios tienen distintas maneras de que los puestos tengan valor, pero la más generalizada es aumentar el sueldo sobre la tasa de equilibrio del mercado. Al hacer esto, aumenta el valor del trabajo y crea un «coste por la pérdida del puesto de trabajo» que resulta positivo para el trabajador. Cuando muchas empresas lo aplican, se genera desempleo. Es de sentido común. Si perder el trabajo significa ganar menos o sufrir una época de desempleo, el trabajo adquiere más valor. Mi consejero,

Samuel Bowles, y yo creamos una medición del coste por la pérdida del puesto de trabajo en toda la economía.[146] Según los estándares de hoy en día, la cosa está complicada. Sin embargo, aunque sea así, tiene mucho poder explicativo. Demostramos que afecta a todo tipo de ámbitos. Sam y yo lo utilizamos para predecir con cuánta frecuencia los trabajadores de Estados Unidos convocaban huelgas. Mostré la conexión que tiene con el aumento del salario.[147] Mi compañero Jerry Epstein y yo incluso lo utilizamos,[148] con éxito, para predecir la decisión de la Reserva General sobre los tipos de interés.

La investigación más relevante para la semana laboral de cuatro días que llevé a cabo fue sobre la intensidad del trabajo. Mediante un conjunto de datos excepcionales de Reino Unido[149] que literalmente medían cuánto se esforzaban los trabajadores de fábrica, demostré que la intensidad del trabajo varía con el coste por la pérdida del puesto de trabajo. Ese es parte del razonamiento económico tras el impacto en la productividad con la semana laboral de cuatro días. Las personas son más productivas en trabajos que valoran más. Este análisis también explica los efectos de retención que describía en este capítulo. «Al aumentar tanto el valor del trabajo, la semana laboral de cuatro días hace que las renuncias se paralicen».

Podemos comprobar cuánto valoran los empleados sus trabajos de cuatro días laborables mediante una de las preguntas de nuestra encuesta. Indagamos sobre lo que los economistas denominan «disposición a pagar». Primero, preguntamos sus preferencias de horarios (cuatro días frente a cinco). Como señalaba antes, casi todo el mundo prefiere la semana laboral de cuatro días. Después, les preguntamos a aquellos que sí la prefieren que sopesaran el siguiente caso hipotético: «Imagina que estás buscando alternativas a tu trabajo actual. ¿Cuánto ajuste de sueldo (como porcentaje del sueldo actual) pedirías para aceptar un trabajo nuevo con cinco días laborables?». Descubrimos que la mayoría pediría una buena suma para volver a la semana de cinco días. El grupo más grande (45,5 por ciento) pediría entre un 10 y un 25 por ciento. El 27,5 por ciento quieren bastante más: un aumento entre un 26 y un 50 por ciento. El 9 por ciento pide un aumento muy alto: al menos del 50 por ciento. Y el 13 por ciento dice que «ni por todo el oro del mundo» volverían a trabajar cinco días a la semana.

Tabla 4.1. ¿Cuánto pedirían los empleados de aumento para aceptar trabajar cinco días a la semana?

Aumento de sueldo	Fracción de encuestados
Menos del 10 %	4,7 %
Del 10-25 %	45,5 %
Del 26-50 %	27,5 %
Más del 50 %	9,0 %
Ni por todo el oro del mundo vuelvo a trabajar cinco días a la semana	13 %

También oímos opiniones similares en algunos de los comentarios. Para una persona, su valoración iba más allá de la hipótesis. «Ya me han contactado unos reclutadores que me ofrecían un aumento de sueldo del 30 % y lo he rechazado. En cuanto te acostumbras a la semana laboral de cuatro días, no hay vuelta atrás. Nunca había sentido tanto equilibrio en mi vida personal/profesional». Otro expresaba lo que comentaba el 13 por ciento: «Para mí es tan valioso que creo que ninguna cantidad de dinero me haría volver a la semana laboral de cinco días». El valor del trabajo (y, por ende, el coste por la pérdida del puesto de trabajo) es muy alto para quienes trabajan cuatro días a la semana. Es lo que explica el principal debate de este capítulo: por qué la retención mejora tanto en estas empresas.

Ahora podemos darle una respuesta completa a Chris Anderson. Él proponía que las personas produjesen más en cinco días (es decir, dar más a la empresa sin que haya una recompensa). Eso puede que no solo provoque resentimiento a lo Matt Juniper, sino también reducir el coste por la pérdida del puesto de trabajo y desestabilizar las negociaciones actuales. Por el contrario, la semana laboral de cuatro días representa un aumento espectacular en el valor del trabajo. De ahí el aumento de salario por hora como resultado. Sabemos por nuestras encuestas lo valioso que es este horario para la gente. Sabemos que muchos dicen que les ha «cambiado la vida». No se trata solo de un fenómeno basado en el miedo. En este caso, las personas lo experimentan de una manera positiva porque normalmente se da a modo de regalo. Y, viéndolo así, las personas están más dispuestas a esforzarse, aplicarse con más diligencia y trabajar codo con codo por el bien del equipo. Existe una dimensión tanto económica como cultural de por qué funciona.

5

RETOS, FALSOS COMIENZOS, PAUSAS Y FRACASOS

Hasta ahora he hablado sobre lo que han conseguido las organizaciones gracias a la semana laboral de cuatro días. Para muchas, como Praxis y Pressure Drop, la transición fue bastante fácil. Otras, como M'tucci's o Grand Challenges Canada, también hicieron que pareciera perfecto. En Kickstarter, que tuvo una de las transiciones más exitosas, las personas enfatizaron que fue duro, pero que supieron llevarlo.

En este capítulo, describo algunas de las maneras en las que las empresas necesitan ajustar el modelo de la semana laboral de cuatro días para que triunfe, por qué algunas necesitan una pausa y por qué unas pocas vuelven de forma permanente a la semana laboral de cinco días. La lección es que hay que ser flexible. Si algo no funciona, cámbialo. Para algunas, la repetición continua es el principio fundamental de cómo abordan la semana de cuatro días. Presta atención y haz los ajustes pertinentes.

UN POCO MÁS DE TIEMPO

Un ajuste común fue que hubiera, al menos, algún empleado disponible el día libre extra. Así es como en el Estudio de Arquitectura (EDA)* pasaron de pensar que el experimento no iba a funcionar a adoptar un programa que funcionaba a las mil maravillas. EDA es una empresa de

_____

* El Estudio de Arquitectura y Emma Smith son pseudónimos. Esta empresa decidió ocultar su identidad.

diseño que realiza proyectos urbanos de gran impacto como escuelas y centros culturales, así como edificios residenciales de varias unidades, muchas de las cuales ofrecen una vivienda asequible. Opera en Norteamérica y Europa, ha ganado premios y ha creado edificios impresionantes. Es una empresa con mucho éxito, fundada por un solo profesional hace décadas que todavía es dueño de ella en su totalidad. Emma Smith es la jefa del estudio en la práctica y fue la encargada de supervisar la prueba piloto. Como parte de nuestras encuestas continuas a las organizaciones, Emma nos informó de que no continuarían con la semana laboral de cuatro días. Me entró curiosidad por saber el motivo y ella se prestó a explicármelo. La habrían adaptado para generar cierta disponibilidad de guardia durante el día libre.

La idea para la prueba piloto vino del fundador, que sentía que trabajar cuatro días a la semana tenía sentido dada la experiencia en otras empresas y porque en la profesión existían problemas de saturación de trabajo desde hacía mucho. Cuando habló con ella y lo sugirió, Emma admite que pensó: «Bueno, es una locura porque, ya sabes, ni siquiera podemos encargarnos de los proyectos que ya tenemos con los empleados con los que ya contamos. Sin embargo, escuchamos toda la, no quiero llamarla «retórica», pero toda la información disponible sobre cómo trabajar mejor y de manera más eficiente generaba mejores resultados y que los empleados estuvieran más implicados». Una de las principales preocupaciones era atraer y retener a las personas de sesenta y cinco años entre sus empleados. Un factor era la cultura de las horas extra en arquitectura y que cada vez estaba más descompensado con los profesionales más jóvenes. Emma describió la manera como solían ser las cosas. «En el pasado tenían *charettes* [sesiones de talleres intensivos] que duraban todo el fin de semana y era bastante común trabajar sesenta horas. Ahora la gente comprende que para atraer a un talento bueno, y sobre todo joven, no puede mantener esos horarios».

Comenzaron con un modelo común: todos tendrían el viernes libre. Aunque a la mayoría de los empleados les encantaba el nuevo horario, a los gestores de proyectos les dificultaba la tarea. La arquitectura es un campo muy colaborativo y varias personas trabajan en el mismo proyecto. Para acomodar el cambio, establecieron que el jueves a las 18.00 sería la fecha límite en la que se aplicarían los cambios de la semana. Pero eso dejó a los gestores de proyecto (los que luego reciben el trabajo) incapaces de comunicarse con sus compañeros hasta el lunes por la mañana, tres días después. Así que acabaron haciendo ellos mismos correcciones y cambios que en cualquier otro momento habrían hecho otros miembros del equipo. Ahora trabajaban más porque sus obligaciones se alargaban al sábado y al domingo. Algunos de los altos cargos también se quejaron por no poder contactar con la gente cuando lo necesitaban.

La empresa no logró rascar más tiempo libre de las reuniones. A diferencia de muchas organizaciones en las que las reuniones no son eficientes ni productivas, en arquitectura es el medio por el que se organiza el proceso de trabajo. Las personas se unen, leen detenidamente los planos y aceptan los diseños. Es una metodología de ensayo y error que necesitan mantener. «Es que no podemos ahorrar tiempo. No podemos reducir esas horas […] porque, por la duración de esas reuniones, si las reducimos a veces de dos horas a una hora y media, no nos da tiempo a que todos aporten su parte y revisen los planos. Así que, aunque hayamos intentado ser más eficientes y gestionar el tiempo, al final tenemos todas estas horas que necesitamos agotar en un proyecto», explicó Emma. Eso implicaba que no podían retrasar la fecha límite del trabajo semanal a los miércoles. En lugar de eso, necesitaban crear cierta disponibilidad a lo largo de los jueves a partir de las 18.00 hasta el lunes a las 9.00. Una opción sería ampliar la jornada laboral de lunes a jueves, pero sentían que los empleados ya estaban demasiado agotados por las exigencias mentales y creativas del trabajo y llegarían reventados al viernes.

En cambio, resolvieron el problema solicitando la disponibilidad de guardia los viernes. Emma describió así la política: «Intentaremos y permitiremos que los empleados tengan el viernes libre. Para empezar, no tendrán que venir a la oficina. Así que, en definitiva, sería un día de trabajo desde casa, ya sea laborable o no. Lo que sí intentaremos lo mejor que podamos y por los resultados y plazos del proyecto es minimizar el trabajo los viernes. Sin embargo, esperamos que lleven el teléfono encima. También tendrán que estar disponibles por si hay trabajo que hacer». En lugar de tratar esto como un fin de semana intocable, funcionaba de manera similar a esos fines de semana ocasionales en los que llamaban a la gente para que fueran a la oficina. También animaron a los empleados a seguir formándose durante el día libre, ya que es muy importante en el sector. Aunque hubo ciertas reticencias por parte de la plantilla, el cambio funciona en la empresa y con los empleados. En su mayoría, suelen tener el viernes libre. Y los gestores de proyecto tienen respuestas si lo necesitan.

Tras nueve meses con el modelo original, cambiaron a la opción de guardia. «Revisaremos esto cada pocos meses y decidiremos si tenemos que hacer un cambio de rumbo o no, añadir nuevas políticas, revisarlas, lo que sea», explicó Emma. Esta postura de evaluación y repetición continuas es una de las muchas que adoptan nuestras empresas. Se alinea con la filosofía básica de poner intención, ser estratégico y prestar mucha atención al tiempo y al rendimiento de trabajo.

Al final resultó que la semana laboral de cuatro días ayudó a abordar otros problemas en la empresa. Una eran las «charlas» excesivas y la pérdida de tiempo. Había algunos miembros más mayores que pasaban bastante tiempo «yendo de una mesa a otra haciendo perder el tiempo a todos». Ahora esto pasa mucho menos. Les preocupaba mantener el ambiente social en la oficina y cómo afectaría a la moral. Así que una vez al mes, los viernes, se toman unas cervezas y patatas chips. Y socializan mucho fuera del trabajo. También animan a los empleados a almorzar juntos fuera de la oficina y a tomarse un descanso breve para dar un paseo. Descubrieron que esto hacía que los procesos fueran más eficientes: han logrado reducir el número de cambios por los que pasan los diseños. «El trabajo nunca es perfecto y jamás de los jamases está completo. Así que, en lugar de repetirlo doce veces, hagámoslo en ocho». Y han mejorado algunos de sus flujos de trabajo y las tecnologías. Emma cree que funciona y que seguirá haciéndolo «siempre y cuando todos entiendan que los jueves a las seis no es un apaga y vámonos».

El ajuste que hizo el Estudio de Arquitectura es uno de los más comunes de los que tengo constancia: crear cierta disponibilidad en el día libre. Las empresas encuentran maneras distintas de implementar el cambio. Praxis ajustó el programa para resolver algunos de los mismos problemas a los que se enfrentan los arquitectos. Matt Juniper explicó que han creado una especie de estado «en espera». No es para trabajar un día entero, más bien es «normalmente nada», pero «a veces te llaman para trabajar un poco». Sin embargo, la empresa también era consciente de que quería proteger algunos de esos días para que las personas pudieran tener compromisos y mantenerlos (citas médicas o planes de vacaciones). Así que les daban ocho días al año, si los reservaban de antemano, para desconectar por completo. Grand Challenges, la organización sin ánimo de lucro de Canadá, cambió a un modelo con algo más de disponibilidad después de enterarse de la falta de respuesta por parte de las organizaciones a las que provee. Incluso así, a los empleados solo los llaman un par de veces al trimestre, lo que Tracy Smith describió como «poquísimas veces». Sin embargo, uno de los principios por los que se guía Grand Challenges es la igualdad, así que no estaban dispuestos a pedirles solo a unos pocos empleados que estuviesen disponibles los viernes. Renombraron el programa como Viernes Flexible. «Son palabras distintas, pero la filosofía es prácticamente la misma. Es un momento para desconectar y recargar pilas. Pero "flexible" significa que deberías estar disponible. Porque si pasa algo, y es una petición urgente, necesitamos atender esa petición», explicó Tracy.

OTROS RETOS

Otro ajuste importante implica las semanas con festivos. Durante el ensayo, algunas organizaciones descubrieron que esas semanas laborables de tres días no les funcionaban. Así que, si hay un festivo, los empleados no cuentan con un día libre extra. Es muy difícil hacer todo el trabajo en solo tres días. También nos han llegado informes de algunas empresas que ya no ofrecen vacaciones pagadas después de reducir la semana a cuatro días. Y una empresa informó de que, si los trabajadores no han terminado su trabajo al final del cuarto día, esperan que lo acaben el quinto.

Los pequeños cambios en el programa básico son comunes en los ensayos en organizaciones o departamentos con flujos de trabajo desiguales. El campo de la contabilidad tiene sus picos y valles en cuanto a carga de trabajo. Además de los cierres mensuales, están los momentos críticos anuales por los impuestos y auditorías. Una manera de abordar esto es que el tiempo libre sea anual. Los empleados tienen más días libres en las épocas tranquilas, incluyendo los puentes, mientras que se espera que trabajen los cinco días a la semana en las épocas de más trabajo.

Otro problema de las empresas que siguen el modelo 100-80-100 es que no está claro qué 100 por cien debe ofrecerse a las nuevas incorporaciones. Incluso para la plantilla existente, puede ser complicado calibrarlo. Me contaron que una empresa tecnológica volvió a poner a su equipo de apoyo un horario laboral de cinco días de manera temporal para que creasen una base de lo que deberían hacer en cuatro días. Para abordar ese problema, algunas organizaciones les piden a los nuevos contratados que empiecen trabajando cinco días a la semana, en parte para descubrir cuál es su carga de trabajo de base y asegurarse de que puedan sobrellevar unas expectativas más altas durante la semana de cuatro días. Empezar con cinco días también puede mitigar el problema de «selección adversa» de las personas que quieren aceptar el trabajo solo por el horario y no cuentan con la ética laboral que la organización espera. Esto es complicado y necesita que se gestione bien al contratar a personas nuevas. Algunos de nuestros encuestados mencionaron desconfiar de los candidatos que se centraban demasiado en la semana laboral de cuatro días durante las entrevistas.

Las organizaciones también tienen que asegurarse de que este horario no eche por tierra lo positivo de su filosofía, sobre todo los beneficios de sociabilidad y cohesión. Aunque en algunos casos, como en el Estudio de Arquitectos, puede que se socialice demasiado, la presión de terminarlo todo en cuatro días también puede alejar mucho un lugar de trabajo en dirección contraria. La mayoría no ponen tanto empeño como ArtLifting con su «Culture Squad»; sin embargo, muchas incluyen quedadas a la hora del almuerzo, retiros, salidas y otros momentos dedicados a socializar. Pero ¿funcionan esos esfuerzos?

Un encuestado arrojó una visión muy negativa en los comentarios de la encuesta: «La filosofía de la empresa se ha perdido por la semana laboral de cuatro días. Me he sentido muy aislado de mis compañeros porque todos estamos metidos de lleno al tener un horario reducido. Y, aunque no lo han incluido en las encuestas al personal sobre la semana de cuatro días, en conversaciones personales con los empleados me he enterado de que ¡están tan estresados como yo! Tienen demasiado trabajo, están agotados por el ritmo y no tienen tiempo de reforzar o cuidar la filosofía de la empresa. Los ánimos están bajos, y están muy desilusionados». En este caso, el aislamiento y la filosofía de la concentración se componían de la carga de trabajo. «No conozco a nadie que no sobrepase las 32 horas asignadas. De hecho, parece que hay más ajetreo y falta de tiempo en la empresa que nunca, y al parecer muchos miembros del equipo hacen horas extra por las noches, los viernes y/o fines de semana». Si eso era todo, la imagen era desoladora. Pero esta persona siguió: «Con todo esto, nadie con los que he hablado (incluido yo) quiere que eliminen la semana laboral de cuatro días. Porque las semanas que PODEMOS, sí que nos tomamos un tiempo libre extra los viernes, y es una gozada contar con ello». Aunque está claro que la organización necesita descubrir por qué la carga de trabajo no es sostenible ni siquiera en cuarenta horas, también debería prestar más atención a las interacciones sociales.

Ha habido mucha preocupación sobre si trabajar desde casa minará la conexión social en el lugar de trabajo. Nos preguntamos si quitar un día de trabajo afectaría en algo. Desde el principio, hemos estado preguntando cómo de conectados se sienten los unos con los otros en el lugar de trabajo y no hemos visto ningún cambio. En cierto momento añadimos una escala de cuatro puntos que se centraba de manera explícita en las interacciones sociales. También vimos que no había ningún cambio en esa medida desde el inicio hasta el final. No parece que la semana laboral de cuatro días erosione aspectos valiosos de socializar en el lugar de trabajo.

Otro problema del que tenemos constancia es la tensión que se genera cuando solo algunos grupos hacen el cambio a la semana laboral de cuatro días o no se ofrece lo mismo a todo el mundo. Tessa Ohlendorf se enfrentó a cierta oposición por parte de algunos de la empresa porque su grupo estaba en una posición privilegiada. El jefe de equipo quería mantenerlo en secreto, pero por supuesto se corrió la voz y se crearon fricciones. Un empleado del ensayo sudafricano informó: «Esto solo funcionará si todos los miembros de la empresa participan. No hay armonía entre aquellos que pueden participar y los que no. Si no puedes participar, deberías recibir una compensación».

Tener a los clientes contentos siempre es difícil, y en las organizaciones que no pudieron repartirse en distintos equipos, a veces se les escapaba la cobertura. Aunque quizá el mayor problema que vemos es cuando no hay preparación suficiente ni apoyo para el cambio. Si la gente espera encontrar poca eficiencia, no se les puede dejar solos a su suerte. Algunas personas se quejaron de no obtener la ayuda que necesitaban. Y otras circunstancias que no sean el cambio de horario pueden provocar que todo sea más duro. Si la empresa tiene una recesión y despide a algunos, eso puede afectar al éxito. Al igual que un crecimiento rápido y que no contraten nuevo personal lo bastante deprisa. Los problemas de personal en las organizaciones pequeñas a veces pueden ser cruciales. Una organización muy pequeña pausó el ensayo porque la mitad de su plantilla estaba de baja de larga duración por enfermedad. Parecía que la semana laboral de cuatro días no funcionaría con los empleados contratados y las nuevas incorporaciones. Tiene previsto retomarla cuando el equipo se estabilice. Hacer una pausa puede ser una forma útil de asegurar que al final la semana laboral de cuatro días sea un éxito.

UNA PAUSA ENTRE LA PRUEBA PILOTO Y LA IMPLEMENTACIÓN COMPLETA

Who Gives a Crap, una organización que ofrece productos de papel ecológicos, reciclados, asequibles y de buena calidad, descubrió que necesitaba dar un paso atrás después de terminar el primer ensayo. La empresa es una organización orientada a los valores fundada en 2012. Según el Consejo para la Defensa de los Recursos Naturales, los estadounidenses, que suponen el 4 por ciento de la población mundial, consumen una quinta parte del papel higiénico[150] total. Buena parte de este proviene del magnífico bosque boreal canadiense. El papel higiénico de la empresa reduce el uso del bosque virgen gracias a materiales reciclados y alternativas sostenibles como el bambú y la caña de azúcar. Who Gives a Crap también dona la mitad de sus beneficios a organizaciones cuyo objetivo es asegurar que todas las personas del planeta tengan acceso a agua potable y a un inodoro para 2050.

¿Recuerdas la obsesión por el papel higiénico los primeros días de la pandemia? Esto resultó en un incremento descomunal de la demanda en

Who Gives a Crap. Las ventas crecieron entre treinta y cuarenta veces más de lo normal, con largas listas de espera para recibir los productos. Esto, a su vez, condujo a una inversión considerable y a un rápido crecimiento. Un año después, acabó oficialmente el experimento tras concluir que la prueba piloto de la semana laboral de cuatro días en una compañía de éxito no era viable en aquel momento. Catalina Lopera, directora de bienestar y del lugar de trabajo, compartió que «la SL4D sigue siendo un objetivo importante para nosotros, sobre todo para mí como directora de bienestar». A largo plazo, la compañía está comprometida a retomar la iniciativa.

Al principio, Catalina obtuvo la aprobación por parte del equipo ejecutivo para hacer un pequeño ensayo (con solo veintitrés personas, o el 10 por ciento de la plantilla total). El equipo ejecutivo mostró su apoyo, aunque también manifestó cierta cautela sobre el impacto en potencia sobre el rendimiento del negocio. Así que decidieron ser muy sistemáticos en términos de quiénes podían participar y cómo lo evaluarían. Lo presentaron como un beneficio condicional (un regalo del que podrían disfrutar los empleados si terminaban todo el trabajo) y utilizaron el término «desbloquear» el quinto día. Eso enfatizó el cariz condicional. También establecieron algunas vallas de seguridad para guiar a los participantes. No podían combinarlo con los días de vacaciones (u otras vacaciones remuneradas). Tenían que conseguir tres días libres seguidos. No podían tomárselos durante una semana con algún festivo. Me pregunté si insistir en el 100 por cien de la productividad y las normas estrictas sobre el día libre desvirtuarían el programa, en parte al disminuir la confianza. Aunque me dio la sensación de que a Catalina, y seguramente al resto de la compañía, le importaba el bienestar en sí mismo, el lenguaje y el tono del ensayo se centraba en el rendimiento. Tal vez eso lo afectaría.

Sin embargo, hacia la mitad, los resultados de los empleados iban por buen camino. La jornada laboral se redujo 5,7 horas a la semana, un resultado excelente. El estrés, el desgaste y la intención de renunciar mejoraron. Todas las medidas de satisfacción mejoraron. Pero, tres meses después, al final, la tendencia se revirtió. La jornada se amplió, al igual que las horas extra y la intensidad del trabajo. La capacidad de trabajo actual, que normalmente aumenta mucho, no mejoró. En comparación con el inicio, los indicadores de bienestar habían empeorado. No mucho, y no de manera muy significativa en términos estadísticos dado el número reducido de personas implicadas. También fue notable que solo obtuvieran un ratio de respuesta del 65 por ciento al final. En los comentarios, casi todos tenían opiniones positivas sobre el horario, y algunos afirmaron que les había cambiado la vida. Sin embargo, varias personas dijeron que les costaba completar su trabajo en cuatro días y o bien trabajaban horas extra o terminaban el quinto día. En comparación con la clase de resultados que estábamos viendo en casi todas las otras empresas, este ensayo no estaba funcionando del todo bien.

¿Qué pasó? Puede que el mayor inconveniente fuese la plantilla. La empresa crecía un 20 por ciento al año, e incluso antes de que comenzase el ensayo, ya se enfrentaba a dificultades en cuanto al personal. Como contaba Catalina: «Es que estábamos creciendo mucho, lo que suponía un reto para integrar [la semana de cuatro días] de verdad a la vez que gestionábamos los preparativos habilitantes y las métricas de rendimiento». La empresa estaba contratando a personas durante esta época, pero se andaba con cuidado para evitar despidos futuros. Catalina también se fijó en que «la plantilla va más allá de contar cabezas. También implica la estructura del equipo, las formas de trabajar y las formaciones […]. Hubo un repunte en la cantidad de trabajo que teníamos durante los últimos meses del ensayo. Sin duda, para la mayoría de los empleados. Se notaba y, por eso, la gente no desbloqueaba el quinto día tan a menudo y su bienestar no mejoraba». Como hemos visto por otras empresas que han tenido un crecimiento rápido, para contratar es importante mantenerse al día con la carga de trabajo cada vez mayor.

Catalina está decidida a avanzar y ve el primer ensayo como un trampolín que impulsará el cambio en toda la empresa. Eso plantea otro motivo por el que los resultados no hayan sido espectaculares. Incluir solo a algunas personas hizo que fuera más difícil que funcionase. «Un comentario que recibimos fue: "Oye, a menos que toda la empresa se sume, es mejor no hacerlo". Comprendimos que era un riesgo, pero pensábamos que sería mejor tomar acción a sabiendas de que la aprobación de la empresa al completo no era viable en esa fase». Una cosa es hacer una prueba piloto con un grupo de empleados en una empresa de mil personas y otra en una empresa de doscientos. Casi todos los resultados positivos que hemos obtenido han sido de los ensayos en que participó la organización al completo.

Otro problema era que, a pesar de que los altos cargos querían datos concretos, no contaban con las métricas necesarias para evaluar cómo marchaba todo. Como una organización de alto rendimiento en las primeras fases de la escalada, Catalina reconoció la falta de «madurez en la medición» y cómo «afectaba a la claridad que intentaban obtener […]. Así que decíamos [a la gente]: "Oye, aseguraos de terminar el trabajo. Si lo hacéis, podéis tomaros el viernes libre como recompensa". [Pero] los empleados no tenían forma de saber cuándo habían acabado […], si iban por buen camino para cumplir sus objetivos». Mientras planifican el segundo ensayo, están tratando de averiguar qué medir y se plantean pedir ayuda externa. Esta puede ser una buena idea dadas sus preocupaciones en cuanto a las mediciones. Como hay más expertos en el campo de la semana laboral de cuatro días, en la actualidad se sabe mucho más que cuando empezaron los ensayos. Algunos asesores llevan a cabo evaluaciones de viabilidad para ver si las empresas son buenas candidatas y para precisar qué necesitan trabajar antes del ensayo.

Los problemas con los datos en Who Gives a Crap sacó a relucir la cuestión de la condicionalidad (cuando la semana laboral de cuatro días no se garantiza, sino que depende del rendimiento). En este caso, era la condición permanente de poder «desbloquear» el quinto día. Esta incertidumbre surgió en otras empresas y puede resultar engañosa. En cierto sentido, todas las pruebas piloto tenían un aspecto condicional: las empresas prueban el horario nuevo para ver si pueden cosechar sus beneficios a la vez que mantienen sus objetivos de rendimiento. Sin embargo, hay una diferencia entre la condicionalidad para la organización como un todo y para los individuos o equipos. En las entrevistas del ensayo de Reino Unido, nuestros compañeros de Cambridge descubrieron que en una de las empresas la política se describía repetidas veces como «un privilegio, no un derecho».[151] Si una persona, o un equipo, no había completado todo el trabajo, no se le permitía tomarse el quinto día libre. Esto generaba algo de resentimiento. Las entrevistas sugirieron que la empresa había adoptado una aproximación de «contacto ligero», es decir, que la política no contaba con mucho apoyo directo.

Joe O'Connor, de Work Time Reduction, siente que este tipo de condicionalidad por metas (ya sea de los individuos o equipos) es contraproducente. Si los individuos o equipos van con la lengua fuera, la organización debe responsabilizarse y ayudarlos a llegar a la meta con el nuevo horario. Otros equipos necesitan dar un paso al frente y compartir lo que han aprendido. A mí me parece justo. La semana laboral de cuatro días es una novedad de la organización y los problemas deben abordarse a ese nivel. El problema surgió una y otra vez en las sesiones de incorporación. El consejo de 4 Day Week Global fue que las empresas deberían centrarse en las métricas de la organización o del equipo y no tanto en las de los individuos. Eso fomenta el espíritu de equipo del que hablaba en el contexto del regalo. O'Connor cree que en lugar de amenazar con eliminar la semana laboral de cuatro días, las organizaciones lograrán sus objetivos con lo que tanto él como sus compañeros denominan «culturas de confianza».[152] En una cultura de confianza, «a los empleados se les concede una mayor autonomía y flexibilidad a cambio de una mayor responsabilidad con el rendimiento».

¿PUEDEN LOS DIRECTIVOS REDUCIR SU JORNADA A CUATRO DÍAS?

Hasta ahora he enfatizado el éxito que ha tenido la semana laboral de cuatro días en las empresas de nuestros ensayos. Esto se debe a que el éxito es una experiencia abrumadora. Sin embargo, hay grupos para los que tomarse un día entero libre resulta complicado: fundadores, dueños, altos funcionarios y directivos. Sienten que «la responsabilidad recae sobre mí». Esto lo hemos oído en boca de dueños de pequeñas empresas. Uno, cuando contactamos con él doce meses después, me explicó que, cuando la única persona de atención al cliente con la que contaba tenía el día libre, «yo, como fundador, tengo que ocuparme del tema». Otro dueño de un pequeño negocio informó de que no podía tomarse un día libre, pero que su equipo sí lo hacía y estaba mucho más feliz. También es un problema en las grandes empresas. Tessa Ohlendorf me confió algo sobre uno de sus directivos, un «tipo estupendo». Pero «este tipo estupendo es de la opinión de que "cuanto más asciendo, más trabajo". Y quiere hacerse cargo de todo el trabajo para que los demás puedan beneficiarse. Eso está repercutiendo en sus encargados principales, que no han podido disfrutar de ese beneficio porque ven a su jefe trabajar todo el tiempo. He sacado este tema en muchas entrevistas. Liz Powers me contó que los directivos de ArtLifting suelen trabajar unas cuantas horas los viernes. Matt Juniper dice que normalmente trabaja los viernes por la mañana. Cuando hablamos, Emma Smith dijo que ella había trabajado todos y cada uno de los viernes desde que habían empezado, aunque concedió que lo hacía desde casa. Aunque muchos directivos no se benefician del todo de la novedad por la que han trabajado tan duro para implementar, eso no significa que la semana laboral de cuatro días no sea beneficiosa para ellos. Algunos afirman que el día libre sirve a modo de parachoques o día para ponerse al día. No tienen reuniones ni interactúan con las personas a las que supervisan, así que eso les concede un momento para respirar, revisar sus listas de tareas y ponerse al día con la (a menudo) alta carga de trabajo. Eso libera otros momentos a lo largo de la semana, así que a pesar de que no consigan bajar a cuatro días, al menos ya no trabajan seis o siete.

También, trabajar el día libre agobia menos. Tracy Smith dice que normalmente trabaja todos los días, pero que no es como los demás. «Te lo juro, es psicológico. Aunque trabajemos desde casa, si tengo que poner una lavadora de lunes a jueves me sentiría culpable […]. Pero el viernes no me siento culpable. Así que hay cierta seguridad o cierto factor de libertad en el que todavía estoy bien para trabajar, pero también me siento bien por estar más de aquí para allá por casa o si me ocupo de asuntos personales al mismo tiempo […]. O si me desconecto para recoger a mi hija del colegio temprano, me siento muy libre de hacerlo […]. Me gusta dejar a cero todo lo que pueda de la semana antes de la siguiente». Aunque trabaja los viernes, se siente menos como un día normal.

Mi conversación favorita sobre el tema la tuve con Wolf Owczarek, de Kickstarter. Me explicó que ser directivo implica «que no puedes desconectar al final. Si se te da mal hacer estimaciones, te fastidias tanto tú como tu equipo. Me puedo tomar algunos viernes libres, pero es impredecible». Suele trabajar en el tren, los fines de semana y por las noches. «Me gusta decir que mi mejor momento del día es la hora bruja: de 3.00 a 4.00 de la mañana […], mi momento más preciado […]. Cuando puedo darle a la empresa de tres a cuatro de la mañana, conseguirá más mis mejores resultados que en cualquier otro momento o en cualquier otro lugar. Así que es lo que hago algunos días. —Al ver mi reacción, admitió—: Sí, creo que horrorizarse es la respuesta adecuada».

NEGATIVAS DIFÍCILES

Como explicaba antes, tenemos empresas que deciden no continuar con la implementación de la semana laboral de cuatro días. Hasta ahora, son veinte las que han revertido el cambio un año después. E incluso esa cifra es un poco exagerada. De las 203 empresas que han pasado el año, nos falta información sobre seis. Siete lo dejaron casi al principio o nunca empezaron. (Estas organizaciones ni siquiera participaron en la investigación. Cuatro eran del ensayo de Sudáfrica y eran muy pequeñas; juntas, solo tenían dieciocho empleados). Entre las que completaron al menos seis meses, solo trece (o menos del 7 por ciento) volvieron a la semana laboral de cinco días.

Fig. 5.1 ¿Cuántas empresas terminaron la semana laboral de cuatro días?

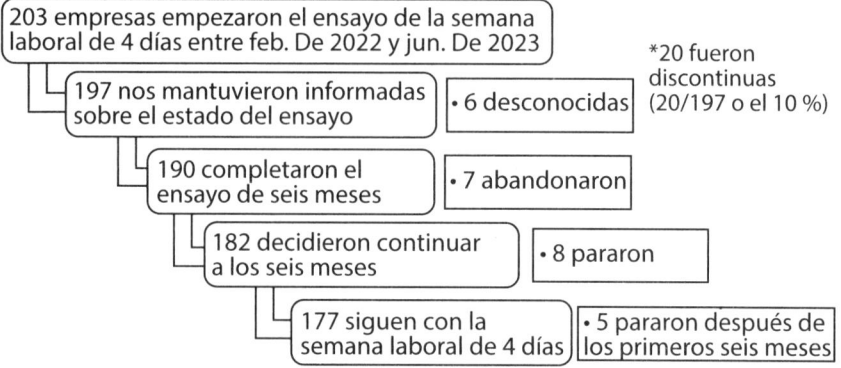

Preguntamos a las empresas por qué no continuaban, y aunque son tan pocas que cuesta sacar conclusiones claras, normalmente nos han dado explicaciones. Una es la nueva dirección. Una de las empresas más grandes del primer ensayo, una empresa de *software* a nivel global, tuvo una gran experiencia con el cambio de horario. Entonces la compró una empresa de capital de riesgo que canceló el programa al tiempo que instituyó una serie de cambios radicales. Nos pasó algo parecido con una de las organizaciones más grandes del ensayo de Reino Unido antes incluso de empezar. Llegó un director ejecutivo nuevo y se retiró del ensayo. La nueva dirección también resultó en la cancelación de una exitosa intervención sobre el horario que estudió nuestra compañera de equipo Phyllis Moen en una gran empresa de informática de Estados Unidos, como se describía en *Overload*, cuya coautora es Erin Kelly. BldWrk, la empresa de fabricación que estudiaron Moen y Youngmin Chu, finalizó el experimento de la semana laboral de cuatro días cuando se vio incapaz de llegar a las fechas de entrega de los proyectos que tenía que completar.

El segundo problema es el tamaño reducido. Una oficina pequeña dijo que no veía suficientes cambios, aunque las medidas que establecieron fueran beneficiosas. Otro motivo son las épocas de vacas flacas. Una empresa australiana hizo referencia a una caída de las ventas y a que echaban de menos los ratos de socializar los viernes. Otra dijo que tenía problemas «de organización» que afectaban al rendimiento del negocio, pero que le interesaba volver a intentarlo, aunque más preparada que la otra vez. El ensayo en Reino Unido tuvo lugar durante una época horrible para la economía. Hubo muchos despidos en el sector tecnológico durante uno de los ensayos. Una organización tuvo el problema contrario: surgían nuevas oportunidades de negocio para las que el personal necesitaba más horas.

Nuestro equipo no ha investigado en profundidad los casos en que las empresas han vuelto a trabajar cinco días a la semana. Pero Julie Yen sí, como parte de su investigación de tesis doctoral en la Escuela de Negocios de Harvard.[153] Una *start-up* que vende *software* a restaurantes y hostelería la invitó. Su *software* está «orientado a objetivos específicos» y la empresa está muy en sintonía con el bienestar de los empleados. El cofundador y director ejecutivo quería hacer el cambio a la semana laboral de cuatro días para alinearse con su filosofía de trabajo amistosa con el empleado. Su cofundador, el director de suministros, también estaba a favor. Los otros tres miembros del equipo directivo (los directores comercial, financiero y técnico) se mostraron escépticos o se opusieron, pero accedieron a intentarlo. Vendieron la política como que todos saldrían ganando, lo que mejoraría tanto el bienestar de los empleados como la productividad. Tres meses después, surgieron fuertes reticencias por parte del equipo directivo y rescindieron la política. No fue porque hubieran fracasado. El bienestar aumentó y los empleados tenían buenas opiniones del horario nuevo. Las tendencias en productividad eran ambiguas; hubo algunas mejoras, algunas regresiones y parte de poca claridad. La conclusión es que la productividad no había mejorado de forma clara, como predecían que lo haría los partidarios. Eso les dio a los tres «detractores», como los apodó Yen, un argumento para revertirlo. Esta oposición también venía teñida por sus experiencias personales: sus horas de trabajo no se habían reducido. Uno trabajaba todos los días y estaba resentido porque los otros se tomaban un día libre. «Trabajo [en proyectos] los viernes, sábados y domingos […]. Personalmente, no puedo seguir currando dieciocho horas al día para compensar que el resto estén con la SL4D […]. Solo digo que esto me ha afectado. Quiero decir, para mí ha sido un desastre desde el punto de vista de mi capacidad de trabajo». Uno afirmó que era «mucho menos productivo». Otro afirmó que podía completar todo lo que necesitaba hacer en cuatro días, en comparación con el 79 por ciento de los trabajadores. Yen argumenta que el cambio desafió el sentido de identidad de los detractores como «muy trabajadores» o incluso «adictos al trabajo» y «desestabilizó cómo se concebían a sí mismos». Uno convino que «soy de la vieja escuela, solía trabajar de cincuenta a sesenta horas a la semana y contrataba a personas que también formaba esperando lo mismo, así que todavía me estoy haciendo a la idea». Creían en el «sacrificio» y les preocupaba que las personas que solían rendir mucho no se unieran a la empresa debido a la semana laboral de cuatro días. También he oído esta opinión en una de nuestras entrevistas en boca de un alto ejecutivo que tampoco redujo su horario. Al final, el director ejecutivo claudicó ante los opositores para conservar su confianza.

PREDICCIONES DE FRACASO

Dos años tras comenzar los ensayos, volvimos a las empresas para descubrir si las explicaciones que nos habían contado, además de otras pocas que habíamos pensado nosotras, predecirían el fracaso. Al principio le dimos vueltas a factores estructurales, porque son complicados de cambiar. Si resulta que las empresas de fabricación fracasan, o las grandes empresas no pueden hacerlo, o el trabajo presencial conduce a la reversión, es una información que dice mucho sobre la viabilidad de que esta iniciativa salga adelante. También preguntamos sobre otro factor más contextual. ¿Hubo un cambio o una fusión directiva? (Algunos de los casos estudiados sugieren que esto podría dar por finalizado el ensayo). Preguntamos si la empresa había tenido despidos, imprevistos legales o legislativos u otras alteraciones como una recesión económica.

Según estas variables, creamos un modelo para predecir si las empresas seguirían o no con la semana laboral de cuatro días un año después. Incluimos los factores que acabo de mencionar, además de otros como el sector, el tamaño de la empresa, su antigüedad, si tiene o no ánimo de lucro y cuándo tuvo lugar el ensayo. Analizamos si trabajaban o no en remoto. Pusimos a prueba si la participación de los empleados en la planificación de los ensayos afectaba al resultado. Añadimos el incremento de los ingresos al modelo, así como el ratio de dimisión. Incluimos cambios en el equipo directivo, fusiones, despidos, imprevistos y demás.

¿Qué descubrimos? No, no, no, no y no. El modelo no arrojaba mucha luz a modo de predicción. Es decir, no había variables identificables que estuvieran relacionadas con que la empresa mantuviese o no la semana laboral de cuatro días. Nos preguntamos si se trataba de un problema estadístico debido a que fracasó en muy pocos casos. Utilizábamos lo que se denomina «modelo de eventos raros», e hicimos lo que pudimos para abordar esa rareza de forma estadística.

Una variable importante era el ratio de nuevas contrataciones. Como sugiere la historia de Who Gives a Crap, un crecimiento rápido puede ser un impedimento para la semana laboral de cuatro días, sobre todo si las nuevas incorporaciones no le siguen el ritmo a ese crecimiento. Sin embargo, este debería ser un problema temporal. (Por otro lado, oímos que en un entorno de crecimiento rápido en otros sitios, la semana laboral de cuatro días hace que la expansión sea posible al prevenir el desgaste del personal. Esto suena a una postura inteligente).

Parecía que algunas características sí importaban, pero estadísticamente no eran significativas por lo bajas que eran las cifras. Cuatro de las veinte empresas que no continuaron eran minoristas. Pequeñas. Una era una tienda de bicicletas juveniles con solo un puñado de empleados que decidió permanecer abierta cinco días sin contar con el personal suficiente. La tasa de fracaso fue más alta en Australia. No sabemos si se debió a que la prueba piloto australiana no fue tan robusta como las anteriores o porque la economía no estaba en su mejor momento. Dos estudios de arquitectura revirtieron el cambio; a lo mejor se debió a que la cultura de las horas extra en el sector es demasiado difícil de cambiar.

También analizamos otras teorías distintas y aquí tuvimos un poco más de éxito. Una explicación tenía que ver con la experiencias del trabajador. A lo mejor el grupo que no continuó obtuvo peores resultados en el bienestar del empleado. O quizá implementaron cambios de eficiencia que provocaron efectos rebote. Estas teorías tuvieron algo de respaldo. Era más probable que las empresas en las que el estrés de los trabajadores no mejoró revirtieran al horario de cinco días laborables. Aunque era extraño, otros cambios relacionados con el bienestar como el desgaste no importaron. Las empresas cuyos empleados obtuvieron puntuaciones altas en la escala «trabajo eficaz» también revirtieron más. Esta es desconcertante. Si nos basamos en las explicaciones verbales de las empresas, no creemos que en cuanto obtuvieron esa eficiencia decidieron aprovecharse y volver a introducir un quinto día. Pero no tenemos otra explicación.

También observamos la demografía de la mano de obra. Quizá la distribución por edad importaba, y que a los trabajadores más mayores no les entusiasmase tanto el cambio de horario. No era el caso. Entonces dimos con una explicación demográfica que sí es estadísticamente significativa: el porcentaje de hombres blancos en la empresa. Es un hallazgo sólido. Puede que los hombres blancos se sientan más inclinados a adoptar la norma del trabajador ideal y se resistan al cambio cultural que descentra el trabajo. Pero también analizamos la actitud hacia el ensayo al inicio, y eso no se puede predecir. De media, los resultados de bienestar en los hombres blancos no son tan buenos como en los demás. Si están al cargo, puede que ahí esté la causa.

Después de toda esta modelización, casi no descubrimos factores estructurales que predigan el fracaso porque en verdad no hay muchas, o al menos muchas que se puedan medir con el tipo de información que tenemos. Aunque fue una decepción para nosotras como investigadoras, en realidad es un buen resultado desde el punto de vista de la viabilidad de la semana laboral de cuatro días. Significa que todas esas cosas que analizamos no evitan que las empresas tengan éxito con este horario. Trabajar en remoto frente a presencial, el país, el tamaño, el sector y el estado de las ganancias no determinan si la semana laboral de cuatro días funcionará. Reducir el estrés de los empleados es importante; eso puede que ayude a evitar la reversión. Y diversificar la mano de obra alejada de los hombres blancos también debería aumentar la probabilidad de éxito. Pero, más allá de eso, básicamente el fracaso es aleatorio. Así que debería funcionar en las organizaciones de todas estas categorías. Nuestra «falta de hallazgos» pintan un panorama optimista.

¿LA SEMANA LABORAL DE CUATRO DÍAS ES IGUAL A UNA REDUCCIÓN DE SUELDO?

Una de las críticas que he oído sobre la tendencia de la semana laboral de cuatro días es que reduciría el crecimiento salarial en el futuro.[154] A grandes rasgos, el punto de vista sobre esta predicción depende de a qué modelo del mercado laboral se atenga uno, así como a la manera en que una jornada reducida afecta a la productividad. Merece la pena detenernos un momento a desentrañar estos argumentos.

El punto de vista económico neoclásico es que el sueldo viene determinado por la productividad individual del trabajador. La alternativa es que se crea cierto valor en la producción y que este se reparte entre los trabajadores y los dueños de los negocios (es decir, entre la mano de obra y el capital). En el segundo modelo, el equilibrio de poder entre los dos grupos determina cuánto gana cada parte.

Si la productividad decae en estas empresas, en el modelo neoclásico el sueldo también bajará. Pero si la semana laboral de cuatro días no implica una reducción de la productividad, que es lo que nos han contado muchas empresas, no debería afectar al sueldo de ninguna manera. Es solo cambiar cuándo se hacen las tareas, aunque los resultados son los mismos. Vale, dicho así suena demasiado sencillo. A lo mejor el cambio impacta en otros sentidos. Si mejora el bienestar, puede incluso aumentar la productividad, lo que debería conducir a sueldos más altos. En el primer modelo, todo gira en torno a la productividad.

¿Y si el segundo modelo está en lo cierto? Las cosas se complican. En el capítulo anterior comenté que la semana laboral de cuatro días aumenta el valor del puesto para el trabajador. (Este es uno de los motivos por los que aumenta la productividad por hora). Según esto, el jefe podría reducir el sueldo sabiendo que no es probable que los empleados renuncien. Por eso, que los jefes hayan apostado por la semana laboral de cuatro días les han dado más ventaja sobre los trabajadores, que ahora valoran sus puestos tanto que permanecerán allí incluso con sueldos más bajos. Lo que hemos descubierto con respecto a la disposición de remunerar sugiere a esa posibilidad. Los participantes de los ensayos dicen que para regresar al horario de cinco días semanales, pedirían un buen aumento de sueldo. Quizá, con el tiempo, estarían dispuestos a quedarse en un puesto en el que trabajen cuatro días a la semana por menos dinero.

Una posibilidad es que el mercado se bifurque. Que algunas empresas se queden con los cinco días y paguen más. Que otras bajen a cuatro y atraigan a aquellos empleados que estén dispuestos a intercambiar ingresos por su tiempo.[155] Si crees que quienes trabajan cinco días a la semana son más productivos que los que trabajan cuatro, algo que los escépticos economistas neoclásicos tienden a asumir, entonces puede que esto sea lo que ocurra. Un motivo es que para ellos, sin importar el tipo de tecnología con el que cuenten, las preferencias de los trabajadores determinan finalmente los resultados del mercado laboral, como las horas de trabajo y los días a la semana. Sin embargo, hay pruebas que demuestran lo contrario. Como argumentaba en *The Overworked American*, y como otros han señalado, no hay un «mercado por horas» que funcione como un reloj, como asume el modelo estándar.

Las desigualdades entre las horas deseadas y las reales[156] son permanentes. Aquí la conclusión es que es difícil predecir qué ocurrirá.

Luego está el asunto de cómo las cosas evolucionan con el tiempo. Los economistas que piensan que trabajar menos horas implica un menor crecimiento salarial dan por sentado que no hay beneficios en productividad. En cambio, como he argumentado, si el mecanismo de forzamiento de las jornadas reducidas lleva a perder menos el tiempo y a una mayor productividad, esto debería desembocar en que estas empresas ofrezcan un sueldo más alto. Ese mecanismo de forzamiento también puede provocar que las empresas que trabajen cuatro días a la semana sean más rentables, como Banks Benítez cree que pasará con Uncharted. Si este es el caso, ambos modelos podrían sugerir que los sueldos aumentarán con el tiempo. Eso es lo que Liz Powers piensa que ocurre en ArtLifting. Está convencida de que el crecimiento de su empresa se da, en buena medida, por la reducción del tiempo de trabajo. Se opuso a la idea de tomar el camino de reducir el sueldo. ArtLifting ha podido mantener sus objetivos competitivos con respecto al salario. «Pero creo que si alguien se detiene a mirarlo como blanco o negro, sí, sé cómo lo interpretan… Por supuesto, la gente es menos eficiente. Pero después de experimentarlo en persona durante cinco años, creo que las personas pueden ser incluso más eficientes y conseguir más en treinta y dos horas que en cuarenta».

Cuando le planteé esta pregunta a unos cuantos directores ejecutivos y directivos, se enfrascaron en un debate, a menudo acalorado, sobre el caso de bajar el sueldo. Matt Juniper insiste en que el salario siempre viene primero; los beneficios entran en juego después. Nadie sacrificará el sueldo por una jornada reducida, opina. Puede que sea lo que suceda en su sector (relaciones públicas y publicidad). Tracy Smith adoptó una postura similar: el salario y los beneficios son cosas distintas. Como ella pertenece al mundo de las organizaciones sin ánimo de lucro, donde de todas formas los sueldos son más bajos, vio la semana laboral de cuatro días como una clave para atraer talento. Aunque en ningún caso «provocaba» una reducción de sueldo. Esto ya es un hecho.

Esta es una pregunta que nos llevará unos años responder. Necesitamos que muchas más empresas se sumen a la semana laboral de cuatro días para ver cómo se desarrolla. Hay motivos para pensar que, a largo plazo, habrá un término medio entre las horas de trabajo y los ingresos. Sin embargo, existe un factor X que hace que el futuro sea difícil de predecir. Y ese es la inteligencia artificial, el tema en el que nos centraremos ahora.

6

LA IA Y LA SEMANA LABORAL DE CUATRO DÍAS

Acabábamos de empezar el quinto ensayo en noviembre de 2022 cuando OpenAI lanzó la primera versión de ChatGPT. Aunque los debates sobre el futuro del trabajo hace tiempo que incluían predicciones sobre los robots y la digitalización, este bot era diferente. Escribía textos y códigos e incluso podía hacer una lluvia de ideas. En cuestión de dos meses, contaba con cien millones de usuarios.

De repente, el futuro del trabajo y, por extensión, de la semana laboral de cuatro días estaban en jaque. ¿Habrá siquiera un futuro laboral aparte para quienes se dedican a generar versiones nuevas de Chat? Algunos puestos podrían volverse innecesarios, o al menos habría recortes drásticos. La IA se encargaría de muchas tareas de las empresas. ¿Cómo responderían los empresarios? ¿Perderían su puesto millones de trabajadores debido a esta nueva tecnología? ¿Quién se beneficiaría de este gran ahorro de tiempo?

En cuestión de meses, el Sindicato de Guionistas de Estados Unidos organizó una huelga,[157] en parte para impedir que los guiones escritos por IA reemplazasen a sus miembros. Después de uno de los ceses de trabajo más largos en la historia de Hollywood, el gremio consiguió asegurar un acuerdo que evitase guiones y materiales generados por IA, como una novela u obra de teatro para su adaptación. La idea era que funcionase como una valla de seguridad en lugar de prohibir del todo esta «inteligencia», y comprometerse a que en el futuro complemente, y no sustituya, a los trabajadores humanos.

El Sindicato de Guionistas de Estados Unidos tenía los medios para convocar una huelga larga y el poder de descartar escenarios que dejarían a muchos de sus miembros sin trabajo. No muchos trabajadores pueden hacer eso. Pero para ambos grupos (aquellos que cuentan con protección y los que no), también se plantea la cuestión de cómo afectará la IA a las horas de trabajo. ¿La introducirán en la semana laboral de cinco días? Si este es el caso, como la IA aumenta la productividad, se pueden esperar recortes de plantilla (ya sean pequeñas o grandes, dependiendo de cuánto se extienda la IA). Otra alternativa es que el aumento de productividad que permite puede ser una buena ocasión para hacer el cambio a la semana de cuatro días. En general, se espera que las herramientas de IA hagan que sea más fácil abarcar más en menos tiempo. ¿No se merecen los trabajadores disfrutar del tiempo libre? También está la cuestión del sueldo. Cuando la productividad aumenta, ¿no deberían los empresarios y empleados repartirse ese valor añadido? Es importante tener esto claro porque, si no es así, el desequilibrio de nuestro sistema económico puede volverse mucho más precario debido a una concentración excesiva tanto de ingresos como de acceso al trabajo.

Diseñamos nuestras encuestas antes del debut de ChatGPT, por lo que no incluimos preguntas sobre la IA en general. Para nuestra sorpresa, casi nunca la mencionaron en las entrevistas con los empleados, ni siquiera las que llevamos a cabo a finales de 2023 y principios de 2024. (Sí que añadimos preguntas sobre el tema a mediados de 2024). Cuando hablé con los altos directivos, solo una persona habló sobre ella con todo lujo de detalles. Para tratar de descubrir cómo la IA puede afectar a las horas de trajo, tendremos que alejarnos de lo que ha descubierto nuestro equipo para centrarnos en una línea de investigación mucho más amplia.

La casilla de salida es la experiencia pasada, es decir, la historia. Ya hemos pasado por esto, al menos una vez a una escala comparable a la IA, y fue durante la Revolución Industrial. Lo sorprendente sobre este acontecimiento es que al principio generó un aumento en las horas de trabajo. De hecho, alcanzaron su punto álgido a mediados del siglo XIX. La reducción de la jornada laboral vino después. Al adoptar esta perspectiva más amplia, obtenemos una historia compleja sobre cómo la tecnología afecta a las horas de trabajo.

LA JORNADA LABORAL Y LA REVOLUCIÓN INDUSTRIAL

Una creencia popular es que la mula de hilar, la máquina de vapor y la cinta transportadora liberaría a los humanos de los días y las semanas interminables de trabajo duro. También es muy corta de miras, y solo se sostiene desde la posición privilegiada de finales del siglo XIX (la fecha habitual de inicio de la narrativa convencional). Por aquel entonces, Inglaterra había experimentado un aumento considerable en la jornada laboral, desde principios de la Revolución Industrial a mediados del siglo XVIII al primer cuarto del XIX. Para entender cómo la IA puede afectar a las horas de trabajo, necesitamos desmontar el mito de que el capitalismo, o la sociedad industrial, ha provocado un gran declive en la jornada laboral.

Esto lo sabemos gracias a la obra del historiador Hans-Joachim Voth. Durante décadas, los historiadores pensaban que el auge de la industrialización y el capitalismo los había conducido a una reducción de los días libres y, en cuanto se abrieron las fábricas, un aumento en las horas de trabajo diarias. Pero las pruebas eran escasas y, al final, esta opinión estuvo en el punto de mira. Voth tuvo la ingeniosa idea de utilizar testimonios de testigos en el Palacio de Justicia de Old Bailey, en Londres, para crear un relato hora por hora de cómo la gente empleaba el tiempo. Estimó que, al combinar miles de testimonios de los testigos que señalaban cuándo habían sucedido los crímenes y qué hacían en ese momento, podría crear un relato de cuándo los londinenses dormían, comían, se relajaban… y trabajaban. Además de precisar esto, los expedientes judiciales tienen la ventaja de incluir a toda clase de personas, a diferencia de los datos ocupacionales segmentados a los que acudían los historiadores económicos. Los resultados son impresionantes.

Voth descubrió que[184] entre 1750 y 1800 la jornada laboral de los hombres aumentó en casi mil al año o una media de veinte horas a la semana. El patrón de cambio es importante. Las horas diarias no aumentaron mucho, pero los hombres trabajaban más días al año; los festivos, que incluían tanto celebraciones políticas como religiosas, disminuyeron. Incluso más relevante para nuestros objetivos es cómo cambió la semana laboral. Voth descubrió que en 1750 los sábados, domingos y lunes se diferenciaban de los días restantes de la semana. La idea de que el lunes fuese un día de descanso puede resultar sorprendente en el mundo moderno. Pero E. P. Thompson,[159] uno de los mayores historiadores británicos de posguerra, tiene fama de haber escrito sobre esta práctica extendida años antes. San Lunes, como lo llamaban, era un día tranquilo en el que los hombres no tenían mucho trabajo que hacer, como muestran los datos de Voth. Regresaban a la semana laboral despacio, sufriendo un poquito por la resaca del fin de semana, y luego iban aumentando el ritmo a medida que pasaba la semana. Al parecer, los mineros de Yorkshire lanzaban una moneda al aire los lunes para decidir si bajaban a la mina. Dicho esto, es importante señalar que San Lunes siempre fue un festivo para los hombres; las mujeres y los niños tenían que trabajar.

No es de extrañar que no todos aprobasen San Lunes. Thompson cita a un observador «indignado» de 1681:

Cuando los tejedores de telares[160] o los fabricantes de medias de seda obtenían un buen precio por su trabajo, casi nunca se los veía en el trabajo los lunes y los martes, puesto que pasaban la mayor parte del tiempo en la taberna o en los bolos […]. Es algo común que los tejedores estén borrachos un lunes, tengan dolor de cabeza el martes y estén con las herramientas a punto los miércoles. En cuanto a los zapateros, preferirían la horca a no honrar a san Crispín un lunes… y, por lo general, lo mantienen siempre y cuando tengan un penique o un crédito equivalente a un penique.

Los británicos no eran los únicos que celebraban San Lunes. Se han encontrado pruebas de ello en muchos países, entre ellos México, Francia, Bélgica, Prusia y Estocolmo. Rara vez se menciona en el contexto de la semana laboral de cuatro días, pero merece la pena considerar por qué era tan popular y qué podemos aprender de ello. Pero, por ahora, volvamos a lo que descubrió Voth.

Cincuenta años después, tras la Revolución Industrial y los cambios que desencadenó, el lunes parecía muy diferente. De hecho, ya no se distinguía del resto de la semana. San Lunes había desaparecido prácticamente. Voth estima que hacia 1800, la jornada de los hombres era de casi tres mil quinientas al año o una media de sesenta y siete a la semana. Los hallazgos de Voth no se pueden relacionar directamente con las nuevas maquinarias en las empresas, ya que estas surgieron fuera de Londres, de donde provienen sus datos. Sin embargo, él estudió la época cuando la producción capitalista y el sistema de fábricas despuntó.

Por supuesto, al final las horas comenzaron a reducirse. Los horarios inhumanos del sistema de fábricas, donde las mujeres y los niños estaban pegados a las máquinas durante diez, doce e incluso más horas al día, generó cierta resistencia en la sociedad. Las regulaciones del Gobierno, la presión de los sindicatos y la visión a futuro de los empresarios desembocaron en la reducción de la jornada. El siglo XIX dio lugar a una reducción de las horas de trabajo sostenida en el tiempo en todos los países en fase de industrialización temprana.

¿Qué podemos sacar como conclusión de esta historia? Lo primero es que la tecnología no determina las horas de trabajo. En el caso de la Revolución Industrial, las nuevas tecnologías primero conllevaron un aumento considerable de la jornada. Décadas después, esta tendencia se revirtió. Los cambios tecnológicos que ahorran mano de obra pueden o no ahorrar esa mano de obra. Este punto es fundamental, y a menudo se pierde en el debate sobre el futuro de trabajo, la robotización y la IA. Cuando los dueños de las fábricas compraron maquinaria costosa, querían sacarle el máximo provecho posible y, como resultado, las primeras empresas textiles tenían turnos extremadamente largos. También por este motivo en la actualidad las industrias intensivas en capital como el acero, la automovilística y la minería tienen horarios mucho más largos que los sectores con un capital físico mucho menor, como los comercios minoristas, donde hay mucho más trabajo a tiempo parcial. Igual te preguntas por qué los dueños de las fábricas no se limitaron a establecer varios turnos en vez de dejar a la gente en su puesto tanto tiempo. Creo que la respuesta es que ampliar la plantilla puede llevar a contrataciones de menor calidad o más caras.

Normalmente habrá presión en ambas direcciones después de incorporar nuevas tecnologías. Los empresarios querrán mantener las máquinas en funcionamiento y apretarán las tuercas para trabajar más horas. Al mismo tiempo, es evidente que es posible obtener una mayor producción en menos tiempo. También existen otras cuestiones importantes, como qué ocurrirá con el número de puestos y cómo evolucionará la desigualdad de sueldo e ingresos. Estos son los problemas que han tenido ocupados a los economistas.

¿QUÉ OPINAN LOS ECONOMISTAS DE LA IA?

Entonces ¿qué tienen que decir los economistas sobre cómo afectará la IA a la jornada laboral? La respuesta sencilla a esta pregunta puede ser «no mucho». Una razón es que en el periodo tras la Segunda Guerra Mundial, el horario de trabajo se convirtió en una suerte de hijastro en la profesión. Al final del primer seminario que di sobre la jornada laboral en los ochenta, en el MIT, un economista con años de experiencia me sugirió que dejase el tema; le sorprendía que me interesasen las horas porque lo único que importaba de verdad eran los ingresos. Sobra decir que no seguí su consejo. Pero esta perspectiva no se salía de lo normal. El empleo, los salarios, los ingresos, la distribución de la renta… son mejores objetos de estudio. La profesión no siempre fue así. Históricamente, muchos economistas influyentes escribieron sobre la jornada laboral y cómo la tecnología la afectaría. Marx describió las largas horas de trabajo en las «fábricas infernales» durante la Revolución Industrial. Con esto dicho, hay un corpus robusto sobre la tecnología, y cada vez más sobre la IA.

Muchas de las investigaciones se centran en los trabajos. ¿Las dimensiones de la IA que desplazan el trabajo desembocará en el llamado «desempleo tecnológico»? ¿Estamos abocados a un mercado laboral distópico en el que un grupo de élite de tecnólogos altamente cualificados tengan trabajo y el resto de nosotros nos quedemos ociosos? ¿Necesitaremos unos ingresos básicos para adaptarnos a esta situación inevitable como han sugerido algunos de Silicon Valley?

Hubo una época en la que la mayoría de los economistas tenían respuestas estándar para estas preguntas. No, no y no. Durante décadas, se extendió la creencia en la profesión de que el cambio tecnológico no generaría desempleo a largo plazo. Un motivo era la experiencia pasada. Ya habíamos pasado por algo parecido con la Revolución Industrial, y al final salió bien. Aunque seguro que habrá algún efecto de desplazamiento inicial y que la gente pierda su trabajo, encontrarán empleo en otro sitio. Los economistas apuntan a nuevas ocupaciones que no existían hace un siglo y esperan que se dé un proceso similar otra vez. Se inventarán muchos tipos de trabajo nuevos, aunque no los imaginemos ahora mismo, al igual que nuestros ancestros no podían predecir el auge de los programadores informáticos o los moderadores de contenido en redes sociales.

El segundo motivo para que los economistas se muestren optimistas está basado en su modelo de cómo funciona la economía. Por definición, las innovaciones tecnológicas aumentan la productividad de los procesos de entrada en uno de producción. Llamémoslos «capital» y «mano de obra». Cuando ambos son más productivos, el resultado es una producción mayor. Digamos que eso es el crecimiento. La idea es que el incentivo para crecer conduzca a una mayor demanda de mano de obra (incluso que haya suficiente demanda adicional como para absorber a aquellos que han perdido el trabajo). Por tanto, el efecto de desplazamiento inicial queda compensado por el impacto positivo en la productividad del progreso tecnológico. La prosperidad se reparte entre el capital y la mano de obra mediante beneficios, sueldos más altos y abundante trabajo. Con el paso de los años, he asistido a numerosos comités sobre el tema y esta es la historia que suelen contar mis compañeros de comité. Hace poco uno resumió esta perspectiva en una de sus diapositivas:[161] «Moraleja: ¡no deberíamos temer a las tecnologías que aumentan la productividad!».

Eso no quiere decir que a los economistas no les hayan preocupado otros impactos de la tecnología digital. A medida que la desigualdad salarial se ha ido acentuando durante esta última mitad de siglo, la atención se ha dirigido a cómo la tecnología puede cambiar las funciones del trabajo de forma que beneficia o perjudica a ciertos tipos de trabajadores. Uno de estos efectos se llama «cambio tecnológico sesgado hacia las habilidades». Por ahora, el sesgo ha favorecido a las personas con mayor nivel educativo (es decir, a los más cualificados). Han corrido ríos de tinta sobre la disminución del patrimonio de las personas sin un título universitario. Esa investigación puso el foco en las tareas que desempeñan de verdad los trabajadores y, por ende, se ha reconsiderado la perspectiva optimista sobre los robots y la IA.

Esta aproximación revisionista, defendida por el galardonado al Premio Nobel Daron Acemoglu y sus colaboradores, argumenta que el impacto de la IA sobre los trabajadores dependerá del balance entre tres efectos.[162] Los dos primeros son los que enfatizan el pensamiento tradicional: el efecto de desplazamiento de trabajo (negativo) y el efecto de productividad/crecimiento (positivo). Acemoglu y Pascual Restrepo añadieron un tercer factor (positivo) que llamaron «efecto de reincorporación», que incluye puestos nuevos en los que la mano de obra tiene una clara ventaja comparativa. Tras analizar los datos desde 1947, descubrieron que durante cuatro décadas los efectos de desplazamiento y reincorporación eran básicamente iguales. Pero, después de 1987, cambiaron las tornas. Ha habido mucho desplazamiento y muy poca reincorporación. Como resultado, la demanda de empleo se ha estancado.

David Autor reflejó el cambio[163] en la opinión de los economistas en el subtítulo de un artículo: «Del entusiasmo desmedido al optimismo cualificado y a una gran incertidumbre». Señaló que «el optimismo económico tradicional sobre los efectos beneficiosos de la tecnología para la productividad y el bienestar se ha deteriorado a la par que los conocimientos han avanzado». En 2017, una encuesta de economistas estadounidenses destacados[164] descubrió que el 35-40 por ciento cree que los robots y la IA harán que las tasas de desempleo aumenten a largo plazo. Otro estudio de Acemoglu y Restrepo aportan pruebas para esta perspectiva. Al monitorizar la instalación de robots[165] en fábricas de automóviles de todo el país, como consecuencia vieron un aumento del desempleo en los alrededores. Exactamente cómo de expuestos están los trabajadores a la IA sigue siendo un tema controvertido. La estimación más extrema fue una muy temprana (y bastante criticada) que afirmaba que el 47 por ciento del empleo de Estados Unidos[166] estaba en jaque debido a la «informatización». Un informe de McKinsey estima[167] que el 30 por ciento de las actividades en el 60 por ciento de las ocupaciones podían automatizarse.

Aunque todavía hay mucho que no sabemos sobre cómo afectará la IA al mercado laboral, estoy de parte de los revisionistas y sospecho que el escenario optimista impulsado por el mercado es poco probable. Habrá desplazamiento laboral, y puede que mucho. Y eso no da ni para empezar a abordar los muchos otros efectos negativos que la IA puede traer consigo. Ya hemos visto que los algoritmos a menudo son agentes perniciosos de la discriminación racial y de género además de sesgar. Contribuyen a que cada vez haya más grupos de odio y extremistas en redes sociales. Los *deepfake* amenazan con desestabilizar la democracia. Los Gobiernos pueden hacer uso de la IA para controlar a la población. Un número de pioneros de la IA para nada insignificante ha advertido[168] sobre su potencial para provocar la extinción humana. Y luego está la energía que requiere en la actualidad. Una búsqueda por IA utiliza diez veces más electricidad que un buscador convencional. La necesidad de ponernos serios sobre lo que hacemos con este frente es muy acuciante.

Sin embargo, los revisionistas nos recuerdan que el futuro está en nuestras manos; el impacto de la IA y la robotización no es inevitable y ni siquiera natural. Dependen de lo que nosotros decidamos hacer hoy. La semana laboral de cuatro días es una parte vital para responder a ella de forma sana. Y, a pesar de que no aborda los peligros políticos o existenciales de la IA, puede ser clave para reducir un impacto difícil en el mercado laboral. De hecho, todos esos descubrimientos pesimistas que han encontrado los economistas tienen su lado positivo. El desplazamiento significa que necesitaremos menos trabajo humano para hacer tareas. En lugar de reaccionar eliminando puestos de trabajo, ¿por qué no trabajamos menos?

Aquí es donde el desinterés de los economistas en la jornada laboral ha sido un lastre. En lugar de pensar solo en términos del número de trabajos que se han eliminado y creado, centrémonos en reducir la jornada del trabajo. Es obvio, pero ha estado en el punto ciego del debate sobre por qué la tecnología no provocó un desempleo masivo a finales del siglo xix y durante el xx. No fue solo el crecimiento y las ocupaciones nuevas lo que mantuvo a las personas en su puesto. También fue el declive en las horas de trabajo. Entre 1870 y 1970, la media de las horas anuales de trabajo cayó en casi todos los países con ingresos altos. Durante muchos años, la cifra consensuada para las horas de trabajo anuales[169] en 1870 era de unas tres mil (o sesenta horas semanales).

Un siglo después, rozábamos las dos mil (cuarenta horas). Eso fue crítico para generar empleo, pero desde entonces la situación se ha estancado de ciertas maneras que debemos abordar para asegurarnos de que la IA nos beneficia a todos y no solo a sus dueños.

¿POR QUÉ LOS ESTADOUNIDENSES TRABAJAN TANTO?

En el capítulo 1 hablaba sobre no dar abasto y la sensación generalizada de que «dos días no bastan». Ahí me centré sobre todo en el incremento de las horas de trabajo remuneradas de las mujeres y en las grandes exigencias de las tareas del hogar. La otra cara de no dar abasto hoy en día es lo que denomino la «economía de las horas extra». Son extra de dos maneras: en comparación con otros países ricos similares y en comparación con nuestra propia historia. Señalé que, de media, los trabajadores estadounidenses pasan en su puesto cientos de horas más que los europeos, e incluso más que los japoneses.

¿Por qué los estadounidenses trabajamos tanto? La respuesta convencional es que se trata de algo cultural. Somos una nación de adictos al trabajo. Esta perspectiva señala a la ética de trabajo protestante o la fuerza del sueño americano como la causa principal. El argumento también es como la pescadilla que se muerde la cola. A veces, las pruebas de las horas extra y el estado de valor por estar en la oficina todo el tiempo sustentan la explicación cultural, aunque no tiene ni pies ni cabeza.

La razón principal es que, durante muchas décadas, Estados Unidos ha sido un lugar en el que las personas trabajaban menos. Antes de 1900, las jornadas de los estadounidenses eran más cortas[170] que en países europeos como Bélgica, Francia, Alemania, Países Bajos e Italia. Estados Unidos fue el primero en establecer la semana laboral de cinco días. En 1950, Alemania, Francia, Reino Unido, Italia y España trabajaban más horas.[171] Incluso en la década de 1960, el horario de trabajo en Europa superaba al de Estados Unidos. Entonces estas dos regiones tomaron caminos diferentes. La jornada en Estados Unido se estancó y aumentó. Los europeos continuaron con su trayectoria de reducir el tiempo de trabajo durante un siglo.

Es difícil darle el mérito a la «cultura» cuando lo que hay que explicar parte de la historia de la nación y es como un vino joven. Como planteaba un artículo influyente[172] sobre las diferencias entre los patrones de trabajo europeos y estadounidenses: «¿Por qué la "cultura" se empezó a desviar a principios de los setenta al otro lado del Atlántico de forma tan radical?». Eso, ¿por qué? Los autores descubrieron que la sindicalización y la regulación de las vacaciones obligatorias son las responsables de la diferencia. De hecho, la influencia de los sindicatos plantea una pregunta fundamental sobre cómo funcionan los mercados laborales.

El modelo estándar dice que los trabajadores tienen preferencias entre el trabajo y el ocio, y que los empresarios ofrecen trabajos que cumplen con esas preferencias. Aquí la suposición clave es que los empresarios están encantados de dejar que los trabajadores elijan su horario. Otra manera de expresarlo es que hay un «mercado en la jornada». Los trabajadores pueden «comprar» más o menos tiempo de ocio según sus preferencias.

Sin embargo, así no es como funcionan los mercados laborales. En realidad, a los empresarios le preocupan mucho las horas de trabajo y tienen sus propios motivos para preferir ciertos horarios. En Estados Unidos, si quieres un trabajo de pocas horas, normalmente tienes que sacrificar beneficios y ascensos para conseguirlo. Las empresas ofrecen lo que los economistas denominan «ofertas de sueldo por hora fijo».[173] El salario y las horas van de la mano y, desde siempre, para cambiar el horario, los trabajadores han tenido que cambiar de trabajo. Por eso son tan importantes los sindicatos. Pueden ser lo bastante poderosos para superar lo que quieran los empresarios.

¿Y los empresarios qué quieren? En *The Overworked American*, señalé que quieren horas extra. Identifiqué tres motivos. El primer motivo es que, en Estados Unidos, los empresarios ofrecen un seguro médico, que paga la persona en vez de prorratearlo según las horas trabajadas. Funciona como un impuesto sobre el empleo, lo que les da a los empresarios un incentivo para contratar a menos personas por más horas. Esta fue una relación accidental y desafortunada. Durante la Segunda Guerra Mundial, los empresarios comenzaron a ofrecer un seguro médico para atraer a los trabajadores porque el Gobierno controlaba los sueldos para mantener a raya la inflación en tiempos de guerra. Nadie esperaba que esto distorsionase el mercado laboral ocho años después. También hay impuestos para los empleadores, como la indemnización para el trabajador y el paro, que tienen una estructura incentiva similar porque se limitan en cierto punto. Las horas trabajadas superado ese nivel son más baratas para la empresa. Para seguir con las diferencias, esto hace que el sistema de Estados Unidos sea diferente al entorno en la mayoría de los países europeos, donde el seguro médico se financia de manera independiente al empleo y, por tanto, se evita este elemento disuasorio. El seguro médico ofrecido por la empresa también puede ayudar a explicar por qué no se pagan beneficios en los trabajos a tiempo parcial.

El segundo motivo por el que los empresarios prefieren las horas extra se remonta al coste por la pérdida del puesto de trabajo de la que hablaba en el capítulo 4. Las horas extra (con más paga) aumentan el coste por la pérdida del puesto de trabajo. Esto hace que el trabajador sea más manejable, cooperativo o productivo (elige la que quieras). La manera más fácil de verlo es pensar en la diferencia de tener un trabajo de veintidós horas a la semana y otro de cuarenta. Desafiar al jefe cuesta más en el trabajo de cuarenta horas porque un despido supondría perder el doble de sueldo que en un puesto de veintidós horas. En mi investigación descubrí que el esfuerzo en el trabajo y la propensión a la huelga subía y bajaba con el coste por la pérdida del puesto de trabajo.

El último motivo es la práctica de pagar un sueldo y no tanto el pagar por hora. En 2022, el 44 por ciento de los empleados estadounidenses[174] recibían un sueldo, un porcentaje que ha ido creciendo con el tiempo. Como las horas adicionales les sale «gratis» a la empresa, estos trabajadores acaban alargando la jornada. (¿Alguna vez te han puesto más horas en un trabajo asalariado?). Hace años, estimé que con solo cambiar un trabajo por horas a uno asalariado aumentarían las horas de trabajo anuales en unas cien o más. Juntos, estos tres factores sirven como un elemento disuasorio estructural para la reducción de la jornada laboral en la economía de Estados Unidos.

Otros investigadores han descubierto un rasgo estructural adicional que ha estado inflando las horas en Estados Unidos: el aumento de la desigualdad.[175] A medida que los ingresos fluían hacia la parte superior de la distribución, se generaba aún más presión competitiva para que las personas trabajasen más y así mantener un sueldo alto a la vez que evitaban quedarse más atrás. Dado que la desigualdad en Estados Unidos ya era alta y que se ha acentuado más que en Europa, esto también explica la divergencia estadounidense/europea.

Así que ¿dónde nos deja esto en términos de qué podemos esperar de la tecnología digital y la IA? La conclusión principal es que ha habido potentes factores estructurales en funcionamiento para mantener las horas de trabajo altas. Esto lo vimos en la Revolución Industrial. Esos avances tecnológicos han conducido a más horas, no menos, de trabajo. Durante las últimas décadas, la digitalización ha transformado el trabajo en muchas ocupaciones y sectores, pero en Estados Unidos las jornadas no se han reducido. Como explicaba, se debe a los sesgos en la economía que operan contra la reducción de horas. Europa también cuenta con algunos de estos sesgos, pero los sindicatos más fuertes, el estado de bienestar y una distribución de la renta más igualitaria han reducido esa presión, de manera que los países europeos han seguido traduciendo ese crecimiento en productividad en tiempo libre. Desde 1973, he calculado que Estados Unidos ha dedicado menos del 8 por ciento del aumento de su productividad a reducir la jornada, mientras que en países de Europa occidental han invertido mucho más (en general, tres o cuatro veces esa cantidad).[176]

Esta historia sugiere que no podemos quedarnos de brazos cruzados y dejar que el mercado determine el impacto de la IA en la sociedad. Sí, hay una presión estructural dirigida a los beneficios desiguales, el desempleo y a mantener las largas jornadas de trabajo. Pero estos resultados están lejos de ser inevitables. Como Daron Acemoglu y Simon Johnson[177] argumentaban en *Poder y progreso*, que las nuevas tecnologías traigan una prosperidad generalizada «es una elección económica, social y política». Nuestros colaboradores del Autonomy Institute de Reino Unido[178] han hecho estimaciones de cuántos trabajadores estadounidenses podrían disfrutar de la semana laboral de cuatro días como consecuencia de la IA. Calculan que las ganancias en productividad de esta tecnología podrían permitir que el 28 por ciento de la mano de obra estadounidense, o 35 millones de trabajadores, hicieran la transición a la semana laboral de 32 horas para 2033. Algo menos exigente, el 10 por ciento de la reducción de la jornada laboral es factible para 128 millones, que suponen el 71 por ciento de la mano de obra. No deberíamos dejar pasar esta oportunidad.

De entre los altos directivos con los que he conversado, solo Matt Juniper de Praxis sacó a relucir el espectro de la IA. Como vimos en el capítulo 3, es un gran defensor de la Ley de Parkinson. «Lo que comentaba sobre que el trabajo siempre se expande, creo que siempre hemos visto este experimento aplicado en la dirección contraria. Durante cientos de años la tecnología ha permitido a los empleados trabajar más rápido y de manera más eficiente […]. En ningún momento se les ha devuelto a los empleados […]. La mejora en la productividad ha quedado relegada al balance de los empleadores». Matt ve la IA como una oportunidad de escapar de esa trampa. «Por eso supongo que la hipótesis es: ¿Y qué si lo haces al revés? Así que, al ver cómo la IA entra en escena, hay un montón de individuos preocupados, con todo su derecho, que dicen: ¿Y si reemplaza a las personas y nos quita el trabajo? Aunque yo diría: ¿Por qué no lo miramos desde otra perspectiva? ¿Por qué si estas tecnologías pueden hacer el 20 por ciento de lo que hace una persona (o hacía), no se devuelve ese 20 por ciento a los empleados? A lo mejor es un debate filosófico, pero siento que esto es importante. Quizá podamos aprovechar parte de esta eficiencia y devolvérsela al empleado de manera que [tengas] personas más felices, más sanas, etc., trabajando para ti».

El impacto de la IA en el trabajo es, a fin de cuentas, una pregunta sobre el control… en muchos niveles. Control sobre cómo se emplea la tecnología. Control sobre quién cosecha los beneficios. Control sobre quién tiene acceso a los trabajos y horas de trabajo. Y control sobre a quién controla (y supervisa). Para comprender las grandes decisiones a las que ahora nos enfrentamos, merece la pena volver a San Lunes, porque su caída en desgracia no se fue solo por los cambios en la jornada laboral, sino por un síntoma de la desaparición de un estilo de vida entero.

UNA NUEVA CULTURA DEL TIEMPO

Las tendencias en el uso del tiempo diario que Voth identificó formaban parte de la evolución de una sociedad dominada por la producción agrícola y artesanal a una economía industrial con fábricas y lugares de trabajo modernos. El relato clásico de Thompson trata sobre este cambio cultural y económico más amplio y cómo afectó a la actitud frente al tiempo y al trabajo. Para Thompson, San Lunes es un ejemplo de la dedicación del tiempo según las tareas que prevaleció en las sociedades preindustriales. Los deberes agrícolas (la siembra, cosechar, la pastura, ordeñar) estructuraban lo que necesitaban hacer. La falta de tiempo no tenía mucho sentido, ni siquiera el tiempo en sí, aparte de su conexión con el ritmo diario y estacional de la agricultura. La industrialización, argumentaba, creó una actitud novedosa y económica con respecto al tiempo, lo que él describió como «el cambio de pasar a emplear el tiempo». En este sentido, el capitalismo industrial creó su propia consciencia del tiempo. Un prerrequisito de la cultura en tiempos modernos fue el desarrollo del sentido común del tiempo, algo que ahora damos por sentado. Esto requería difundir relojes de pie y de bolsillo, y luego su estandarización. Los ferrocarriles fueron fundamentales para sincronizar los amplios desajustes locales de tiempo. Poner un pie en el tren y llegar a tu destino «antes» de la hora de salida, algo que ocurría, no era práctico. A mediados del siglo xix, los ferrocarriles acudieron a la hora del meridiano de Greenwich y la sociedad le siguió.

Estos acontecimientos tuvieron grandes consecuencias en la experiencia de los trabajadores, ya que dieron paso a culturas temporales dominadas por una mentalidad de escasez de tiempo, la importancia de no «malgastarlo», y una antipatía general hacia la ociosidad. Lo que Thompson llamó «disciplina del tiempo» transformó el lugar de trabajo. Los sistemas de pagos para la mano de obra pasaron del precio por unidad (basado en tareas) a los sueldos (que se pagaban por unidades de tiempo como a la semana o al día y, por supuesto, con el tiempo a la hora). Las prácticas basadas en el tiempo implicaban que los empleadores presionasen a la gente para que llegara temprano, se quedase hasta tarde y trabajase con esmero. Josiah Wedgwood, cuyas piezas de cerámica novedosas ayudaron a crear la industria moderna, instituyó el primer sistema para «picar» del que se tiene constancia.[179] Buena parte de lo que damos por hecho sobre cómo se emplea el tiempo, sobre todo en el trabajo, todavía está arraigado en un sistema de disciplina horaria que comenzó en el siglo xviii. Horas fijas. Lugares de trabajo centralizados. La idea de que la empresa es dueña del tiempo del trabajador. El papel primordial de la productividad y la creencia de que esta se mide bien según cuántas horas pasa una persona en la oficina. Aunque no hay duda de que esta cultura permitió un incremento maravilloso en la producción, la aparición de la tecnología digital y la IA (tecnologías del siglo XXI) sugiere que puede que haya dejado de ser útil. Cada vez está más claro que convertir a los humanos en máquinas está lejos de resultar óptimo en un mundo en el que mucho de lo que producimos es conocimiento, cuidado humano y conexión, además de la próxima generación. Nos topamos con sus límites en el debate de Alex Pang sobre cómo las jornadas reducidas fomentan la creatividad y en el alegato de Cal Newport a favor de la «productividad sin estrés». El ajetreo, las videollamadas, «el teatro de la productividad», picar y la norma del trabajador ideal forman parte de una manera de trabajar obsoleta. Como las máquinas pueden hacer tantos trabajos, haríamos bien en liberarnos del pensamiento rígido temporal de la era moderna.

Volvamos a San Lunes. Este pulsa la tecla de una necesidad humana profunda de un descanso más extenso del trabajo de lo que permite un fin de semana de dos días, al menos si seguimos en el mundo del trabajo moderno. La efusividad con la que los participantes de nuestros ensayos describen cómo la semana laboral de cuatro días ha transformado su vida deja entrever lo poderoso que es. Antes de la llegada de las empresas, cuando los hombres adultos trabajadores tenían el tiempo en sus manos, cinco días de esfuerzo concertado era demasiado. Parece ser que, de nuevo, es el caso de muchas personas.

7

AHORRO ENERGÉTICO POR LAS PERSONAS Y EL PLANETA

E. P. Thompson publicó su artículo sobre el cambio en la cultura del tiempo en 1967. Desde entonces, las tendencias en la disciplina en el lugar de trabajo sobre las que escribió se han intensificado. Me refiero a los avances como el algoritmo de gestión de los conductores de Uber y DoorDahers, y el monitoreo de ordenadores digno de una distopía de ciencia ficción mediante el que se registra cada tecla que pulsan los trabajadores. Aunque quizá el cambio más notable, porque afecta a casi todo el mundo, es el ritmo de vida cada vez más acelerado. Si, como señalaba Thompson, la primera fase fue la consolidación de la consciencia social del tiempo, la segunda ha sido la presión de hacer más, mejor, más rápido. Incluso Thompson, que estaba muy metido en este proceso, seguramente le sorprendería lo acuciante que se ha vuelto la cultura de la aceleración. Llevamos la multitarea por bandera, cada vez se conduce más rápido,[180] Amazon tiene entregas en dos horas, surgen los «mucho texto» y los minicrucigramas. Conectarse un minuto tarde a una reunión de Zoom suscita una disculpa. Aunque muchos culpan a los *smartphones*, y sin duda han contribuido a esto, la tendencia lleva acechando mucho tiempo con la tecnología digital. Es una consecuencia predecible en un mundo en el que tiempo es igual a dinero. Y esta es la razón fundamental por la que tantas personas están saturadas de trabajo, agotadas y presionadas por el tiempo.

La vida rápida no solo afecta a las personas. También está destruyendo nuestro planeta. Las dos grandes crisis medioambientales a las que nos enfrentamos (la desestabilización del clima[183] y la sexta extinción masiva) se remontan a la rapidez de la actividad humana en relación con los ciclos de la naturaleza. En muchos sentidos, esta es resiliente. Los contaminantes atmosféricos se dispersan con el tiempo. Las plantas y los animales migran con el cambio de las estaciones. Los ecosistemas se adaptan. Pero después de 1950, cuando los humanos empezaron lo que los académicos denominan «la Gran Aceleración»,[181] la rapidez del cambio ha excedido con creces lo que la naturaleza puede soportar. Es el punto crítico del colapso medioambiental: los humanos están alterando el ecosistema del planeta a una escala que supera por mucho la adaptabilidad de la naturaleza. Científicos de todo el mundo han hecho un esfuerzo monumental para identificar nueve límites planetarios[182] que es peligroso exceder; ya hemos traspasado seis.

Donde se ve con mayor claridad el papel del ritmo acelerado en los resultados ecológicos es en la relación entre el transporte y las emisiones de carbono. Llegar a un punto con rapidez requiere mucha más energía. La opción que deja más huella es, normalmente, el avión, que es más rápido (salvo para trayectos cortos). La combustión interna de los motores de los coches es la siguiente, y generalmente son más rápidos que los autobuses, trenes y ferris. Caminar e ir en bicicleta emiten muy poco carbono. Por supuesto, esto tiene cierta complejidad. Entre ellas se encuentran el tamaño del coche y el número de personas que vayan dentro, ver cuántas calorías se queman al andar y, por supuesto, el tráfico de las ciudades puede hacer que ir en bicicleta o caminar sea más rápido que conducir. (Los trenes de alta velocidad son una excepción; son rápidos y eficientes a nivel energético). Excepciones aparte, la velocidad de los viajes normalmente es igual a la energía empleada.

De aquí también se puede sacar una lección más general. El estilo de vida acelerado y mantenido en el tiempo que está socavando el bienestar de las personas también está implicado en el deterioro medioambiental.

El impacto de las jornadas laborales en los resultados ecológicos es uno de los temas que cubrimos en la investigación. Todavía no tenemos una imagen clara; sin embargo, los datos apuntan a algunos resultados prometedores. Pero, antes de informar de lo que hemos descubierto, empezaré poniendo un poco en contexto la crisis climática para ver cómo puede contribuir la reducción de la jornada laboral. Me centro en el clima en lugar de hacerlo en otros límites planetarios porque es el más acuciante y el que tiene una conexión más evidente con las horas de trabajo.

EL DESAFÍO DEL CLIMA

La desestabilización del clima está desatando cada vez más el caos entre las personas y el planeta. El aumento de las temperaturas provoca olas de calor, sequías, eventos climáticos extremos, aumento del nivel del mar, pérdida de la biodiversidad, cultivos que se echan a perder e insectos que transmiten enfermedades. La pérdida de los medios de vida conduce a la migración. El impacto climático destruye las infraestructuras y propiedades. El estilo de vida indígena está bajo grave amenaza. Aunque todavía no tenemos pruebas concluyentes, sospecho que estos cambios ya están contribuyendo a que se extienda la inestabilidad política que vivimos hoy en día.

La principal organización mundial que se ocupa del clima, el Grupo Intergubernamental de Expertos sobre el Cambio Climático (IPCC), investiga dónde estamos y analiza posibles futuros. En 2018 publicó un informe especial[184] sobre los requisitos para mantener el aumento de la temperatura a 1,5 ºC, el umbral que evitará muchos de los peores impactos climáticos. Su respuesta es que debemos conseguir reducir las reducciones de carbono en un 40 por ciento para 2030 y llegar a cero para 2050. A fecha de 2024, no vamos por buen camino. Tras un breve declive durante la pandemia, las emisiones de gases de efecto invernadero a nivel global comenzaron a subir otra vez. En junio de 2024, el nivel de dióxido de carbono medido por el observatorio Mauna Loa de la Nasa era la friolera de 427 partes por millón,[185] un 50 por ciento más que hace cien años.

Aunque estamos viendo algunos progresos, a medida que los países se pasan a energías renovables y eliminan de manera gradual el carbono, las tasas globales actuales de descarbonización están muy por debajo de lo necesario. Necesitamos como siete veces más[186] de lo que hemos conseguido en este momento (reducciones anuales del 17,2 por ciento frente a la actual, un 2,5 por ciento). Esto significa que la esperanza del aumento de 1,5 °C está prácticamente perdida. Pero aferrarnos a un aumento de 2 °C es importante y requiere exigir una tasa anual de descarbonización del 6,5 por ciento. Otra manera de pensar sobre lo que necesitamos hacer es en términos de la emisión de gases de efecto invernadero por personal. A nivel mundial, la media actual[187] es de 6,8 toneladas. (Estados Unidos está muy por encima de ese nivel, a 17,7). Necesitamos bajar a 5 toneladas[188] durante la próxima década y luego a 2,5 para 2040. Es una tarea difícil.

La buena noticia es que trabajar menos puede ser de ayuda.

LA RUTA HACIA LA DESCARBONIZACIÓN

Para comprender con exactitud cómo la jornada laboral afecta al clima, necesitamos empezar con la tasa de descarbonización:[189] el ritmo al que las emisiones descienden. Cada vez que producimos algo, utilizamos carbono. Eso significa que hay una relación estrecha entre el resultado (lo que los economistas llaman PIB) y las emisiones de carbono. Las tasas de descarbonización se guían por estos dos factores: cuánto carbono se emplea para cada unidad (digamos, dólar) de PIB, y cuánto PIB estamos produciendo. Cuando el carbono se desvincula del PIB, decimos que se produce un desacoplamiento. Lo que se denomina «desacoplamiento relativo» ocurre cuando cada dólar del PIB utiliza menos carbón. Esto sucede como resultado de los avances en eficiencia energética, como realizar menos actividades con altas emisiones de carbono como la minería y la fabricación, y más servicios bajos en emisiones de carbono como la enseñanza. El desacoplamiento relativo no es una solución; una economía puede experimentar mucho desacoplamiento relativo, pero si su demanda de energía y PIB se expanden con rapidez, las emisiones seguirán aumentando. Esto es lo que ha sucedido en países ricos[190] durante la mayor parte del tiempo que han estado negociando por el cambio climático. Necesitamos el segundo tipo de desacoplamiento: el absoluto. Ahí es cuando se da el crecimiento del PIB a la vez que las emisiones bajan de verdad.

Hasta hace muy poco, prácticamente toda la atención se había centrado en reducir las emisiones de carbono por dólar del PIB. Los Gobiernos han estado invirtiendo en eficiencia energética, haciendo el cambio de los combustibles fósiles más contaminantes (como el carbón), o en algunos casos dejando de utilizarlos por completo. Aunque hemos progresado, las emisiones siguen subiendo porque el PIB también aumenta. Durante décadas, las tasas de descarbonización se acercaban bastante al crecimiento del PIB, lo que significa que nos hemos quedado estancados. ¿Esa tasa de descarbonización del 2,5 que mencioné antes? Últimamente el crecimiento del PIB ha estado rozando[191] el 3 por ciento. Como Al Gore señaló de forma tan sonada, el cambio climático es una «verdad incómoda». Y no hay parte más incómoda en esta verdad que la conexión entre el crecimiento y las emisiones.

El énfasis en la importancia del carbono mantiene el foco de la conversación en las soluciones tecnológicas, lo que evita decisiones difíciles sobre cuánta energía se necesita, lo que a su vez suscita preguntas sobre el crecimiento y la estructura económica. Pero incluso la comunidad global se da cuenta ahora de que solo con la tecnología no será suficiente porque no podemos seguir deshaciendo el progreso que estamos haciendo. Tendremos que aprender a vivir de forma distinta. En 2022, el Sexto Informe de Evaluación del IPCC introdujo un posible futuro nuevo (una «Trayectoria Socioeconómica Compartida») en el que «el consumo está orientado[192] hacia un bajo crecimiento material y una menor intensidad de recursos y energía». ¡Por fin! El informe se apoyaba en investigaciones que mostraban que podemos conseguir una calidad de vida alta con una huella ecológica y de carbono pequeña. Como parte del debate, creo que por primera vez, el IPCC sacó el tema[193] de la reducción de la jornada laboral y el papel que juega en controlar las emisiones.

LAS HORAS DE TRABAJO Y EL CLIMA

Publiqué mi primer artículo[194] sobre la jornada laboral y el medio ambiente en 1991. En ese momento pensaba en la gran división entre países ricos y pobres en términos de cómo utilizaban sus recursos ecológicos. En cuanto al clima, los países ricos son los «contaminantes» históricos. Se hicieron ricos a base de combustibles fósiles y son los mayores responsables de la acumulación de dióxido de carbono y otros gases en la atmósfera. Los países pobres quieren energía barata para poder crecer y sacar a la población de la pobreza. Por tanto, lo equitativo sería pedirles a los ricos que redujesen su contaminación para darle algo de cancha ecológica al Sur Global. Pero no es muy probable que los habitantes de los países ricos acepten una vía directa que no los beneficie también. Ahí radica la belleza de la reducción de la jornada laboral. Ofrece mejoras tangibles y duraderas en la vida de las personas. Y si no viene acompañada de una reducción del sueldo que ya tiene la gente, es muy popular.

A principios de los 2000 empecé a modelizar la conexión[195] entre la jornada laboral y las emisiones de carbono. Estudié dos vías principales de influencia. De la primera ya he hablado (la relación entre el PIB y las emisiones). La mejor forma de contemplar esta relación es mediante la simple aritmética de la productividad. Cuando esta aumenta, la economía bien puede mantener sus horas de trabajo sin cambios y producir más o mantener una producción constante con menos trabajo. (Y, claro está, puede hacer un poco de ambas). En efecto, los países que reducen las horas de trabajo están dedicando parte del crecimiento de la productividad al tiempo libre en lugar de producir a máxima potencia. Así que aquí hay una compensación entre el PIB y las horas de trabajo. A esto lo llamo «el efecto escala» porque se refiere al tamaño o escala de la economía con el paso del tiempo. Los países que reducen las horas de trabajo «escalan» con más rapidez.

La segunda vía tiene que ver con el consumo de energía en los hogares. Sabemos que los ingresos afectan a cuánto carbono utiliza cada hogar. En realidad, es el factor más importante. En 2019, el 10 por ciento de la población mundial más rica[196] fue responsable de casi la mitad (48 por ciento) de las emisiones globales, a diferencia de la mitad inferior, que emitieron solo el 12 por ciento. Los investigadores estiman que la desigualdad entre los hogares es más importante que entre los países.

Pero el tiempo también importa. Hacer cosas de forma más sostenible con un consumo menor de energía suele requerir más tiempo. Por el contrario, estresarse por el tiempo activa esa conexión rapidez/emisiones que comentaba antes. Así que mi hipótesis fue que los hogares con menos tiempo libre empleaban más energía después de tener en cuenta sus ingresos. Llamé a esto el efecto de «composición» porque la mezcla, o composición, de las actividades del hogar varía con la jornada laboral.

Probablemente estés pensando en cómo refutarlo. Si las personas tienen tres días de fin de semana, ¿no se irán de viaje a las Bahamas o Disneyland? E incluso si el uso del carbono adicional no es tan alto como con un viaje en avión, ¿no hay otras actividades de ocio con altas emisiones de carbono? Las personas conducen en sus localidades y van a parques temáticos, hoteles y otros lugares turísticos. Todo esto requiere mucha energía. Los investigadores lo denominan «rebotes». Son los efectos secundarios que reducen parte de lo que se ahorra con los avances. Los rebotes se han descontrolado en el espacio energético porque hace falta energía para casi todo lo que hacemos. Las mejoras en la eficiencia reducen el coste de poner en marcha un vehículo o un electrodoméstico del hogar, lo que a su vez puede llevar a conducir más o a comprar un segundo frigorífico. Instalar placas solares puede generar que un hogar utilice más el aire acondicionado y así sucesivamente. Necesitamos tener esto en cuenta si queremos saber cómo afecta la semana laboral de cuatro días a la huella por emisiones de carbono. Y con la reducción de las horas de trabajo, hay otro rebote posible. Si las personas aceptan un segundo empleo el día libre, ganarán más dinero que luego se gastarán. Ese es un efecto escala que podría incrementar las emisiones.

¿HA REDUCIDO LAS EMISIONES LA SEMANA LABORAL DE CUATRO DÍAS?

Cuando desarrollamos nuestra estrategia para medir los impactos climáticos, estábamos en un territorio bastante desconocido. La mayor parte de la investigación sobre la jornada laboral y las emisiones se ha centrado en las horas semanales o anuales. La semana laboral de cuatro días tiene características únicas, y la mayoría de ellas no se han estudiado bien. El diseño y el momento de los ensayos también creó complicaciones. Como resultado, conseguimos indicaciones, pero no conclusiones sólidas. Otro punto que merece la pena mencionar: como los ensayos no supusieron una reducción de sueldo, aprovecharon las composiciones en vez de los efectos escala. Por tanto, no esperábamos un impacto muy significativo. Donde más probable era ahorrar sería en el desplazamiento. Eso lo teníamos claro.

Los ecologistas llevan abogando hace mucho tiempo por la semana laboral de cuatro días debido a su potencial para reducir el número de viajes de ida y vuelta que hacen las personas al trabajo. Las investigaciones sobre las semanas laborables comprimidas (de cuatro días) señalaban que había ahorro. Un estudio de California[197] sobre un programa de Los Ángeles de 1990 descubrió que los trayectos de los empleados cayeron en un 9,1 por ciento y que la distancia total recorrida se reducía en un 17,1 por ciento, lo que supone poco más de una tonelada de dióxido de carbono por cada estadounidense. Resulta que tener los viernes libres cambió varios patrones de trayectos, como en hacer recados y excursiones de fin de semana. Estos viajes más largos pasaban a los sábados, lo que dejaban los domingos para un día de descanso y recuperación en casa. Se estimó que un experimento con mucha difusión en Utah[198] había reducido las emisiones en un 14 por ciento, aunque esas medidas eran parciales. Estos estudios sugerían que no se esperaban un 20 por ciento de reducción en el tráfico porque habría algo de efecto rebote, pero que el ahorro era considerable.

Desde luego, nosotras esperábamos que nuestros participantes se desplazasen menos, pero también éramos conscientes de que el trabajo en remoto e híbrido siempre los habían reducido mucho. Para complicar el asunto, los ensayos transcurrieron durante un periodo de transición en el que la gente volvía a su lugar de trabajo.

También queríamos atender a cómo estaba cambiando el consumo de la energía en los edificios. Con un día libre, habría menos personas en las oficinas y en los hogares, más. Así que imaginamos que se haría menos uso de la energía comercial y más de la residencial. Pero ¿cuánto menos y cuánto más? ¿Apagaban las empresas durante el día, lo que implicaría un gran ahorro de energía? ¿O seguían abiertas y el personal se tomaría libre días distintos? Eso no haría mucha mella en la calefacción, el aire acondicionado y la luz. De manera similar, ¿pasarían las casas de estar vacías (con un consumo de energía bajo) a tener a alguien que encendiese las luces, la calefacción y el aire acondicionado? ¿O estaban ya ocupadas de forma que la persona adicional no afectaría mucho?

Las publicaciones albergan algunas pistas sobre cómo podrían desarrollarse estos escenarios, aunque la mayoría van dirigidas a preguntas diferentes. Las investigaciones sobre la energía a menudo se centran en el consumo máximo en lugar de hacerlo en su totalidad. Esto tiene una forma de pensar acerca de estas cuestiones con un potencial relevante: la diferencia entre el consumo durante la semana y el fin de semana. Añadir un día libre extra es como alargar el fin de semana. Históricamente, ha habido un 10 por ciento de menos consumo de energía[199] los sábados y los domingos. ¿Se podría asumir que se mantendría así? Al parecer no, porque a lo largo de la última década esa diferencia se ha difuminado. Los fines de semana se sigue empleando menos energía, pero la diferencia se ha estrechado un 5-7 por ciento. Puede que haya algún ahorro leve. Otra prueba viene de las investigaciones sobre el impacto de la pandemia y el cambio al trabajo remoto. Un estudio exhaustivo descubrió que el consumo de electricidad doméstica subió[200] un 8 por ciento durante el confinamiento. (En nuestro caso, el incremento seguramente sea más bajo porque, en el confinamiento el uso de los ordenadores para trabajar era alto y la gente también estaba en casa casi todo el tiempo). Este estudio también descubrió una disminución del 6,9 por ciento en los comercios y una reducción del 8 por ciento en la demanda de energía industrial. Así que los cambios en el consumo de energía en los edificios estaban al borde del desastre.

Al final, las preguntas sobre el consumo de energía en los edificios eran demasiado complicadas de responder. Una razón es que teníamos demasiadas empresas haciendo cosas diferentes. Solo algunas cerraban la oficina el día libre. Les pedimos datos energéticos, pero no obtuvimos gran cosa. Muchas de las empresas pequeñas no tenían informes de consumo porque venían incluidos en el alquiler. También preguntamos a los empleados cuánto gastaban en servicios públicos pensando que sería más fácil tener una cifra en dólares en vez de kilovatios por hora o consumo de gas. Pero entonces el precio de la energía se disparó a niveles distintos en todo el mundo. La última complicación es que el consumo de energía es muy estacional. Algunos ensayos empezaron a finales de invierno y acabaron en verano. Otros, a la inversa. (A medida que la muestra crecía e incluíamos empresas que empezaban en cualquier época del año, la estacionalidad dejó de ser un factor importante). Después de darle vueltas a varios modelos que trataban de englobar todos estos factores, dejamos el ejercicio a un lado porque los datos eran demasiado confusos.

Sin embargo, tenemos otros indicadores. Tenemos preguntas sobre los desplazamientos. Analizamos viajes fuera de la ciudad para ver si había un rebote con los viajes. E incluimos una escala de comportamiento «proambiental» de tres ítems para ver si las prácticas sostenibles cambiaban durante el ensayo. En cuanto descubrimos que las preguntas sobre la energía doméstica no estaban dando resultados, pedimos a la gente que estimase su huella de carbono personal al inicio y seis meses después. Nuestros descubrimientos vienen recogidos en la tabla 7.1.

En general, los resultados sugieren que puede que haya cierta disminución en el consumo de energía. Tras analizar todos los ensayos, descubrimos que de media se empleaba media hora menos en desplazamientos a la semana (entre 3,6 y 3,1 horas). El 48 por ciento de los participantes redujeron el tiempo de desplazamientos comparado con el 33 por ciento, para quienes aumentó. Para el 33 por ciento que pasaba más tiempo en los desplazamiento, seguramente se deba al hecho de que iban a la oficina algo más; los días de trabajo en remoto se redujeron de 2,8 a 2,6 a la semana, y el 37 por ciento de las personas trabajaron menos días desde casa. También hay una disminución muy pequeña (1 por ciento) en el porcentaje de las personas que informaron de que iban al trabajo en coche.

Tabla 7.1. Empleo del carbono y consecuencias ambientales

	Inicio	Final	Cambio	Signifi-cancia	% Reducción	% Sin cambios	% Aumento
Huella de carbono personal (autoevaluación)	5,0	4,9	-0,1	**	39 %	30 %	31 %
Caminar o ir en bici en vez de hacerlo en coche	2,8	3,0	0,2		23 %	47 %	30 %
Animaron a otros a proteger el medio ambiente	2,9	2,9	0,0		28 %	47 %	25 %
Se presentaron voluntarios para proteger el medio ambiente	1,6	1,7	0,1	*	19 %	61 %	21 %
Horas de desplazamiento a la semana	3,6	3,1	-0,5	***	48 %	19 %	33 %
Porcentaje de desplazamientos al trabajo en coche	57 %	56 %	-1,0	**	5 %	91 %	4 %
Viajes nacionales en las últimas cuatro semanas	2,7	2,2	0,5	***	40 %	32 %	27 %
Vuelos internacionales de ida y vuelta en las últimas cuatro semanas	0,2	0,2	0,0	**	10 %	78 %	12 %

Nota: «Huella de carbono personal»: autoevaluación comparada con las demás personas del país (0-10). Comportamientos medioambientales: de nunca a siempre (1-5). Tiempo de desplazamiento a la semana: en horas. Viajes nacionales: viajes realizados en las últimas cuatro semanas. Viaje internacional: vuelos internacionales de ida y vuelta en las últimas cuatro semanas. Los niveles de significación se basan en pruebas t para muestras emparejadas con el fin de determinar si los valores iniciales y finales son significativamente diferentes: $+p<0,1$; $*p<0,05$; $**<0,01$; $***p<0,001$.

Nuestra escala de comportamiento a favor del medio ambiente incluía una pregunta relevante para conducir. Pedimos a la gente que pensara en las últimas cuatro semanas y que indicaran en qué nivel estaban de acuerdo con esta afirmación: «Opto por caminar o ir en bicicleta en lugar de usar el coche cuando puedo». La media de las respuestas oscilaba entre «a veces» y «a menudo», y aumentó dos décimas (de 2,8 a 3,0). El 30 por ciento de la muestra aumentó la frecuencia con la que evitaba utilizar el coche. Con el resto de los ítems en la escala de comportamiento a favor del medio ambiente, los resultados no indicaron mucho cambio. Hay un ligero aumento en el voluntariado (una décima más con respecto a la media), aunque hay casi el mismo número de personas que hacen menos que quienes hacen más.

Sin embargo, hay buenas noticias climáticas en nuestros datos. No hemos visto demasiado rebote en los viajes. El número de desplazamientos nacionales realizados durante las cuatro semanas anteriores cayeron de media de 2,7 a 2,2 desde el inicio hasta el final. Los vuelos internacionales se mantuvieron estables en 0,2. Los otros rebotes que queríamos analizar era el aceptar un segundo empleo. Como comentaba en el capítulo 2, en la muestra completa, el índice de aceptar un segundo empleo cayó un 1 por ciento. En las muestras de Estados Unidos y Canadá, tener un segundo empleo se redujo en un 2 por ciento.

Otro descubrimiento es que unas dos quintas partes de las personas registraron un descenso en la autoevaluación de su huella de carbono. La pregunta que hicimos fue: «Piensa en tu huella de carbono personal, que incluye el uso de la energía de tu casa, el transporte, la dieta y tus compras. ¿Cómo puntuarías tu huella en comparación con el resto del país?». En una escala del 0-10, la media al inicio era de 5,0 y al final del ensayo se había reducido al 4,9. El 39 por ciento de la muestra registró una disminución. Lo que vimos en Estados Unidos y Canadá se parece mucho a la muestra global, aunque hay una disminución de una décima adicional en los desplazamientos en coche.

Teníamos más de una forma de ver como la semana laboral de cuatro días podía afectar a las emisiones, es decir, información sobre cómo las personas pasaban el día libre. No se ha investigado mucho sobre este tema, pero hay algunos estudios sobre cómo las fluctuaciones en las horas de trabajo afectan a las emisiones de los hogares. Estas publicaciones no analizan intervenciones como la nuestra, sino que utilizan encuestas a gran escala sobre el uso del tiempo. Uno de los mejores estudios,[201] de Suecia, descubrió que para una reducción del 1 por ciento en las horas de trabajo, las emisiones caen cerca de un 0,8 por ciento. Pero, como la mayoría de las investigaciones, este estudio también asume una reducción del 1 por ciento en los ingresos, lo que provoca la mayor parte del descenso de las emisiones. Cuando las personas tienen menos dinero, gastan menos y, por tanto, emiten menos. Nosotras esperamos una reducción menor porque el sueldo sigue siendo el mismo. Sin embargo, al igual que otros investigadores, lo que vemos sobre todo son muchas actividades bajas en emisiones de carbono y cerca de casa.

Le pedimos a la gente que rellenase un diario temporal sobre su día libre más reciente, en el que registraron las actividades que realizaron en espacios de 30 minutos. Aquí no analizábamos el antes y el después porque «antes» no había un día libre. Lo que más nos preocupaba eran los rebotes. Así que quisimos ver si las personas empleaban su tiempo libre en actividades altas en emisiones de carbono. En su mayoría, nuestros descubrimientos sugieren que no es así. Las actividades más populares[202] son bajas en emisiones. Las personas emplean la mayor parte de su tiempo en aficiones y actividades de ocio (televisión y radio, deporte y ejercicio, aficiones y lectura). En conjunto, ocupan menos de 235 minutos, el equivalente a unas cuatro horas. El segundo lugar lo ocupan las tareas domésticas y de cuidado (limpiar, preparar la comida, mantener la casa, toda clase de cuidados a niños, ancianos y mascotas) con un total de 195 minutos o más de tres horas. Las personas también duermen un poco (46 minutos) y dedican a su empleo principal alrededor de una hora y media. El tiempo que pasan en el trayecto de ida y vuelta para hacer actividades es de unos 36 minutos de media. La mayoría de las personas no se alejan mucho de casa y hacen cosas que no emiten demasiado carbono.

Entonces ¿dónde nos deja esto en términos de la pregunta que planteamos? ¿Cómo cambiar a la semana laboral de cuatro días afecta a las emisiones de carbono? Descubrimos algunos beneficios en los desplazamientos, no hubo un repunte de viajes significativo y muy pocas emisiones de carbono durante el día libre. No hemos descubierto nada acerca de cómo ha cambiado el uso de la energía en los edificios. En general, todo indica que puede que las emisiones hayan bajado, aunque no demasiado. Para obtener resultados más sólidos, necesitamos nuevas aproximaciones para recopilar datos. Pronto nos pondremos manos a la obra y esperamos tener la primera tanda de resultados en 2025.

¿Estos resultados modestos significan que personas como yo, que abogan por la reducción de la jornada laboral por cuestiones medioambientales, nos hemos equivocado o le hemos dado mucho bombo al caso? Creo que no. Pero, para ver el porqué, necesitamos ver la situación macroeconómica y a largo plazo.

Media del tiempo invertido durante el día libre

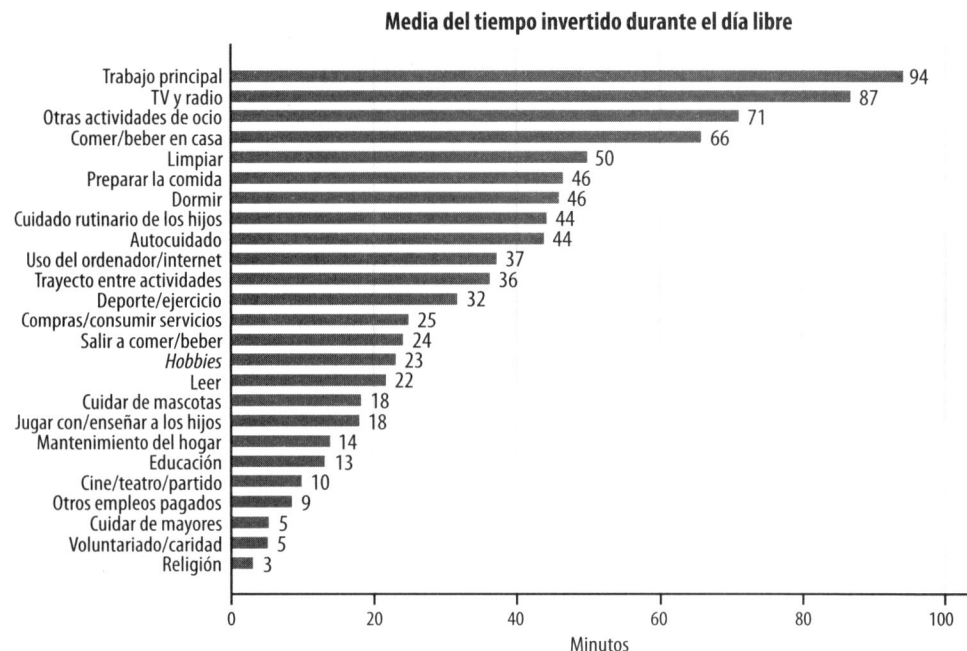

INTERCAMBIO DE INGRESOS POR TIEMPO

Para comprender la relación de las horas de trabajo y las emisiones a largo plazo, recuerda lo que expliqué sobre las escalas y los efectos de composición. A nivel doméstico, los ensayos de la semana laboral de cuatro días son un claro ejemplo de efecto de composición. Lo único que cambia es el tiempo reservado para el hogar; los ingresos se mantienen constantes porque el sueldo no cambia durante los ensayos. A raíz del corpus existente sobre los hogares, esperamos que la respuesta sea bastante modesta.

Pero ¿qué pasaría si la reducción de la jornada laboral no es trabajar cuatro días en vez de cinco una sola vez, si no un proceso continuo por el que el aumento de la productividad va dirigido a ofrecer a las personas cada vez más tiempo libre? Eso fue lo que sucedió en 1870, después de que el primer grupo de países se industrializase. Algunos, como Estados Unidos, se han estancado. Sin embargo, con el auge de la IA, utilizar el aumento de la productividad para reducir la jornada es una de las cosas más importantes para mantener el empleo, compartir los beneficios de esta tecnología y proteger el medio ambiente. Ese es el futuro que el IPCC señaló en su último informe. Reducir las horas de trabajo a medida que la productividad aumenta evita que retrocedamos en el progreso que ya hemos hecho para descarbonizar por medio de la transición a la energía no contaminante.

Esto se puede ver con unas sencillas correlaciones entre las horas de trabajo anuales y las emisiones. Los países en los que se trabajan menos horas (Alemania, Dinamarca, Francia y Países Bajos) son los que más progresos han hecho para conseguir el desacoplamiento absoluto. Esta relación se muestra en los modelos estadísticos. Varios estudios que han analizado distintos países a lo largo del tiempo han descubierto que las jornadas más cortas se asocian con menos emisiones, lo que mantiene constantes otros factores como la población, la urbanización y las estructuras industriales. Y, de manera inversa, las jornadas más largas se asocian[203] con emisiones más altas. Mis compañeras y yo también hemos abordado esta cuestión en el marco de Estados Unidos y hemos descubierto que se sostiene en todos los Estados.[204] Aquellos con menos horas laborables tienen menos emisiones y viceversa.

Este corpus es correlacional y no ilustra todas las partes de la economía que están avanzando. Una publicación europea reciente[205] ha analizado de forma minuciosa el impacto de la reducción de la jornada laboral sobre las emisiones en un país. Supone que el aumento de la productividad se traduce en jornadas más cortas y plantea escenarios diferentes. El tamaño de la reducción de las emisiones depende de si el empleo y las exportaciones aumentan (ambos aumentan las emisiones), y de si los socios comerciales también están en vías de reducir la jornada laboral, lo que reduce las emisiones. La conclusión es que trabajar menos horas es capaz de producir un gran declive en las emisiones, y supone entre 0,6 y 3,5 veces más recortes que los acercamientos basados solo en la tecnología.

Si pensamos a largo plazo, también es importante reconocer que otros factores también afectan a cómo de potente puede llegar a ser la reducción de la jornada laboral. La desigualdad es uno importante. Que cada vez haya más desigualdad no solo hace que se trabajen más horas, como señalé en el capítulo anterior, sino que una concentración de mayores niveles de ingresos entre los más ricos refuerza la conexión entre las horas de trabajo y las emisiones.[206] Esto significa que para Estados Unidos, con niveles de desigualdad relativamente altos, las reducciones de jornada solo pueden suponer beneficios para el medio ambiente aún mayores. Y, por supuesto, reducir la concentración de ingresos y riqueza es un beneficio en sí mismo.

Un futuro en el que el aumento de la productividad se intercambie por más tiempo libre, en lugar de más ingresos, suscita la pregunta de si necesitamos seguir creciendo para ofrecer a las personas calidad de vida. En muchos países ricos, hay motivos a puñados para pensar que la respuesta es no. Uno de ellos es que la riqueza está muy concentrada en manos de unos pocos, y que el crecimiento no «se derrama». En 2017, los tres hombres más ricos[207] de Estados Unidos (Bill Gates, Warren Buffett y Jeff Bezos) tenían tanta riqueza como la mitad más pobre de la población. Un análisis más reciente descubrió que el 1 por ciento de los estadounidenses más ricos,[208] 3 millones de personas, tienen más que el 90 por ciento restante, un total de 291 millones de personas. Casi tres cuartas (el 72 por ciento) de toda la riqueza está en manos del 10 por ciento de las familias más ricas. Si la distribución de la renta y la riqueza fuese más justa, un mayor porcentaje de la población contaría con unos estándares de vida decentes.

Además, las personas necesitan más tiempo con desesperación, lo que sugiere que no necesitan aumentar sus ingresos para mejorar su calidad de vida. Nuestros ensayos muestran que el bienestar mejora drásticamente sin que cambie el sueldo.

El tercer motivo, y el más persuasivo, para bajarnos del tren del crecimiento es que está destruyendo el entorno del que depende no solo nuestra calidad de vida, sino la vida misma. Hasta que descubramos cómo aumentar la escala de producción sin cruzar límites planetarios peligrosos, necesitamos bajar el ritmo y proteger los ecosistemas. Esto debería aplicarse sobre todo a los países ricos, que ya producen demasiado para todos pero fracasan a la hora de distribuirlo de manera equitativa.

La Trayectoria Socioeconómica Compartida que el IPCC incluyó en el Sexto Informe de Evaluación reconoce un factor importante sobre la calidad de vida. No necesita apoyarse en altos niveles de energía. Hay un grupo de países con resultados altos de bienestar, pero con un consumo de energía bajo. Este hallazgo lo descubrió originalmente José Goldemberg, un físico brasileño que sirvió como ministro de medio ambiente de su país. El trabajo posterior de Julia Steinberger y sus compañeros[209] se sumerge en la relación detallada entre la utilización de recursos y el bienestar. Esta línea de investigación revela lo que ya sabemos por nuestra experiencia diaria. En cuanto nuestras necesidades básicas están cubiertas, una vida rica en personas, tiempo y significado es la mejor manera de asegurar la felicidad y el bienestar.

Una semana laboral de cuatro días sin reducción de sueldo no es ninguna panacea climática. Sobre todo si acaba siendo un cambio de una sola vez que conduce a otra era en la que las horas de trabajo no se reducen. Aunque existe otra posibilidad: que la semana laboral de cuatro días rompa con estas barreras y dé paso a un periodo más largo de un declive gradual de la jornada. Espero que nos estemos encaminando hacia allí. El siguiente capítulo trata de por qué puede que ya estemos en ello.

8

LA SEMANA LABORAL DE CUATRO DÍAS PARA TODOS

En 2024 tuve el privilegio de testificar en una audiencia del Comité de Salud, Educación y Pensiones del Senado de Estados Unidos (HELP, por sus siglas en inglés). Bernie Sanders, el presidente, acababa de presentar un proyecto de ley para reducir la semana laboral estándar de cuarenta a treinta y dos horas, y esta fue la primera audiencia del Senado que se había celebrado sobre el tema desde 1955. No tenía la teatralidad de algunas de las reuniones anteriores del comité (el senador de Oklahoma, Markwayne Mullin, y el presidente de Teamsters, Sean O'Brien, casi llegan a los puños unos meses antes), pero fue bastante apasionante. Sanders abrió el proceso con un discurso emocionante para recordar a sus compañeros que, durante décadas, las ganancias en productividad habían ido a parar a los ricos al mismo tiempo que los sueldos se estancaban y las jornadas laborales iban en aumento. El presidente del Sindicato de Trabajadores del Automóvil, Shawn Fain, cuyo sindicato incluía la semana laboral de treinta y dos horas en recientes demandas de negociación, se resintió por las acusaciones de que los trabajadores son unos vagos y sugirió que si alguien encaja con esa descripción, son «los gorrones de Wall Street». También tuvo sus momentos absurdos. Una testigo del Partido Republicano[210] afirmó que nuestra investigación no concordaba con «las estadísticas de las estadísticas», ya que hizo un montón de ridículas acusaciones falsas.

Casi al final de la audiencia, el presidente Sanders señaló que no esperaba que el proyecto se convirtiese en ley a corto plazo. Aunque plantó la semilla. El revuelo durante las semanas siguientes sugirió que su estrategia funcionaba a medida que la prensa comenzó a hacerse eco. Las noticias incluían una entrevista con el multimillonario de los fondos de cobertura Seven Cohen, quien predecía que «la semana laboral de cuatro días está a la vuelta de la esquina», un artículo de *Forbes* titulado «6 indicios de que la semana laboral de cuatro días está en camino que te dejarán con la boca abierta», relatos de sucesos en empresas privadas (entre ellas, organizaciones de nuestros ensayos) y artículos sobre el proyecto de ley con sus pros y contras.

El interés político en la semana laboral de cuatro días tiene sentido, ya que ha ganado mucha popularidad. Encuesta tras encuesta, los resultados apuntan a que la mayoría de las personas prefieren trabajar cuatro días.[211] La conversación también ha pasado de evaluar su atractivo a su viabilidad, un indicio de que está tomando impulso. Tres cuartas partes o más[212] de los encuestados dicen que pueden terminar todo el trabajo en cuatro días. En una encuesta, la respuesta media a «¿cuántas horas al día[213] eres productivo?» fue de treinta y una horas, y el 21 por ciento informó que «20 como mucho». Otras encuestas han obtenido resultados similares. Parece que a los empleadores les ha convencido este argumento. Una encuesta en 2024 de KPMG[214] sobre los directores ejecutivos estadounidenses descubrió que el 30 por ciento estaba «explorando cambios en el horario de trabajo para toda la organización como una semana laboral de 4 o 4,5 días».

A finales de 2023, me encantó que Francis Ford Coppola se pusiese en contacto conmigo para hablar sobre su próxima película, *Megalópolis*. Además de ser director de cine, Coppola es un jefe humano y familiar. Mencionó que su bodega Inglenook ofrecía una semana laboral de cuatro días y lo organizó todo para que hablase con su personal. El horario es muy popular.

Eso sí, la popularidad y la viabilidad no se traducen necesariamente en una acción. Hay muchas reformas populares que se quedan obstaculizadas durante años o para siempre. Y, aunque las empresas de nuestros ensayos han tenido mucho éxito, seguramente solo haya cientos, no cientos de miles, de organizaciones en Estados Unidos con una semana laboral de cuatro días y horarios de treinta y dos horas. Sí, soy optimista de que lleguemos ahí. La IA, el cambio climático y el mercado laboral saturado son algunas de las macrofuerzas que deberían acelerar la transición. También hay señales de que estamos evolucionando de forma orgánica para dejar de ver el viernes como un día laborable. Pero, para mí, el argumento más persuasivo es que todo se está desarrollando casi igual que hace un siglo, cuando Estados Unidos estableció la semana laboral de cinco días.

CÓMO ESTADOS UNIDOS LLEGÓ A LA SEMANA DE CINCO DÍAS

En los albores del siglo xx, la semana laboral normal[215] era de seis días, y el 70 por ciento de los asalariados industriales trabajaban cincuenta y cuatro horas o más. Entonces ¿cómo surgió la semana laboral de cinco días?[216] Un punto de vista es que la mano de obra hizo que ocurriera…, puede que porque se atribuyen el mérito; hasta lo incluyeron en la famosa pegatina para el parachoques: «Sindicatos: los tipos que te regalaron el fin de semana». Una segunda explicación es que la semana laboral de cinco días fue obra de Henry Ford en 1926. Hasta ahora, nada es comparable a la semana laboral de cuatro días. Ningún megaempresario ha hecho el cambio, y no todos los sindicatos se han subido al carro. Pero si echamos la vista atrás, a los años veinte del siglo xx, el panorama era similar al que tenemos hoy en día.

En 1929, la National Industrial Conference Board, un centro de estudios para fabricantes, publicó un informe detallado sobre la semana laboral. Comenzaba señalando que «en el breve lapso[217] de unos cuantos años, el estatus de la semana laboral de cinco días ha pasado de ser una remota posibilidad futura a un hecho establecido en varios cientos de establecimientos, y se ha convertido en un tema candente en muchos otros». Se parece a lo que estamos viviendo ahora.

La primera empresa de la que se tiene constancia que estableció la semana laboral de cinco días, en 1908, fue Malden Mills, una empresa textil de Nueva Inglaterra propiedad de Henry Feuerstein.[218] (Décadas después, la empresa inventaría el forro polar Polartec©). Feuerstein fue el primero de un grupo de empresarios judíos, casi todos en el negocio de la ropa, que cerraron los sábados. Un movimiento judío sabatario[219] había comenzado unos años antes, cuando los rabinos ortodoxos trataron de evitar una tendencia reformista del judaísmo hacia los servicios del domingo. Seguirían con sus reivindicaciones durante la segunda y tercera décadas del siglo xx. Como muchas empresas de hoy que ofrecen semanas laborables comprimidas, Malden Mills no redujo el número total de horas. La primera en hacerlo fue la editorial Curtis, un año después, cuando pasó de cincuenta y cuatro horas a cuarenta y ocho en cinco días. En 1914, varios grandes almacenes de Nueva York[220] empezaron a cerrar los sábados durante el verano.

En esa primera década, solo un puñado de empresas se pasaron a los cinco días. El impulso se produjo en la década de 1920, cuando cientos de empresas de fabricación se unieron al movimiento. La industria textil, que prácticamente era judía, dominó la tendencia y para finales de la década, la gran mayoría de las empresas[221] de ropa masculina (el 53 por ciento) habían acabado con el sábado laboral. Las imprentas, las empresas de automóviles y muchas otras también hicieron el cambio.

El símil más evidente con el movimiento actual es que, en la primera fase, los dueños de los negocios estaban en primera línea. Además de las preocupaciones sabatarias, su motivación eran los mismos problemas con los que se enfrentan los empresarios de hoy en día; el más común era que querían darles a sus empleados más tiempo libre.[222]

Otro punto de convergencia con el presente es que muchas de las empresas de la primera ola sentían que podían hacer el cambio sin pérdidas en los resultados, y que podían conseguir que el negocio fuera eficiente. Ya trabajaban a media jornada los sábados, y a muchas empresas no les salía a cuenta abrir para unas pocas horas. El absentismo era alto y los ánimos estaban por los suelos. En los locales de fabricación, ahora podían dedicar el sábado al mantenimiento, lo que reducía los fallos de las máquinas durante la semana. Lo que descubrió la National Industrial Conference Board sobre la productividad[223] se alinea con lo que nos han contado de las empresas durante nuestros ensayos. Muchas no sabían qué pasaba con el resultado, pero entre las que sí, el 49 por ciento dijo que no había cambiado y el 19 por ciento, que había aumentado. (Casi un tercio informó de un declive, lo que difiere con nuestros resultados). Otras similitudes incluyen el hecho de que la mayoría de los primeros en adoptar esta práctica eran empresas pequeñas. Dos tercios tenían menos de cien empleados, y el 91 por ciento tenía menos de quinientos. También había mucha variación en cómo se implementaban los horarios para adaptarse a la situación de los individuos. Otro aspecto en común es que muchas empresas habían comenzado a reducir las horas de trabajo en verano.

También hubo un fuerte énfasis en la productividad entre muchos de los primeros que la adoptaron. Richard Feiss, el director general de la empresa Joseph and Feiss, un fabricante de ropa que eliminó el trabajo de los sábados en 1917, dijo algo que, sorprendentemente, resuena con Andrew Barnes un siglo después, cuando advierte: «Los días libres no se regalan, se ganan».[224] La empresa permitió que se saltasen el trabajo el sábado, pero solo si habían cumplido con su cuota de producción el viernes por la tarde. En la tienda se pagaba a destajo, y los trabajadores aprovecharon esa oportunidad con entusiasmo. La empresa ahorró dinero en electricidad, experimentó menos absentismo, atrajo mano de obra nueva (sobre todo mujeres) y cumplió mejor sus cuotas. Un siglo después, Barnes pidió a sus empleados[225] que firmasen un contrato como que estaban de acuerdo con las métricas de productividad que el firmante tenía que cumplir. Obtuvo resultados positivos similares.

A medida que los años veinte avanzaban, el movimiento cambió en formas que aún no se habían desarrollado, pero que comenzaban a despuntar. Los sindicatos empezaron a jugar un papel más importante. El Sindicato de Trabajadores de la Confección de Estados Unidos,[226] que representaba a los hombres, comenzó a presionar durante la segunda mitad de la década. El gremio de la construcción también hizo avances importantes. Para 1928, veinte sindicatos de la construcción con 514 locales habían conseguido la semana laboral de cinco días y cuarenta horas. En 1930, la organización General Sprinkler Fitters firmó el primer acuerdo nacional sin reducción de sueldo. La Federación Estadounidense del Trabajo (AFL, por sus siglas en inglés) también firmó tras las reticencias iniciales. (Una de sus preocupaciones era que bajasen los sueldos). Hoy en día, los sindicatos tienen menos poder, pero siguen siendo importantes en cuanto a las horas de trabajo. La petición de 2023 del UAW por la semana laboral de treinta y dos horas fue impresionante. Aunque no ganaron, el sindicato ha prometido seguir luchando para reducir las horas. El AFL-CIO, el Sindicato Internacional de Empleados de Servicio, el Sindicato de Trabajadores de Alimentos y Comercio y otros también han apoyado el proyecto de ley del senador Sanders. Es muy probable que veamos más movimiento sindicalista en los próximos años.

La otra diferencia es que para mediados de 2024, ninguna empresa importante había anunciado aún el cambio a la semana laboral de cuatro días. Edsel Ford, al principio, indicó[227] las intenciones de su empresa en 1922 y empezó a dar pequeños pasos antes del cambio completo en 1926. Como empresario líder, Ford tuvo un gran impacto. Espero que pronto consigamos que grandes empresas se pongan en movimiento, y varias ya se han puesto en contacto conmigo. El hecho de que países como Bélgica, España y los Emiratos Árabes Unidos ya hayan comenzado con la legislación significa que las multinacionales tendrán que considerar la semana laboral de cuatro días.

Después de 1929, el panorama cambió drásticamente. La crisis financiera y la profunda depresión que la siguió convirtieron la reducción de la jornada laboral en una estrategia para fomentar el empleo en vez de para mejorar la vida de los trabajadores o que el negocio fuera más eficiente. Los debates sobre las horas de trabajo predominaron en la década de 1930. Durante los primeros años de la Gran Depresión, compartir el trabajo se convirtió en la idea política dominante para abordar el desempleo, incluso para los empresarios, muchos de los cuales redujeron la jornada de forma voluntaria y pagaron para evitar despidos adicionales. La mano de obra también cimentó su postura a favor de las jornadas reducidas. En las elecciones de 1932, ambos partidos apoyaron la reducción de la jornada, y los esfuerzos legislativos para recortar la semana laboral fueron en serio en abril de 1933, cuando el Senado aprobó el proyecto de ley de las treinta horas. Una semana después, el secretario de Trabajo de Roosevelt, Frances Perkins, anunció que la administración apoyaba las treinta y dos horas. Parecía inevitable que la Cámara de Representantes de Estados Unidos fuera la siguiente. De hecho, el historiador Benjamin Hunnicutt señala que la creencia de que «la semana laboral de 30 horas[228] estaba a un mes de convertirse en una ley federal» estaba muy extendida. Alarmados por estos avances, los negocios entraron en acción y se opusieron al proyecto de ley. Roosevelt, que nunca apoyó del todo la reducción de la jornada laboral, no tardó en plantear un plan alternativo que se convertiría en la Ley de Recuperación de la Industria Nacional (NIRA, por sus siglas en inglés). Se centraba en aumentar los gastos del Gobierno en lugar de repartir el trabajo. La NIRA contenía algunas previsiones horarias y estas luchas continuarían unos cuantos años, aunque la semana laboral de treinta días había muerto. Después de las nuevas elecciones en 1936, Roosevelt intentó apaciguar a los sindicatos con la Ley de Normas Justas del Trabajo (FLSA, por sus siglas en inglés), que estableció un salario mínimo y un máximo de horas. La FLSA se aprobó en 1938, con una semana laboral de cuarenta y cuatro horas, que se redujo a cuarenta en 1940. (Por supuesto, en realidad no fue un tope; solo hizo que trabajar más de cuarenta hora les saliera más caro a los empresarios). La batalla por la reducción de la jornada había cesado de forma efectiva. Harían falta ochenta y cinco años, y el proyecto de ley de Sanders, para que el Senado retomase la cuestión.

EL MERCADO LABORAL SATURADO CREA IMPULSO

En la década de 1930, el ímpetu por reducir las horas de trabajo vino por el desempleo masivo que asolaba el país. Paradójicamente, en la década de 2020, la saturación del mercado laboral está causando un efecto similar. Cuando los jefes de las empresas tienen problemas para atraer y retener personal, no solo ofrecen sueldos más altos, sino otros beneficios que las personas quieren. Muchos trabajadores quieren una semana laboral de cuatro días.

En el capítulo 1, expliqué los motivos por los que los empresarios ofrecen horarios reducidos; la Gran Dimisión y un número anormalmente alto de renuncias estaban entre ellos. Hay otros indicadores de que el mercado laboral está saturado. Desde abril de 2020, la economía de Estados Unidos ha creado un total de veintiocho millones de puestos de trabajo.[229] Sin embargo, la población y la mano de obra no les han seguido el ritmo. Un motivo es la edad. El porcentaje de la población[230] de entre cincuenta y sesenta y cuatro años alcanzó su punto álgido en 2007 y ha disminuido un 2,5 por ciento desde entonces. La fertilidad, que también está disminuyendo, tuvo su mínimo histórico en 2023. Otro factor es el impacto de las secuelas del COVID, que ahora se considera un «acontecimiento incapacitante masivo»[232] por haber debilitado a 3,8 millones de estadounidenses. Como resultado de estas tendencias, el índice de participación de la población activa de la nación[233] ha tenido una fuerte trayectoria descendente, con su punto más alto en el 2000 hasta caer 4,6 puntos para marzo de 2024. La Oficina de Estadísticas Laborales prevé[234] que el índice de crecimiento de la mano de obra seguirá cayendo en los años venideros a medida que la población envejezca.

Los datos demográficos no son los únicos que me hacen pensar que estamos preparados para que haya un avance en la saturación del mercado laboral. Los vientos políticos han cambiado tanto que ambos partidos quieren que abunde el empleo. La campaña presidencial de 2016 de Bernie Sanders logró que el Partido Demócrata respondiese a las demandas de mejores salarios y condiciones laborales. Hasta ahora, el Partido Republicano no parece inclinado a empeorar el sueldo de los trabajadores. Otro motivo es la pandemia. Históricamente, después de grandes alteraciones como la guerra y la depresión, que exigen sacrificios importantes a los trabajadores, los Gobiernos odian infligir más dolor. Incluso la Reserva General se muestra reticente a socavar la escasez de mano de obra. En la década de 1970, cuando la inflación era alta, la élite llevó a cabo un consenso sobre la necesidad de una recesión severa que el banco central diseñó en 1980-82. Esta vez ha procedido con cautela y no ha bastado para revertir las tendencias actuales del mercado laboral. ¿Recuerdas la medida del coste por la pérdida del puesto de trabajo del capítulo 4? Hace décadas, Jerry Epstein y yo la utilizamos para predecir los tipos de interés y descubrimos que la Reserva Federal aumenta el tipo de interés cuando el coste por la pérdida del puesto de trabajo se reduce, como sucede en la actualidad. Por aquel entonces, nuestro modelo estaba en lo cierto. Hoy en día, la Reserva Federal actúa de forma distinta.

Creo que los jefes de las empresas también esperan que la saturación del mercado laboral siga avanzando. Si es así, eso impulsará el cambio aún más.

POR QUÉ CUATRO DÍAS DE DIEZ HORAS NO ES LA RESPUESTA

A mediados de 2023, un reportero de *The Washington Post* se puso en contacto conmigo antes de publicar una encuesta importante sobre la semana laboral de cuatro días. Aquello me entusiasmó porque la mayoría de los sondeos que había encontrado se habían realizado online, así que no son tan exactos como la encuesta a más de mil personas representativas a nivel nacional que supuse que cubriría el artículo. Pero, cuando me llegaron los resultados, me sentí decepcionada. Ni siquiera incluían la opción que ofrecían nuestros ensayos. Al parecer, el *Post* pensaba que solo se podía elegir entre trabajar cinco días de ocho horas o cuatro días de diez horas. O el sueldo completo por cinco días frente a trabajar cuatro con un recorte de ingresos. Los resultados fueron predecibles:[235] tres cuartas partes preferían trabajar cuatro días de diez horas, y más o menos el mismo porcentaje optó por quedarse con los cinco días sin reducción de sueldo. (Siempre ha habido pruebas de que las personas se resisten a renunciar a los ingresos que ya tienen. Después de un repunte de la inflación, se podría esperar aún más reticencias). El horario de cuatro días (sin estipulaciones de horas ni sueldo) fue de lejos el más popular: lo eligió el 52 por ciento, en comparación con el 25 por ciento que prefería el de cinco.

El caso de *The Washington Post* no es un caso aislado entre los encuestadores. Una curiosidad sobre muchas de las encuestas sobre la semana laboral de cuatro días es que o no especifican el número de horas o asumen que el cambio a cuatro días requiere jornadas más largas. Incluso así, la semana de cuatro días obtiene un apoyo abrumador. Un informe de Gallup con la Universidad de Bentley[236] de 2024 descubrió que el 77 por ciento de los encuestados predicen que incluso cuatro días de diez horas tendrá un efecto «extremadamente» o «un tanto» positivo sobre su bienestar. Hay otros resultados similares, por los que la gran mayoría prefieren una semana laboral más reducida incluso si las horas trabajadas al día aumentan.

No te sorprenderá descubrir que no soy fan de la jornada de diez horas. Los trabajadores han luchado largo y tendido para conseguir «ocho horas de trabajo, ocho de descanso y ocho para lo que quieras». Estar diez horas de pie, frente a una pantalla o conduciendo no es sano. Es cierto que muchas personas prefieren comprimir su semana laboral porque tal vez tengan desplazamientos largos, responsabilidades por el cuidado de los hijos[237] o quizá solo quieran tener un día más para sí mismos. Sin embargo, esto no genera los beneficios significativos de bienestar que hemos visto en nuestros ensayos. Al revisar una investigación[238] sobre horarios no estándares descubrí que con una semana laboral comprimida, los días laborables son más estresantes, aunque este se reduce en compensación durante los días libres. Aunque este horario tiene sus aspectos positivos, no tiene pinta de que sea mejor para los trabajadores que la jornada de cuatro días de ocho horas. Los estadounidenses ya sufren un déficit de sueño[239] durante la semana, y los expertos advierten que el sueño que se «recupera» durante el fin de semana no revierte[240] los efectos negativos de no dormir lo suficiente a lo largo de la semana. Como hemos visto en nuestro modelo, dormir mejor y reducir los niveles de cansancio son los principales contribuyentes para mejorar el bienestar. El hecho de que las personas estén dispuestas a trabajar esos días largos a cambio de un día extra libre es un indicador del valor que ha adquirido el fin de semana de tres días.

Sin embargo, hay un aspecto de la semana comprimida que me intriga: puede ser un horario tradicional encaminado a las treinta y dos horas semanales. Hemos tenido organizaciones con esa idea en mente que se han puesto en contacto con nuestro equipo: dar el primer paso que dé pie a futuras reducciones. El Gobierno belga[241] puede que pensase algo parecido cuando aprobó una ley en 2022 que permitía a los empleados elegir trabajar cuatro días de nueve horas y media en lugar de cinco de ocho. Con el auge de la IA, bajar a cuatro días con la idea de hacer recortes a corto plazo no es una mala apuesta. Y, aunque aún no sepamos si la semana laboral de cuatro días acabará prevaleciendo con jornadas de ocho, nueve o diez horas, hay indicios de que está en ello.

LA EVOLUCIÓN HACIA LOS CUATRO DÍAS LABORABLES

Hay muy pocos estudios sobre cómo las horas de trabajo se reparten durante la semana porque la mayoría se fija en las horas semanales o anuales. A medida que la semana laboral de cuatro días ha suscitado interés, dos economistas investigaron la tendencia en los días trabajados.[242] Descubrieron que el horario de cuatro días cada vez es más común, y a un ritmo bastante rápido. Dependiendo de cómo definían el trabajo a tiempo completo (un prerrequisito para identificar estas tendencias), descubrieron que entre 1973 y 2018, el número de personas que trabajaban cuatro días a la semana en Estados Unidos se había triplicado o quintuplicado. La tendencia en Países Bajos, Alemania y Corea del Sur es similar. Los autores concluyeron que el deseo de «agrupar el ocio» (es decir, un fin de semana de tres días) ha sido la fuerza impulsora tras la tendencia. Esto concuerda con las pruebas aisladas que sugieren que Estados Unidos, y puede que otros países, estén evolucionando hacia la semana laboral de cuatro días al cambiar de manera gradual a qué dedican el viernes las personas.

En el capítulo 4, cité pruebas de que los viernes había una menor actividad en el mercado, tanto en finanzas como en otros sectores. Estos datos venían por parte de los negocios. También hay pruebas anecdóticas sobre los consumidores. Un artículo sobre los viernes[243] en la sección de estilo de *The New York Times* me llamó especialmente la atención. «¿Es que ya nadie trabaja los viernes?», citaba la pregunta de una persona mientras paseaba por las calles abarrotadas en el sur de Manhattan un viernes. La respuesta: aparte de los trabajadores esenciales, «En verdad, no». El resto del artículo hablaba de las personas que celebraban fiestas de cumpleaños los viernes por la tarde y se iban de copas los jueves por la noche porque tenían el día siguiente para recuperarse. Acababa con la declaración de una mujer: «Sé que un fin de semana de dos días no es suficiente. Creo que debería ser ilegal trabajar los viernes».

Hay otra prueba anecdótica de que el viernes está cambiando para los trabajadores de oficina, y no solo en los barrios de moda de la ciudad. Mi deporte favorito es el barre, una combinación de ballet, pilates y yoga popular entre las mujeres. Cuando mi instructora se enteró de nuestra investigación, me dijo que las clases que daba los viernes por la mañana en su estudio a las afueras de Boston eran muy populares, y había asistentas que la avisaban de que podían ir porque estaban «trabajando» (con comillas al aire) desde casa. ClassPass,[244] una aplicación en la que las personas reservan las clases del gimnasio y en la peluquería, señala que el día más popular para ir a la peluquería es el viernes.

Otro indicador son los viernes de verano. En 2019, un estudio descubrió que el 55 por ciento[245] de las empresas estadounidenses ofrecían o bien cerrar antes o un día entero libre en verano; se había dado un aumento del más del 40 por ciento con respecto a los siete años anteriores. Esa cifra, sin embargo, ha caído[246] con el cambio del trabajo en remoto. Alternar los viernes libres es otro horario que parece estar en uso, pero no he encontrado datos sobre que prevalezca.

La intersección entre el trabajo desde casa y los viernes sin reuniones también afecta al trabajo de este día. El más común para trabajar desde casa[247] son los viernes por goleada. Si a eso le sumamos la política de no tener reuniones, surge la posibilidad de ir a clase de barre mientras «trabajas». Por supuesto, muchas personas compensan el tiempo otro día, o ya trabajan más que en una semana laboral estándar. La investigación del economista de Stanford Nicholas Bloom y sus compañeros[248] revela que trabajar desde casa no disminuye la productividad. Con esto no quiero decir que las personas necesariamente consigan menos, sino que tienen más oportunidades de evitar trabajar los viernes. Un estudio sobre rendimiento informático[249] descubrió menores resultados los viernes, sobre todo por la tardes, así como más errores. Hay otras señales de que la semana estándar de lunes a viernes, de 9.00 a 17.00, está desapareciendo. Los datos de Microsoft Teams[250] revelan un declive en las personas conectadas a partir de las 15.00. Las investigaciones que utilizan imágenes por satélite y datos de seguimiento de vehículos descubrieron un aumento considerable los miércoles de golf,[251] con la hora punta a las 16.00. De cuatro a seis se describe como la nueva «zona sin cobertura». Y así sucesivamente. La mayoría de estos estudios incluyen el uso de ordenadores y, por tanto, conciernen a los empleados de oficina, idóneos para trabajar en remoto. Sin embargo, el número de personas en nuestra economía es cada vez mayor. Este grupo también informa de que les cuesta mantener la productividad[252] durante la semana laboral estándar.

EL PROGRESO LEGISLATIVO

Por supuesto, el senador Sanders tenía razón cuando dijo que el proyecto de ley de la semana laboral de treinta y dos horas no se iba a aprobar. Sin embargo, no es el único legislador que aboga por la reducción de la jornada laboral. El portavoz Mark Takano ya había introducido una enmienda similar en la Cámara de Representantes un par de veces. El Caucus Progresista del Congreso, que cuenta con casi cien miembros, ha respaldado estos proyectos de ley. Ningún país ha aprobado todavía la reducción de la semana laboral a cuatro días, pero algunos han empezado a experimentar con ella. Los españoles fueron los primeros en actuar,[253] en 2021, cuando anunciaron una prueba piloto de la semana laboral de cuatro días durante tres años con ayudas del Gobierno para cubrir el sueldo del quinto día. Si tomamos la historia como guía, las empresas verían que la productividad aumentaría un 10 por ciento al principio, y aún más a medida que se introdujesen avances tecnológicos a lo largo de esos tres años, al mismo tiempo que las ayudas disminuían. El Gobierno de la Comunidad Valenciana también llevó a cabo su propia prueba piloto, que comenzó antes que la nacional. Por no quedarse atrás con respecto a sus vecinos españoles, el Gobierno portugués financió una prueba piloto en 2023 en colaboración con 4 Day Week Global. Esta se desarrolló como los ensayos en el sector privado (participación voluntaria sin incentivos económicos) y tuvo resultados positivos similares. En 2023, el Gobierno escocés organizó una prueba piloto[254] con los trabajadores del sector público que estamos investigando, en colaboración con el Autonomy Institute. Los belgas,[255] después de aprobar su ley de la semana laboral comprimida de cuatro días, comenzaron un programa piloto para las empresas que querían reducir la jornada. Y, aparte de estos ensayos, el Gobierno de España anunció que tenía intención[256] de reducir la semana laboral estándar en 2025 de cuarenta a treinta y siete horas y media. Tal vez este sea el primer paso para bajar a treinta y dos. También hay movimiento en Europa del Este.[257] El Gobierno polaco actual incluyó la reducción de la jornada laboral como compromiso electoral y está en duda entre una semana laboral de cuatro días o jornadas más cortas; planea implementar el cambio en 2027. El primer ministro eslovaco anunció su apoyo a la semana laboral de cuatro días en enero de 2024. Se refería a la semana comprimida, pero los sindicatos eslovacos están presionando para reducir también las horas de trabajo; el presidente de la confederación principal afirma que ya no es una cuestión de si sí o si no, sino de cómo.

También hay actividad a niveles estatales y locales.[258] En Estados Unidos, para mediados de 2024, más de cien legisladores en veinte Estados han tomado algún tipo de medida para permitir la semana laboral de cuatro días. En cuatro Estados, se han propuesto proyectos de leyes para iniciar programas piloto como en los que hemos participado. En varios Estados, se han presentado proyectos de leyes para reducir la semana laboral estándar, como la del senador Sanders y la legislación federal del portavoz Takano. Ninguno se ha aprobado todavía, pero los legisladores no se han rendido. A nivel local, las medidas más comunes se orientan a que los trabajadores del sector público tengan una semana laboral de cuatro días. Más de 650 escuelas de distrito en veinticuatro Estados han establecido horarios escolares de cuatro días a la semana. Muchos empleados del sector público también trabajan treinta y seis o cuarenta horas en cuatro días a la semana.

En algunas localidades están empezando a establecer horarios de treinta y dos horas. La ciudad de Golden,[259] Colorado, trabajó con 4 Day Week Global para establecer una semana laboral de treinta y dos horas para su cuerpo de policía. Resultó que los índices de respuesta a las llamadas habían aumentado, el coste se redujo con el tiempo y tuvo una disminución del 50 por ciento en dimisiones y jubilaciones. Los índices de satisfacción con el programa se han mantenido por encima del 90 por ciento de forma constante. En general, los resultados han sido tan positivos que ahora la ciudad está planeando expandirlo a otros sectores. También me han estado preguntando de Gobiernos locales de Massachusetts que están interesados en la semana laboral de cuatro días.

¿ES APTO PARA TODAS LAS EMPRESAS?

Conforme las medidas legislativas aumentan, una pregunta frecuente que surge es si es un horario viable para todas las empresas. Algunos opositores a las intervenciones del Gobierno en el mercado laboral no tienen problemas con las medidas voluntarias que toman las empresas, pero trazan el límite en las normas que se aplican a todo el mundo. Uno de los temas del Partido Republicano en la audiencia del Comité de HELP fue que este horario no es viable para las «personas que trabajan con las manos». El miembro de mayor rango del comité, Bill Cassidy, de Luisiana, me envió varias preguntas después sobre los trabajadores manuales, incluyendo si algún «trabajador en la cadena de montaje» participó en los ensayos. (Puesto que calculé que solo el 0,09 por ciento de los trabajadores estadounidenses están en una cadena de montaje, no me pareció demasiado relevante). Pero hay muchos sectores y ocupaciones para los que pasar a una semana de cuatro días sin coste les parece difícil.

El problema de los trabajadores manuales es un poco republicano. El sector industrial puede que, ahora mismo, malgaste menos el tiempo que los lugares de trabajo de oficina, o del conocimiento, pero no hay nada inherente que haga perder más el tiempo a un tipo de trabajo que a otro. El ritmo de trabajo, los niveles de eficiencia y cómo se emplea el tiempo son cuestiones culturales, del poder y de la historia. Estas varían con el tiempo en cada industria y ocupación. Los especialistas en derecho laboral son muy conscientes de que una fábrica puede estar plagada de prácticas contraproducentes o funcionar a toda máquina. Saben que algunos sectores son mucho más eficientes que otros. Y la fabricación es el sector que ha experimentado con creces el mayor crecimiento en la productividad, lo que significa que debería tener margen para reducir las horas de trabajo sin exprimir los beneficios.[260] Eso es lo bonito del aumento de la productividad. Aunque no tenemos grandes preocupaciones industriales en nuestros ensayos, sí tenemos otras más pequeñas, y como comentaba antes, han salido airosas con este modelo.

Dicho esto, no creo que el modelo de comprimir el trabajo de cinco días en cuatro funcione en todas partes ahora mismo. En estos momentos, parece fácil en el contexto administrativo, aunque solo sea porque es donde se está implementando y porque esos negocios se enfrentan a menos competencia a nivel global. Pero, a la larga, los sectores que no se enfrenten a amenazas existenciales y donde la productividad aumenta se pueden permitir reducir las horas de trabajo. Eso significa que la mayoría de ellas puede hacerlo.

Tampoco tiene sentido concluir que el tipo de empresas que se han apuntado a los ensayos sean las únicas para las que funcionará este modelo. Hay que considerar la cuestión del tamaño y el hecho de que tenemos un sesgo muy pronunciado orientado a las pequeñas empresas. Esto puede ser porque el modelo funcionará mejor con ellas. También se debe en parte a la organización interna. Las grandes empresas no necesitan asociarse con una ONG para cambiar su horario. Aunque también es probable que un cambio que se salga tanto «de la caja», como ofrecer a los trabajadores un día libre extra sin bajarles el sueldo, sea más abrumador para las entidades que operan como grandes transatlánticos. Necesitan tiempo para cambiar de rumbo.

Y luego está la cuestión del sesgo de selección, que en este caso es si las empresas de los ensayos difieren de aquellas que no han dado el salto. Claro que lo son, o al menos en cierta medida. No hemos recopilado datos sobre por qué las organizaciones optaron por probar el horario de cuatro días semanales. Hemos oído varios motivos: desgaste profesional, renuncias, la posibilidad de eficiencias. En la mayoría de los casos, probablemente haya múltiples motivaciones, y esta es una razón por la que no las hemos contemplado. Pero una de las cosas en las que me he fijado es que muchas de estas empresas tienen una cultura del trabajo humana y las dirigen personas a quienes les importan mucho sus empleados. No todas las empresas encajan en esa descripción. Sin embargo, muchas lo hacen. Eso me hace pensar que hay muchas más organizaciones que ahora también pueden adoptar este modelo con éxito porque se parecen mucho a las primeras que lo adoptaron como para replicar muchos aspectos de su experiencia.

Las empresas con las que trabajamos no parecen excepcionales en muchas de las formas en las que importa.

Pero, por el bien del debate, digamos que es cierto que solo algunas empresas pueden pasar ahora mismo a una jornada de cuatro días semanales. Esa es la forma equivocada de pensar sobre si todas las empresas pueden adoptarla. Las preguntas correctas son: «¿Cuántas pueden llegar a ella en un periodo razonable de tiempo?» y «¿La legislación que la fuerce ayudará o lo empeorará?». Creo que las respuestas son que la mayoría sí puede y que la legislación ayudará. Llevará un tiempo conseguir una ley nueva, además de que el cambio irá por fases. Mientras tanto, la tecnología avanza rápido; por eso Bill Gates, Barack Obama, Jamie Dimon, Steve Cohen y otros dicen que la semana laboral de cuatro días está al llegar. (Cohen afirma[261] que por eso ha invertido en el golf. Consulta la información más arriba).

La forma en que es probable que ocurra es que al primer grupo lo sigan otros que repliquen su éxito. Luego otro grupo surgirá online cuando el punto de dolor de exigir más horas que sus competidores empiece a escocer. Los rezagados serán aquellos que no sean capaces de aumentar lo suficiente la productividad. Sin embargo, ese grupo seguramente se quedará atrás en distintos aspectos, no solo en las horas de trabajo. Si la legislación lo aprueba, con el tiempo tendrán que ceder o descubrirán que no tienen un modelo de negocio realista.

Tracy Smith, directora de Recursos Humanos en Grand Challenges Canada, preveía esta dinámica cuando hablamos: «También diría que como alguien de Recursos Humanos o líder [...] cuanto más hagan las empresas [para ofrecer la semana laboral de cuatro días], aquellas que no lo hagan parecerán más arcaicas, anticuadas, no tan modernas [...]. Y por eso siento que es una muestra de innovación, una muestra de filosofía. Si una organización da la impresión de estar chapada a la antigua, creo que les costará más atraer a personas en el futuro».

Así que, cuando la gente me pregunta si todas las organizaciones pueden hacerlo, la respuesta corta sería: no necesariamente en este momento, pero a medida que se extienda, sí, lo resolverán (y tendrán que hacerlo). Después de todo, eso fue lo que sucedió con la semana laboral de cinco días.

HACERLO REALIDAD

He estado argumentando que la semana laboral de cuatro días está por llegar, pero eso no significa que sucederá de forma automática. Sí, las fuerzas sobre las que he escrito han entrado en juego. Pero son los individuos quienes crean el cambio. Y, aunque hay personas que la historia recordará (Henry Ford, Bernie Sanders, Shawn Fain), aquellas que no aparecen en los libros de historia son quienes acabarán transformando el mundo. Los directores ejecutivos sobre los que he escrito. Los directores de Recursos Humanos que presentan la idea a los altos directivos. Los mandos intermedios que les llevan un libro sobre el tema a sus jefes. Los miembros de los sindicatos que les piden a sus delegados sindicales que le echen un vistazo. Los empleados de puestos básicos que plantean la idea en una reunión del personal. El cambio social ocurre cuando muchas personas dan pasos grandes y pequeños allá donde viven. Esto ya ocurre hasta cierto punto. Ahora toca hacer que la semana laboral de cuatro días se vuelva viral y no solo en internet, sino en la vida real. Todos y cada uno de nosotros podemos formar parte de este movimiento.

Si eres un alto directivo, este libro debería ayudarte a empezar, y también hay más recursos online. Puedes observar a las personas de tu sector o área geográfica que han establecido con éxito la semana de cuatro días y cuyas organizaciones han salido en los medios. He descubierto que, aunque son personas ocupadas, muchas son grandes defensoras de este concepto y están felices de ayudar a otros. (Entre ellas se incluyen algunas de las personas descritas en el libro). Si eres un mando intermedio, infórmate y luego aborda a las personas que estén por encima de ti en la jerarquía de la organización. Si formas parte de un lugar de trabajo sindicalizado, empieza por el sindicato. Si no estás en la dirección, pero quieres que se hable del tema donde trabajas, busca en Google «cómo hablar con tu jefe sobre la semana laboral de cuatro días», donde encontrarás consejo para cambios de horarios individuales que ayuden a que la organización entera haga la transición. Este es un campo que está creciendo deprisa. A la ONG original (4 Day Week Global) se le han unido otras («workfour.org» en Estados Unidos, «worktimereduction.con» en Canadá), así como muchas consultoras con una vasta experiencia.

Estos días hay mucho pesimismo y varios motivos para que parezca que el mundo se está desmoronando. La semana laboral de cuatro días puede ayudarnos a recomponerlo. Como los participantes de nuestros ensayos han dicho en múltiples ocasiones: te cambia la vida.

CONCLUSIÓN

Por un golpe de suerte, me invitaron a un retiro de escritura en una ciudad costera de Nueva Inglaterra justo cuando me acercaba a la conclusión de este libro. Sentada en el balcón con vistas al océano, la belleza y la calma de la estampa es sobrecogedora, un contrapunto al estado en que se encuentra el mundo.

Es verano de 2024. Las olas de calor están matando[262] a montones de personas y también a animales. En México, los monos aulladores se caen muertos[263] de los árboles; en Delhi, los pájaros se desploman[264] por deshidratación. Si no le ponemos freno al interés en los combustibles fósiles muy pronto, la desestabilización del clima provocará que grandes áreas del planeta se vuelvan inhabitables. La concentración de la riqueza en manos de una fracción muy pequeña de la población no solo empobrece a personas de todo el mundo, sino que amenaza la democracia, ya que los multimillonarios dictan los resultados de los Gobiernos. La inteligencia artificial tiene potencial para minar el trabajo humano, pero cada vez más creadores de la IA se pronuncian, temerosos de que se convierta en un actor incontrolable y malicioso. Los comportamientos racistas violentos están aumentando. El movimiento MAGA amenaza con una guerra civil, y un grupo de teócratas cristianos planean hacerse con el Gobierno estadounidense. La pandemia nos sigue arrastrando a su paso y eso, a su vez, ha alimentado unos niveles de sufrimiento emocional y mental sin precedentes, tanto en Estados Unidos como en el resto del mundo.

El término académico para lo que estamos viviendo es «policrisis» (del griego *poly*, que significa «muchos»). Tenemos múltiples crisis simultáneas y entrelazadas. La concentración de la riqueza aviva el descontento político. La desestabilización climática vuelve a las personas temerosas y que miren por sí mismas.

Me he pasado la mayor parte de los últimos cuatro años estudiando y defendiendo la reducción de la jornada laboral. Frente a estas situaciones que de verdad suponen una amenaza a la existencia, a menudo siento que mis esfuerzos no son suficientes. Después de todo, la mayoría de los participantes en nuestros estudios tienen un trabajo estable y bien pagado. Sobre todo viven en países ricos.

Sé que la reducción de la jornada laboral no solucionará la policrisis. Obviamente esto requiere concentrar esfuerzos en sus múltiples dimensiones, pero he comprendido que es una parte vital para emprender el camino que sanará los problemas del mundo.

Un motivo es que es una intervención esperanzadora. Necesitamos con desesperación maneras directas de resolver los problemas, no que los creen. Cuando comencé el proyecto, tenía la sensación de que las personas verían la semana laboral de cuatro días como algo inspirador, optimista y unificador que podían dejar atrás. Creo que en eso estuve en lo cierto. Muchas personas me han expresado esta opinión. Espero que este libro te haya hecho sentir así. También creo que, a pesar de que el cambio comenzó con trabajadores más privilegiados, se extenderá. Esto ya lo estamos viendo, ya que lo están adoptando agencias de servicios sociales, organizaciones sanitarias, Gobiernos locales y demás. Ahora los sindicatos abogan por la reducción de la jornada laboral. A medida que los Gobiernos se impliquen, den incentivos y promuevan leyes, tratarán de que este horario esté disponible para trabajadores con salarios más bajos.

Pero principalmente estoy comprometida con la semana laboral de cuatro días porque es una solución a la escala de la policrisis y aborda muchos de los problemas a los que nos enfrentamos. Una razón es que es una reforma de 360 grados, lo que significa que atañe a todo el mundo. Evidentemente, beneficia a las personas que tienen un día libre extra. He ofrecido pruebas más que suficientes de cómo puede cambiarnos la vida. E incluso si no es tan transformador, hace que los empleados que lo disfrutan estén mejor. Eso, a su vez, afecta a las familias de forma positiva. Las parejas tienen más tiempo para dedicárselo el uno al otro. Los padres atienden más a sus hijos. Las personas pueden estar ahí para sus familiares y amigos. Y esto no es solo una cuestión de cantidad de tiempo. La semana laboral de cuatro días hace que las personas estén más sanas y felices, lo que mejora su contacto con los demás.

Esta dinámica afecta a muchos tipos de relaciones. Los cuidadores son de las personas más desgastadas de nuestra sociedad. Cuando tienen más tiempo libre, mejora la calidad de su cuidado, ya sea en la familia o en una relación de cuidado remunerada. Vimos esto con los enfermeros y los resultados de los pacientes. Si seguimos esta misma lógica, los clientes van mejor servidos en muchos contextos. En M'tucci's, la cadena de restaurantes, atribuyen a la semana laboral de cuatro días el mérito de haber llevado su servicio al siguiente nivel.

En el lugar de trabajo, la semana laboral de cuatro días se alinea con una forma de gestión más humana y menos jerárquica y rígida. Es mejor para todos y reduce los malos tratos. La idea de que los empleados puedan completar su trabajo en menos horas conlleva un nivel de respeto y un grado de confianza por parte de la dirección que ratifica la integridad de todos. Muchas de las organizaciones de nuestros ensayos muestran esa confianza al empoderar a sus empleados para que averigüen cómo hacer que funcione el trabajar menos horas.

La semana laboral de cuatro días también refuerza la economía, ya que hace que los negocios sean más sostenibles a nivel financiero. Cuando la productividad se mantiene o aumenta, los ánimos y la calidad mejoran. Al reducir la rotación de personal y ampliar el número de solicitudes para los puestos, se reducen los costes del trabajo. A las empresas de nuestros ensayos les va bien.

Reducir el tiempo de trabajo es una medida proactiva para abordar el tsunami en ciernes de la inteligencia artificial. Cuando la jornada laboral está encasillada en cinco días o cuarenta horas, las novedades de la IA que ahorran trabajo seguramente conduzcan a uno de dos escenarios de derroche. O bien la Ley de Parkinson hará su aparición o las empresas tendrán que despedir a gente. Dado el crecimiento realista de estas proyecciones, esta última provocará desempleo.

La semana laboral de cuatro días reconoce la diversidad de las capacidades y necesidades individuales. Sobre todo beneficia a las personas discapacitadas. Y, aunque no hay diferencias en términos de cuánta mejora en el bienestar se da entre las categorías de género, raza y estado parental, sabemos que hay diferencias de partida en el bienestar de esos grupos. Ayudar a aquellos que empiezan con niveles de bienestar más bajos es de especial importancia, y eso es lo que hace la semana laboral de cuatro días.

Esta ofrece a las personas más tiempo para participar en sus comunidades, implicarse en la política y trabajar en cómo se manifiesta la policrisis. Descarbonizar la economía, luchar contra las injusticias raciales, reforzar la democracia y construir comunidades resilientes son actividades que conllevan mucho tiempo.

Hemos descubierto que la semana laboral de cuatro días puede tener un impacto pequeño pero positivo en reducir las emisiones de carbono. Como un primer paso en un proceso más largo de traducir el aumento de la productividad en tiempo libre, en lugar de limitarnos a utilizarlo para producir más y más, puede desencadenar una contribución importante y continua para estabilizar el cambio climático. La sostenibilidad iría viento en popa.

Se vienen tiempos difíciles a medida que el calentamiento global se intensifica y el clima se desestabiliza. Necesitamos descarbonizar lo más rápido que podamos. También debemos prepararnos para lo que se avecina. Lo más importante que podemos hacer es comprometernos los unos con los otros. Desde los vecinos de al lado hasta los que se encuentran en la otra punta del mundo. Necesitamos profundizar para desarrollar la versión más humana de nosotros mismos. El capitalismo lo aceleró todo. Ahora tenemos que desacelerar el ritmo de vida para darnos tiempo de pensar, conectar y actuar. Necesitamos bajar el ritmo y centrarnos en lo que de verdad importa, que es prosperar y sobrevivir. Tenemos un planeta y personas que proteger.

AGRADECIMIENTOS

Una investigación de este calibre es, ante todo, un trabajo en equipo, y estoy muy agradecida a mis compañeras. En 2021, comencé a colaborar con Orla Kelly, que dirigió el ensayo irlandés, incluida la primera versión de nuestra encuesta a los empleados. Ha sido un auténtico placer trabajar con ella. Poco después, me apunté para dirigir los esfuerzos de investigación de 4 Day Week Global y contraté a mi maravillosa colega Wen Fan. Guolin Gu, doctoranda de nuestro departamento, se unió a nosotras, y las tres formamos el equipo del Boston College. Trabajamos con Orla en el ensayo irlandés y luego asumimos la responsabilidad de los ensayos posteriores. Tanto Wen como Guolin han sido unas compañeras increíbles y estoy muy en deuda con ellas. Wen y yo trabajamos juntas en todas las partes del proyecto. Guolin se encargó de la logística al completo de la encuesta y la recopilación de datos, así como de ejecutar todos nuestros modelos estadísticos. Ha sido verdaderamente extraordinaria.

En 2023, conseguimos incorporar al equipo a Ami Campbell, que también es doctoranda en nuestro departamento. Ami se encargó de gran parte de la administración de la encuesta, así como de la recopilación de datos cualitativos. Ha hecho un trabajo fantástico y me encanta trabajar con ella. Otros dos estudiantes de doctorado se unieron para trabajar en aspectos específicos de la investigación y han realizado un trabajo excelente. Jiayu Huang se encargó de los datos de las empresas y Hassan El Tinay está ayudando a analizar los impactos climáticos. En 2022, tuvimos la suerte de que se unieran al equipo Phyllis Moen, de la Universidad de Minnesota, una distinguida académica especializada en el trabajo y el ciclo de la vida, y su estudiante de doctorado Youngmin Chu. Su presencia nos permitió añadir la recopilación de datos cualitativos, y juntas nos hemos centrado en las empresas estadounidenses y canadienses. Ha sido un privilegio trabajar con Phyllis y Youngmin. También estoy agradecida a otros dos miembros del equipo de investigación: Niamh Bridson Hubbard, de la Universidad de Cambridge, y Tatiana Bezdenezhnykh, del University College de Dublín. He aprendido mucho de todas estas compañeras y, además de su excelente trabajo, es maravilloso colaborar con ellas.

Por supuesto, ninguna de estas investigaciones habría sido posible sin los esfuerzos pioneros de 4 Day Week Global. Como señalé en el texto, Joe O'Connor fue quien se puso en contacto conmigo al principio. Le estaré eternamente agradecida por ello, así como por nuestra colaboración y amistad. Joe me presentó a Andrew Barnes y Charlotte Lockhart. Su visión y su apoyo han hecho posible este movimiento. Su liderazgo me inspira y les estoy enormemente agradecida por su disposición a invitarme a participar en el proyecto. Les debo mucho. También estoy agradecida a todo el equipo de 4 Day Week Global: Alex Soojung-Kim Pang, Dale Whelehan, Hazel Gavigan, Rebecca Roberts, Charlotte Dixon, Jack Lockhart, Gabriela Brasil, Karen Lowe, Victoria Scalise y Debbie Bailey. Hemos trabajado con grandes investigadores en los países donde se llevaron a cabo los ensayos. En Reino Unido, nos asociamos con el Autonomy Institute, y en especial con Kyle Lewis y Will Stronge. También colaboramos con el increíble equipo de investigación de la Universidad de Cambridge. Ese grupo estaba dirigido por Brendan Burchell e incluía a David Frayne, Daiga Kamerade, Francisca Mullens y Niamh Bridson Hubbard. Ha sido un privilegio trabajar con ellos. Lo mismo puede decirse del equipo sudafricano, formado por Caroline Halton, Mark Smith y Angus Bowmaker-Falconer. También estoy agradecida por haber tenido la oportunidad de colaborar con Pedro Gomes y Rita Fontinha en el ensayo portugués, con Julia Backmann en el alemán, y en Estados Unidos con Jon Leland, John Sterman, Vishal Reddy, Daisy Morin y el equipo de WorkFour.

Estoy muy en deuda con las numerosas organizaciones que han liderado el camino al participar en estos ensayos y al dar a conocer sus historias, así como con los miles de empleados que respondieron a nuestras encuestas y solicitudes de entrevistas. Estoy especialmente agradecida a todos nuestros contactos con las empresas, y en particular a aquellas personas que estuvieron dispuestas a dedicarme su tiempo a lo largo de estos años y a quienes entrevistamos para este libro. Los nombro en el texto, pero quiero dar las gracias en especial a Adam Husney, Matt Juniper, Tessa Ohlendorf, Howie Kaibel, Liz Powers y Sam Smith por ir más allá de lo esperado.

Contamos con un fantástico grupo de asistentes de investigación universitarios que realizaron muchas tareas, entre ellas la transcripción y la codificación de las entrevistas. Han contribuido mucho y además, es muy divertido trabajar con ellos. Gracias a Meriel Zhao, Jacob Chappelear, Sarah Ix, Anika Obrecht, Nnenna Okorie, Charlotte Andress, Catherine McAnally, Jiaqi Zhang y Francesca Chirco. Quiero dar las gracias en especial a Francesca por su incansable trabajo en la preparación del manuscrito, las tablas y las figuras.

También estoy agradecida a varias personas que contribuyeron al libro de otras maneras. Senador Sanders, gracias por tu compromiso con este asunto desde hace décadas y por invitarme a testificar ante el Senado. Y Tiffany Haas, gracias por los meses de trabajo para hacer posible esa comparecencia. Whitney Pennington, eres la mejor comisaria de TED que un ponente podría imaginar, y Chris Anderson, tus excelentes preguntas y sugerencias durante mi ensayo marcaron una gran diferencia. También quiero dar las gracias a todos los que me invitaron a dar charlas sobre esta investigación estos últimos años. Me he nutrido de todos vuestros comentarios y preguntas. Son demasiados para nombrarlos a todos, pero estoy especialmente agradecida a Joan Sanchís, que me pidió que diera una conferencia magistral en la primera Cumbre Internacional sobre la semana laboral de cuatro días en Valencia.

Durante las últimas dos décadas, el Boston College ha sido un lugar productivo y de apoyo para mi trabajo, y esto en ningún momento ha sido más cierto que durante los años que he estado realizando esta investigación. Quiero dar las gracias al rector, David Quigley; a mi decano, Greg Kalscheur; a la directora de mi departamento, Sara Moorman, y especialmente al vicerrector Tom Chiles y a Guillermo Núñez, de la Oficina del Vicerrector de Investigación. Tom y Guillermo nos proporcionaron fondos al principio para que pudiéramos empezar, y han sido un gran apoyo para este trabajo. También le estoy muy agradecida a otras personas del Boston College. Rani Dalgin y su equipo prestaron una ayuda crucial en la realización de la encuesta. Siri Nilsson gestionó con gran habilidad los complejos acuerdos legales que teníamos con algunas de las empresas. Erin Sibley y Jay Cortellini, del Comité de Ética Institucional, han sido unos compañeros de trabajo maravillosos. En el ámbito financiero y de subvenciones, doy las gracias a Jack Lane, Stephen Prophet, Joanne Nesdekidis, Angelica Wilshire, Bryce Kelley, Megan Welch, Ann-Margaret Caljouw y Maureen Renehan. También quiero dar las gracias a Burt Howell y Jack Butler por invitarme a la Intersections Villa cuando estaba terminando el libro, así como a los demás participantes en esa semana mágica.

Estoy muy agradecida a nuestros generosos financistas. A principios de 2023, la Fundación Nacional de Ciencias financió este trabajo, con el número de concesión 2241840, titulado «Evaluación de los impactos de la semana laboral de cuatro días». También hemos recibido el apoyo de la Fundación Russell Sage, el fondo Better Tomorrow de la fundación comunitaria de Maine y el Instituto Schiller del Boston College. Estoy especialmente agradecida a Elizabeth Taylor, por sus muchos años de apoyo y por conseguir la financiación cuando más la necesitaba.

Algunas personas me han ayudado mucho mientras escribía este libro. Alex Soojung-Kim Pang siempre ha sido muy generoso con sus conocimientos y me ha proporcionado referencias y sugerencias en algunos momentos cruciales, al igual que Joe O'Connor. Andy Boynton me dio excelentes consejos al principio. Ezra Zuckerman compartió altruistamente sus fuentes y hallazgos sobre la semana laboral de cinco días. Francis Coppola organizó una entrevista con el personal de su bodega Inglenook. Prasannan Parthasarathi, Krishna Dasaratha, Wen Fan y Guolin Gu leyeron el manuscrito y me ofrecieron excelentes comentarios. Gracias a todos. Le debo mi mayor agradecimiento a Guolin, que dedicó tiempo de su propia investigación a proporcionarme los datos y resultados específicos que necesitaba para el libro. Guolin, no podría haberlo hecho sin ti.

Tengo la suerte de contar con Melanie Jackson como representante. Melanie ha estado increíble durante el proceso de redacción de la propuesta, la búsqueda de editorial y la publicación del libro. Es un sueño trabajar con ella. Gracias, Melanie. Hollis Heimbouch ha sido una editora estupenda, todo lo que una autora podría desear. También estoy agradecida al equipo de Harper Business: Rachel Kambury, mi maravillosa editora asociada; Ingrid Sterner, que hizo un trabajo meticuloso en la corrección de estilo; Joanne O'Neill, por el diseño de la portada, y Rachel Elinsky y Amanda Pritzker por la publicidad y el *marketing* respectivamente. Publiqué mi primer libro con HarperCollins. Es un enorme placer volver a esta editorial tan prestigiosa.

Mis hijos y sus parejas me llenan de amor y esperanza y son una fuente inagotable de apoyo. Gracias, Krishna, Sulakshana, Lucas y Mitu. Prasannan, me enseñaste una nueva forma de pensar no solo sobre el tiempo, sino también sobre la vida. Me siento muy privilegiada de poder pasar la mía contigo.

APÉNDICE

DESCRIPCIÓN DE LOS ENSAYOS GLOBALES DE LA SEMANA LABORAL DE CUATRO DÍAS, DISEÑO DE INVESTIGACIÓN Y PROCESO

Los ensayos empezaron en febrero de 2022 y aún continúan. Los detalles sobre el momento, la localización y el número de ensayos que hemos investigado se encuentran en la tabla A.1. El tercer ensayo (Reino Unido) fue el más grande y lo organizaron 4DWG, 4 Day Week Campaign (Reino Unido) y el Autonomy Institute. Solo hemos recopilado datos en países anglófonos. En otros países (Portugal, Brasil, Alemania), hemos colaborado con investigadores locales[265] que han seguido nuestra metodología y traducido nuestras encuestas.

Los ensayos comenzaron con la selección de 4 Day Week Global. Esta se hizo por medio de sesiones informativas, el boca a boca y la atención mediática. Para unirse, a las empresas se les requería que mantuvieran el sueldo y redujesen una cantidad «considerable» de horas. En la práctica, eso significaba al menos cuatro horas. Sin embargo, casi todas optaron por una reducción de ocho horas completas. Los primeros ensayos fueron gratis; después, se sugirió una donación y al final, se incluyeron unos honorarios modestos. Los ensayos duraron seis meses. Antes de que comenzasen, 4DWG ofreció dos meses de sesiones de incorporación para ayudar a los participantes a planificar el cambio. Estas consistían en sesiones semanales con expertos. Muchos habían hecho el cambio a los cuatro días laborables en sus organizaciones. Entre ellos estaban Andrew Barnes, Joe O'Connor, Alex Soojung-Kim Pang, Banks Benítez y otros. Las sesiones incluían presentaciones de personas que aportaban acercamientos únicos o un *software* que compartir, y una comunidad de participantes con opiniones parecidas. Cubrieron consejos generales como la importancia de los procesos ascendentes de la reorganización del trabajo y la necesidad del acercamiento individualizado, así como los detalles sobre cómo gestionar las estructuras legales y reguladoras y qué hacer con las vacaciones. A los participantes se les asignaron mentores de empresas que ya habían establecido la semana laboral de cuatro días. Los miembros del equipo de investigación se unieron para explicar nuestros procesos a nuestro contacto en las empresas.

El diseño de la investigación implicaba un antes y un después, una metodología «dentro de la materia», con una encuesta inicial al principio que se repetiría a los seis meses, cuando acabase el periodo de prueba. La tabla A.2 contiene información sobre los empleados que han participado. También hicimos una encuesta a los meses, a mitad de ensayo, con un pequeño subconjunto de preguntas, además de un diario temporal para el día libre más reciente. A los doce y a los veinticuatro meses desde la fecha de inicio, volvimos a encuestar a quienes habían realizado encuestas anteriores para analizar la durabilidad de los resultados. Como señalaba en el texto, algunas empresas ya lo habían dejado para entonces, sobre todo a los veinticuatro meses, y el índice de respuesta de los empleados también disminuyó en esas dos tandas de encuestas.

Nuestro instrumento se describe en la tabla A.3. Tiene aproximadamente 150 preguntas sobre experiencias laborales, planes para el horario nuevo, patrones en el empleo del tiempo, datos demográficos, empleo de energía y veinte resultados de bienestar. Siempre que nos fue posible, nos apoyamos en escalas existentes y validadas del corpus académico. El instrumento incluía dos secciones de comentarios abiertos al final, una sobre las experiencias de los empleados, y otra sobre la encuesta en sí. Miles de encuestados dejaron comentarios. Con el tiempo, hemos revisado la encuesta, sobre todo para añadir nuevos ítems en las experiencias laborales y quitar variables que eran menos informativas. En los casos en que nuestros descubrimientos se basan en una pequeña cantidad de datos porque dependen de preguntas que habíamos añadido recientemente, lo he señalado en el texto. También hemos colaborado con investigadores locales en los ensayos de Irlanda, Reino Unido y Sudáfrica, y también entrevistaron a los participantes. Nuestro equipo empezó a entrevistar a los participantes estadounidenses y canadienses a finales de 2023; sin embargo, esos datos no se han incluido en el libro. En 2023 empecé a entrevistar a directores ejecutivos y otras personas clave de las empresas participantes para obtener más detalles sobre qué los motivó a unirse al ensayo, sus estrategias de implementación y cómo y por qué funcionaba (o no), y cualquier cosa que quisieran contarme. Detallo esas entrevistas de los capítulos 3 al 5.

Aunque la mayoría de los datos que he incluido aquí son de los ensayos de 4 Day Week Global, también hemos gestionado las encuestas de unas cuantas ONG más y de empresas privadas que van a hacer el cambio a la semana de cuatro días fuera de los ensayos oficiales. Estos datos están incluidos en el libro.

Hemos recopilado datos administrativos de las empresas. Algunos de estos datos vienen incluidos en la tabla A.4. Empezamos con una encuesta de incorporación con información básica sobre la empresa como tamaño, sector, localización y sus planes para el cambio de horario. Muchas de estas variables se han utilizado en nuestros modelos estadísticos a modo de controles. Hemos identificado una pequeña cifra de métricas de rendimiento: ingresos, absentismo, renuncias, nuevas contrataciones y empleo de la energía. También les dimos a las empresas la oportunidad de proveer dos métricas individualizadas. En las encuestas de incorporación pedimos seis meses de datos de estas métricas de antes de que comenzase el ensayo. (Durante los primeros ensayos, cuando el COVID aún era un factor importante, les dimos a las empresas la oportunidad de elegir un periodo de base normal. Al final, les pedimos a todas los mismos seis meses del ensayo que el año anterior). Cerca de la mitad de las empresas nos ofrecieron esos datos, con diferencias en algunas variables. Por ejemplo, no obtuvimos demasiados datos útiles sobre el empleo de la energía. (Muchas de las empresas son pequeñas y no llevan el seguimiento del uso de la energía o pagan por ella directamente). Tampoco conseguimos muchas métricas opcionales y no hemos informado sobre ellas. En el tercer ensayo (de Reino Unido) empezamos a solicitar a las empresas que lo puntuasen. Les pedimos su opinión general sobre la productividad y el rendimiento. Más tarde, incluimos una pregunta sobre la capacidad de atraer empleados. Al final del ensayo, también les preguntamos sobre el estatus del horario nuevo: ¿se había vuelto permanente, continuaba hasta nuevo aviso, se inclinaban a continuar, estaban indecisos, se inclinaban hacia lo contrario, iban a revertir a los cinco días?

A los doce y a los veinticuatro meses, cuando les pedimos a las empresas permiso para hacerles más encuestas a sus empleados, volvimos a pedirles que nos actualizasen el estado del ensayo. En 2024, mientras desarrollábamos el modelo estadístico para predecir si mantendrían la semana laboral de cuatro días, solicitamos información sobre los cambios en la empresa y detalles que pudieran compartir sobre cómo iba todo.

Como señalé en el capítulo 1, establecimos nuestro equipo como una entidad de investigación independiente. El sindicato Fórsa apoyó financieramente el ensayo irlandés original, y en Estados Unidos fue el Boston College quien aportó la financiación inicial. A partir de ahí, pudimos asegurar la financiación de la investigación gracias a recursos nacionales, sobre todo de la Russel Sage Foundation y la National Science Foundation.

Los datos sobre los empleados que se presentan en este libro están actualizados a fecha del 1 de agosto de 2024. Son de nuestra muestra global e incluyen a todos los empleados de los que constan datos. Para las empresas, los datos se pueden retrasar unos meses porque tardan más en informar y ordenar los datos les lleva más tiempo. Como señalaba en el texto, añadimos preguntas a lo largo del camino, así que el número de encuestados no es idéntico en todas ellas. Con el tiempo, también omitimos preguntas para adaptar la longitud de la encuesta. Los niveles de significación de las tablas se basan en pruebas t para muestras emparejadas con el fin de determinar si los valores iniciales y finales son significativamente diferentes: $+p < 0,1$; $*p < 0,05$; $**p < 0,01$; $***p < 0,001$.

A lo largo del libro, he empleado citas e historias de mis entrevistas, así como comentarios abiertos de las encuestas. Las citas sin fuente que se introducen como «un participante», «un encuestado» o similar se han sacado de estos comentarios abiertos. No he incluido el nombre de las empresas al citar estos comentarios de los individuos para mantener el anonimato. Cuando se nombran a las empresas y a las personas, es porque se los entrevistó específicamente para el libro. Todos los comentarios abiertos son textuales, incluyendo errores gramaticales, de puntuación y demás. Cuando utilizo citas de mis propias entrevistas, a menudo he omitido muletillas como «como», «sabes», «mmm» y, en algunos casos, he realizado algunos cambios muy pequeños y nada sustanciales para que fueran más legibles.

TABLAS DEL APÉNDICE

Tabla del apéndice A.1. Población base y países

Número de ensayo	Fecha	Países principales	Participantes al inicio	Número de empresas	Encuestas completadas
1	Feb 2022 – Jul 2022	Irlanda, EE. UU.	618	16	326
2	Abr 2022 – Sep 2022	EE. UU., Canadá	300	18	187
3	Jun 2022 – Nov 2022	Reino Unido	2.548	58	1.264
4	Ago 2022 – Ene 2023	Australia, Nueva Zelanda	758	27	405
5	Oct 2022 – Mar 2023	EE. UU., Canadá	698	25	441
6	Feb 2023 – Jul 2023	Europa, EE. UU., Canadá	739	13	369
7	Mar 2023 – Ago 2023	Sudáfrica	575	33	311
8	2023 (a su ritmo)	EE. UU., Canadá, Reino Unido	849	18	482
9	Oct 2023 – Mar 2024	EE. UU., Canadá	1.264	27	1.216
10	Mar 2024 – Sep 2024	Anglófonos	382	10	En proceso
Totales			8.731	245	4.442

Tabla A.2. Descripción de los empleados

Género	Porcentaje de la muestra
Masculino	34
Femenino	64
Otro/no binario	2
Raza	
Blanca	72
Negra	28
País de residencia	
EE. UU. y Canadá	32
Australia y Nueva Zelanda	13
Reino Unido e Irlanda	42
Sudáfrica	5
Otro	8
Edad	
18-34	43
35-44	28,5
+45	28,5
Ocupación	
Directores ejecutivos, altos funcionarios y legisladores	6
Directivos	10
Profesionales de las ciencias y la ingeniería	5
Profesionales de la salud	5
Profesionales de la enseñanza	2
Profesionales de los negocios y la administración	18

Profesionales de la información y tecnología de la comunicación	13
Profesiones legales, sociales y culturales	15
Técnicos, clérigos, del sector servicios, artesanos y otros trabajadores	9
«Otros»	19
Nivel educativo	
Sin título universitario	26
Con título universitario	43
Con título de posgrado	31
En una relación	
No	33
Sí	67
Con hijos	
No	53
Sí	47
Con hijos y viviendo con hijos menores de 18 años	
No	66
Sí	34
Salario bruto anual (en EE. UU.)	
Menos de 30.000	6
30.001-45.000	13
45.001-60.000	21
60.001-75.00	19
75.001-100.000	18
100.001-135.000	12
135.001-175.000	7

175.001-250.000	3
Más de 250.000	1
Ingresos anuales del hogar (EE. UU.)	
Menos de 30.000	5
30.001-50.000	10
50.001-75.000	16
75.001-120.000	26
120.001-180.000	21
180.001-250.000	13
250.000-350.000	5
Más de 350.000	3
Discapacidad	
Sí, tengo una discapacidad o la he tenido en el pasado.	15
No, no tengo una discapacidad ni la he tenido en el pasado.	79
No quiero responder.	6
Miembro de un sindicato	
Sí	3
No, tenemos un sindicato, pero no soy miembro.	8,5
No, no tenemos sindicato.	89

Tabla A.3. Encuesta al empleado

Horario	Horario actual, planes para el nuevo horario
Experiencia laboral	Horas de trabajo, productividad, eficiencia y carga de trabajo, capacidad de trabajo, control sobre el horario, conexiones sociales, creatividad, intención de rotación, disposición a pagar por la semana laboral de cuatro días, segundo empleo, absentismo.
Resultados de bienestar	Estrés, desgaste, ansiedad, emociones positivas y negativas, estado general de salud, sueño, ejercicio, cansancio.
Satisfacción y equilibrio entre la vida laboral y personal	Vida, trabajo, tiempo y otras métricas de satisfacción: conflictos y equilibrio trabajo-familia y trabajo-vida.
Empleo del tiempo y adecuación del tiempo	Tiempo empleado en distintas actividades, percepción de la adecuación del tiempo, distribución de las tareas de la casa.
Uso del carbono y resultados ambientales	Desplazamientos, viajes, empleo de la energía del hogar, acciones proambientales.
Estatus demográfico	Edad, género, estado parental, raza/etnia, educación, ingresos, discapacidad, ocupación y otros.
Encuesta final	Todas las preguntas de base menos las preguntas demográficas más unas pocas preguntas retrospectivas sobre la carga de trabajo y la productividad, puntuación del ensayo.
Encuestas a los doce y veinticuatro meses	Subconjunto de experiencias laborales y resultados de bienestar.

Tabla A.4. Características y resultados de la empresa

Puntuación del ensayo de la empresa	Puntuación media (1-10)	
General	8,2	
Impacto en la productividad	7,3	
Impacto en el rendimiento de la empresa	7,3	
Impacto en la capacidad de atraer empleados	8,5	
Planes para el ensayo al final	Recuento	Porcentaje
Definitivamente continúa	80	37 %
Planea continuar, pero no es definitivo	88	40 %
Se inclina a continuar	17	8 %
Indeciso	6	3 %
Se inclina a no continuar	4	2 %
Definitivamente no continúa	11	5 %
Faltan	12	6 %
Total	218	100 %

	Cambio ponderado	Cambio sin ponderar	% Aumento	% Sin cambios	% Reducción
Ingresos: desde el inicio hasta el final del ensayo	9,8 %	19,8 %	55 %	2 %	43 %
Cambio en el total de empleados desde el inicio hasta el final del ensayo	2,4 %	4,8 %	54 %	19 %	27 %

NOTAS

Introducción

1. El académico era G. A. Cohen, el filósofo de Oxford, y el libro era *La teoría de la historia de Karl Marx*. Cohen era un «marxista analítico» y la mayor parte de su libro tenía mucha lógica. Pero una breve sección me llamó la atención. Trataba sobre por qué el capitalismo está sesgado en contra de aprovechar el aumento de la productividad como momento de ocio en lugar de mayores resultados. A su respuesta le faltaba lo que los economistas llaman «microfundamento», es decir, un argumento sobre los incentivos para agentes individuales (en este caso, las empresas) para comportarse de este modo. Mi contribución fue identificar esos incentivos. Hablo sobre el tema en los capítulos 4 y 6.

2. Mis conclusiones provocaron controversia. Algunos sociólogos analizaban diarios sobre el uso del tiempo y se centraban en la población en su conjunto en vez de hacerlo en los trabajadores, y argumentaban que el tiempo de ocio estaba aumentando. Otros afirmaban que quienes más tiempo tenían eran las personas con un mayor nivel educativo, a diferencia de quienes tenían menos estudios. (En parte, mis descubrimientos diferían porque corregí la falta de empleo y el desempleo). Escribí sobre estos temas en Schor (2000).

3. Blair (1956).

4. Esta frase fue común durante la campaña y se incluyó en el discurso inaugural de Clinton. Consulta Berke (1992). Discurso inaugural en «www.presidency. ucsb.edu/documents/inaugural-address-51».

5. Hallet, Stapleton y Sauder (2019).

6. Gallup (2024). Luchando (58 por ciento) y sufriendo (8 por ciento) se han definido según una puntuación del 1 al 10 en una escala de «evaluación de vida».

7. *ibid*. En Estados Unidos y Canadá el nivel de estrés está en un 49 por ciento. En Estados Unidos y Canadá, los niveles de compromiso están en un 33 por

ciento comprometidos, un 51 por ciento no comprometidos y un 16 por ciento activamente no comprometidos. La intención de renunciar (49 por ciento) se define o bien como «buscando otro trabajo de forma activa o atento a oportunidades pero no buscando de forma activa». Los índices de luchando y no comprometidos son un 10 por ciento más altos a nivel mundial que en Estados Unidos y Canadá, pero el estrés es menor en el resto del mundo y el no estar comprometido de forma activa se mantiene.

8. Microsoft Work Lab (2024), 9.

9. Datos de la media de horas anuales de la Conference Board (2024), Total Economy Database.

10. Westfall (2021). Las directrices del Gobierno no piden cinco días de sueldo por cuatro días trabajado, como sí sucede en nuestros ensayos.

11. Keynes publicó primero este ensayo en 1930. Una versión reciente es Keynes (2010).

12. Gracias a la historia de Andrew y la experiencia en Perpetual Guardian; consulta el libro *The 4 Day Week* (2020). Desarrolla los estudios en la página 2. El estudio de Reino Unido lo desarrolla Curtin (2016).

13. Además del libro, 4 Day Week Global publicó un documento oficial con gran difusión sobre la experiencia de Perpetual Guardian: Coulthard Barnes y Perpetual Guardian (2019).

14. «Half of U.S. Workers Say the Pandemic Triggered a Change in Personal Priorities, While 83 Percent Say a Four-Day Work Week Would Alleviate Burnout», Eagle Hill, 11 de noviembre de 2021, «www.eaglehillconsulting.com/news/pandemic-triggered-change-in-personal-priorities/».

15. Estas cifras incluyen todas las empresas que participaron en los ensayos de 4 Day Week Global, además de unas cuantas más de las que pudimos recopilar datos por medio de las mismas encuestas y métodos. A lo largo del libro, a menos que se indique lo contrario, hago referencia a la mayoría de los datos que hemos recopilado; datan de agosto de 2024 e incluyen los ensayos que hemos realizado en países anglófonos. Los datos de los ensayos de habla no inglesa no estaban disponibles durante la escritura.

16. Para mantener alto el índice de respuesta, las encuestas a los tres meses y al final son más cortas, con un subconjunto de métricas de bienestar.

17. Esta data de junio de 2024. A medida que más empresas lleguen a la marca de los doce meses, seguramente aumentará como número absoluto. De las 203 empresas que han completado el año para junio de 2024, tenemos información de 197. Veinte exagera un poco el índice de discontinuidad porque incluye a siete empresas que nunca comenzaron la semana laboral de cuatro días. Hablo de estos resultados en el capítulo 5.

18. Roula Amire, «Bolt's 4-Day Workweek Boosts Employee Happiness and Well-Being», Great Place to Work, 5 de mayo de 2022, «www.greatplacetowork.com/resources/blog/bolt%E2%80%99s-4-day-workweek-boosts-employee-happiness-and-well-being; Mike Melillo, «A Year Ago We Dropped to a Four-Day-Work Week, Here's What Has Happened Since», Wanderlust Group, Medium, 1 de julio de 2021, «medium.com/the-wanderlust-group/a-year-ago-today-we-dropped-to-a-four-day-work-week-heres-what-has-happened-since-be9616e82e0e».

19. Tenemos unas cuantas organizaciones de venta al por menor que tienen un índice de revertir a los cinco días más alto que la media. Sin embargo, solo son siete.

20. Los datos sobre el empleo en los pequeños negocios y su porcentaje de empleo están disponibles en Small Business Data Center, Cámara de Comercio de EE. UU.: «www.uschamber.com/small-business/small-business-data-center».

21. Simpro tuvo una experiencia estupenda con la semana laboral de cuatro días y la utilizó para contratar empleados con éxito. Sin embargo, poco después de empezar el ensayo, la absorbió una empresa de capital de riesgo privada y cerró el programa.

22. En nuestros modelos de bienestar, analizamos estas diferencias y hemos descubierto que no afectan a los resultados de bienestar. En nuestro modelo sobre si las empresas mantienen la semana laboral de cuatro días un año después, analizamos este tipo de diferencias y, salvo algunas excepciones, hemos descubierto que no predicen que no vayan a continuar.

23. Hetzner (2023).

24. Comunicación privada con Julia Backmann, Universidad de Münster, investigadora principal del ensayo alemán de 4 Day Week Global. Cuando el libro se iba a publicar, se dieron a conocer los resultados del ensayo alemán. Fue un éxito, y la mayoría de las empresas optaron por continuar. Los resultados pueden consultarse aquí: «https://www.4dayweek.com/germany-2024-pilot-results».

25. Calculé la media de horas semanales en Alemania en 2023 tomando el total de horas anuales (1.342) y dividiéndolas por 52. Las horas a las semana suelen ser mayores porque los alemanes tienen muchas semanas de vacaciones. La productividad por hora en Alemania (79 dólares por hora en 2022) es de las más altas, casi empatada con Francia, entre las mayores economías de Europa. (Un puñado de países pequeños como los nórdicos cuentan con una productividad mayor, pero también tienen el beneficio de una economía y poblaciones menos diversas). Solo Estados Unidos, con su ventaja tras la Segunda Guerra Mundial, tiene una productividad mayor que Alemania. Los datos son de la Conference Board (2024), Total Economy Database.

26. La ley aprobó en 1938 una semana laboral estándar de cuarenta y cuatro horas. Se enmendó en 1940 para reducir la semana laboral estándar a cuarenta.

27. En 1950, la productividad por hora era de 22 dólares; en 2022, fue de 83 dólares (en dólares constantes de 2021). Datos de la Conference Board (2024), Total Economy Database.

Capítulo 1: Dos días bastan

28. Tanto esta como las dos citas anteriores son de una nota de Tessa.

29. Hochschild (2012).

30. Oficina de Estadísticas Laborales, *TED: The Economics Daily*, febrero de 2024, «www.bls.gov/opub/ted/2024/the-share-of-workers-who-worked-full-time-year-round-rose-to-71-0-percent-in-2022.htm».

31. Los índices de desgaste profesional por ocupación están disponibles en «Highest Burnout Jobs: Examining Professions with the Most Burnout», Acheloa Wellness, «www.acheloawellness.com/post/jobs-with-highest-burnout-rates».

32. «Falta de tiempo» y «escasez de tiempo» son términos genéricos. «Saturación» es de Brigid Schulte (2014).

33. De Schor (1992).

34. Instituto de Política Económica (2022). La serie del EPI empieza en 1973. El aumento entre 1973 y 2016 es de 204 (con algunos altibajos). No he actualizado los cálculos originales.

35. Oficina de Estadísticas Laborales de EE. UU., «Employment Characteristics of Families», comunicado de prensa, 24 de abril de 2024, «www.bls.gov/news.release/famee.htm».

36. Sawhill y Guyot (2020), 2.

37. Banco de la Reserva Federal de San Luis, «Average Hours of Work per Week, Total, Household Survey for United States», FRED Economic Data, «fred.stlouisfed.org/series/M08354USM310NNBR#».

38. Las cifras de 2023 para todos los trabajadores y a tiempo completo es de la Encuesta de Población Actual: «www.bls.gov/cps/cpsaat21.htm».

39. Las cifras de horas anuales en este párrafo y el siguiente son todas de la Conference Board (2024), Total Economy Database. Estos datos difieren de las estimaciones que se mencionan porque provienen de establecimientos de negocios en vez de encuestas a hogares particulares. Los datos de los establecimientos tienden a ser menores porque no incluyen segundos trabajos

ni horas trabajadas no remuneradas, que sí se incluyen en las encuestas a hogares como la Encuesta de Población Actual.

40. En 1950, los resultados por hora trabajada (en dólares estadounidenses en 2021) era de 10 dólares en Francia, 9 dólares en Alemania y 22 dólares en Estados Unidos. En 2022, era de 78 dólares en Francia, 79 dólares en Alemania y 83 dólares en Estados Unidos. Los datos son de la Conference Board (2024), Total Economy Database.

41. Consulta Williams (2001) y Kelly *et al.* (2010).

42. Folbre (2025), capítulo 2, figura 1 y tabla 2.1.

43. Sawhill y Guyot (2020), 22.

44. Addati *et al.* (2018), p. 56, figura 2.8.

45. Pailhe, Solaz y Stanfors (2021), p. 199, tabla 4. El tiempo que los hombres dedican a las tareas del hogar aumentó seis minutos al día.

46. Bianchi *et al.* (2012), pp. 57-58, tabla 1. Las horas aumentaron de 7,3 a 13,7 entre 1975 y 2010. Consulta también Pailhé, Solaz y Stanfors (2021), p. 203, tabla 5, quienes descubrieron que entre 1985 y 2010, el tiempo dedicado al cuidado de los hijos aumentó 45 minutos al día para las mujeres y 48 para los hombres como trabajadores participantes.

47. Bianchi *et al.* (2012), pp. 57-58, tabla 1ª. Las horas aumentaron de 2,4 a 7,2 en el caso de los hombres.

48. Consulta Folbre (2023).

49. Pailhé, Solaz y Stanfors (2021), p. 188, tabla 1. La proporción de hijos de 0-2 años en guarderías y prescolar en Estados Unidos era del 28 por ciento en 2014. Solo Italia estaba por debajo de Estados Unidos (24,2 por ciento), mientras que Francia, Países Bajos, Reino Unido y Suecia oscilaban entre el 33,6 y el 55,9 por ciento. Estados Unidos también está por debajo de Europa para edades entre los 3-5 años (66,8 por ciento versus más del 90 por ciento).

50. El término lo acuñó Hays en su famoso libro *Las contradicciones culturales de la maternidad* (1998).

51. El BLS estimó un aumento de dieciséis millones de despidos temporales en abril de 2020. «Temporary Layoffs Remain High Following Unprecedented Surge in Early 2020», *TED: The Economics Daily*, 10 de febrero de 2021, «www.bls.gov/opub/ted/2021/temporary-layoffs-remain-high-following-unprecedented-surge-in-early-2020.htm».

52. Oficina del Censo de Estados Unidos, «The Number of People Primarily Working from Home Tripled Between 2019 and 2021», comunicado de prensa,

15 de septiembre de 2022, «www.census.gov/newsroom/press-releases/2022/people-working-from-home.html».

53. Bloom (2020).

54. Sobre el «tercer turno» durante la pandemia, consulta Zanhour y Sumpter (2024)

55. Lim y Zabek (2021).

56. «https://www.reddit.com/r/antiwork/comments/ol5gk3/antiwork_subreddit_stats_wow_look_since_2019/».

57. Newport (2023).

58. Consulta Newport (2023), sobre todo el capítulo 3.

59. Microsoft Work Lab (2021).

60. Banco de la Reserva Federal de San Luis, «Job Openings: Total Private», FRED Economic Data, «fred.stlouisfed.org/series/JTS1000JOL». Un análisis de 2024 argumenta que la serie de vacantes vacías no es tanto de fiar. Consulta Ferguson y Storm (2024).

61. Harter (2023).

62. Microsoft Work Lab (2021). El informe no clasifica los datos por raza y etnia.

63. Zanhour y Sumpter (2024); Harry *et al.* (2022); Martucci (2023); Obeng, Slaughter y Obeng-Gyasi (2022).

64. Zanhour y Sumpter (2024), 13.

65. Preston (2021).

66. Czeisler *et al.* (2020).

67. Igielnik (2021).

68. Aslam y Adams (2022). Consulta también Martucci (2023); Obeng, Slaughter y Obeng-Gyasi (2022) y Zanhour y Sumpter (2024).

69. Johansen (2022).

70. «The Pandemic's Gender Effect», *McKinsey Quarterly*, «www.mckinsey.com/featured-insights/diversity-and-inclusion/five-fifty-the-pandemics-gender-effect».

71. Igielnik (2021).

72. Yavorsky, Qian y Sargent (2021).

73. Qian y Fan (2024), 4.

74. Fan y Qian (2023).

75. Zanhour y Sumpter (2024).

76. Banco de la Reserva Federal de San Luis, «Average Weekly Hours of All Employees, Total Private», FRED Economic Data, «fred.stlouisfed.org/series/AWHAETP».

77. Microsoft Work Lab (2022).

78. Lee, Park y Shin (2023).

79. Faberman, Mueller y Şahin (2022).

80. Aratani (2021); Liu (2022).

81. La encuesta de Fan y Moen (2022) sobre los cambios en la jornada laboral entre los trabajadores en remoto en octubre de 2020 revela que había más estabilidad que cambio en comparación con las horas trabajadas prepandemia.

82. Si no incluyo una nota con la fuente, la información proviene de nuestra investigación.

83. Algunas empresas ofrecieron jornadas reducidas o elegir entre una jornada reducida o una semana laboral de cuatro días. Unas cuantas empezaron con una reducción de cuatro horas.

84. En 2023, empezamos a retirar de manera gradual la encuesta a mitad de ensayo para mejorar el índice de respuestas al final y porque los resultados entre los tres y los seis meses no variaban mucho.

85. A finales de 2003 empezamos a encuestar a unas cuantas empresas que habían emprendido el camino de reducir la jornada de trabajo alternando los viernes libres.

86. Desde el principio, tratamos de establecer grupos de control cada vez que se unía una gran empresa, pero por varios motivos, no sirvió de mucho.

87. Gomes y Fontinha (2024).

Capítulo 2: Una iniciativa que cambia la vida

88. Fleming (2024). Phyllis Moen y sus compañeras descubrieron los impactos positivos en las intervenciones organizativas y exhaustivas a nivel de equipo o departamento que han estudiado, pero estos programas no eran continuos. Consulta su libro *Overload* (Kelly y Moen, 2021); Moen *et al.* (2011); Moen *et al.* (2016) y Kelly *et al.* (2010).

89. Consulta Fox *et al.* (2022).

90. A menos que se indique lo contrario, las citas sin atribuir a los participantes de los ensayos provienen de los comentarios en nuestras encuestas.

91. Se tiene constancia de que la depresión del domingo entró en el *Urban Dictionary* en 2009. Consulta Pinsker (2020).

92. Moen y Chu (2023b). Cita de la p. 16.

93. Solo el 3 por ciento pertenece a un sindicato. El 9 por ciento tienen uno en su lugar de trabajo, pero no son miembros. Esto puede deberse a que solo una parte de su mano de obra pertenezca al sindicato o que hayan optado por no unirse.

94. Hunnicutt (1992).

95. También logramos reclutar empresas que se pusieron en contacto directamente con nosotras porque estaban interesadas en nuestra investigación.

96. Se trata de Fan *et al.* (2024).

97. Estimamos un modelo jerárquico lineal con las variables de las empresas como segundo nivel.

98. Además, incluimos una escala de «trabajo eficiente» desarrollada por Erin Kelly, nuestra compañera de equipo Phyllis Moen y sus compañeras. El trabajo eficiente también importaba, aunque no teníamos una medida de base para ello en los primeros ensayos. Esta es la fuente para el trabajo eficiente: «projects. iq.harvard.edu/files/wfhn/files/20160126_em_measures_book. pdf?m=1453851091%20%20p%20416».

Capítulo 3: Comprimir cinco días en cuatro

99. Estos resultados son informativos, pero tienen algunos inconvenientes. Muchas empresas no informaron de sus resultados o mencionaron solo algunos. Más o menos la mitad de la muestra envió datos mensuales. Un segundo problema es que los resultados en cuanto a los ingresos solo abarcan seis meses y muchos negocios son estacionales. Aunque la mayoría (54 por ciento) experimentó un aumento de ingresos, también descubrimos que el 2 por ciento no registró ningún cambio y que el 44 por ciento notó una disminución.

100. Los datos sobre renuncias y nuevas contrataciones son medias mensuales para los seis meses previos al ensayo y los seis del ensayo.

101. Elise Keith, «How Many Meetings Are There per Day in 2022? (and Should You Care?)», Lucid Meetings, «blog.lucidmeetings.com/blog/how-many-meetings-are-there-per-day-in-2022».

102. «Time Wasted in Meetings: 30 Meeting Statistics», Golden Steps ABA, 5 de octubre de 2023, «www.goldenstepsaba.com/resources/time-wasted-in-meetings#:~:text=Meetings%20are%20a%20necessary%20part,that%20time%20 is%20considered%20wasted».

103. «Clarizen Survey: Workers Consider Status Meetings a Productivity-Killing Waste of Time», Yahoo Finance, 22 de enero de 2015, «www.yahoo.com/finance/news/clarizen-survey-workers-consider-status-130000258.html».

104. Rogelberg (2022). Disponible en Otter.ai «otter.ai/meetings».

105. Microsoft Work Lab (2023).

106. Perlow, Hadley y Eun (2017).

107. Zijlstra *et al.* (1999).

108. Rogelberg *et al.* (2006).

109. Luong y Rogelberg (2005).

110. Spataro (2020).

111. Laker *et al.* (2022).

112. Paul (2019).

113. Microsoft Work Lab (2023).

114. Moen y Chu (2023a), 3.

115. Pang (2017). En su siguiente libro, *Shorter* (2020), Pang aplica estos descubrimientos a las empresas que reducen las horas de trabajo. Sobre todo, consulta las páginas 196-210 sobre la semana laboral de cuatro días y la creatividad.

116. Newport (2024).

117. Las citas de esta sección se han obtenido del pódcast de Matt con el *Toronto Star.* Consulta Saba Eitizaz, «What Did We Learn from the Four-Day Work Week Experiment?», This Matters, 14 de marzo de 2023, «www.thestar.com/podcasts/this-matters/what-did-we-learn-from-the-four-day-work-week-experiment/article_678717ae-1002-568b-ad3e-92256eeef698.html».

118. La experiencia de Tyler Grange es de Bersin, Bersin y O'Connor (2023), 9.

119. Le estoy muy agradecida al equipo de Cambridge, sobre todo a David Frayne, por compartir las transcripciones de las entrevistas. Todas las citas de esta sección son de las conversaciones que mantuve con Sam y Ben, pero parte del contexto es de las transcripciones del equipo de Cambridge. Las críticas de sus hallazgos pueden encontrarse en Lewis *et al.* (2023) y Pignon, Lewis y Mullally (2024).

120. Este ejemplo es de una entrevista que llevó a cabo David Frayne.

121. Las preguntas son de la Q49 de la Sexta Encuesta Europea sobre las Condiciones de Trabajo, «www.eurofound.europa.eu/en/surveys/european-working-conditions-surveys-ewcs».

Capítulo 4: Cuando menos es más

122. Lorentzon (2017).

123. Wei *et al.* (2022).

124. Shah *et al.* (2023).

125. Wei *et al.* (2022).

126. American Nurses Foundation (2023), 5.

127. Regan (2018).

128. McKnights.com (2018).

129. Andrews (2023).

130. Anuncio en su página web en: «www.4chealthin.org/news-events/4c-health-announces-4-day-32-hour-work-week».

131. Venditti, Cottrell y Hanson (2023).

132. las hipótesis de Heather provienen de Lyle-Edrosolo (2023).

133. Pink, Kamerade y Burchell (2024).

134. El parlamentario anterior es Anthony Browne. «MP Criticises South Cambridgeshire Council's Four-Day Week Plans», BBC, 8 de septiembre de 2022, «www.bbc.com/news/uk-england-cambridgeshire-62833023».

135. Dellavigna y Pollet (2009).

136. Hennrich y Wohlrabe (2024).

137. Pencavel (2015).

138. Collewet y Sauermann (2017).

139. Delmez y Vandenberghe (2018).

140. Booth y Ravallion (1993), 430. Consulta también Calvasina y Boxx (1975).

141. National Industrial Conference Board Report (1929), p. 41, tabla 9.

142. Bosch y Lehndorff (2001), 223.

143. *ibid.*

144. *ibid.*, 224.

145. *ibid.*, 231, citando a Cette y Taddei.

146. Schor y Bowles (1987).

147. Schor (1985).

148. Epstein y Schor (1990).

149. Schor (1988).

Capítulo 5: Retos, falsos comienzos, pausas y fracasos

150. Skene (2019), 3.

151. Pignon, Lewis y Mullally (2024), 34-35.

152. De la presentación de O'Connor en la Society for the Advancement of Socio-Economics Annual Meeting, miniconferencia sobre la reducción de la semana laboral, Limerick, junio de 2024.

153. Yen (2023).

154. Reducirá el crecimiento salarial en el futuro: le agradezco a Malcolm Bidwell que sacase el tema.

155. Es importante hacer la distinción entre un individuo que trabaja cuatro días en una empresa con una semana laboral de cinco y que la empresa al completo cambie a la de cuatro. Lo más normal es que el primero tenga que aceptar un sueldo menor. Cuando una empresa entera hace el cambio, es posible cosechar ganancias de productividad mucho más altas por la naturaleza colaborativa del trabajo.

156. Reynolds y McKinzie (2019).

Capítulo 6: La IA y la semana laboral de cuatro días

157. Anguiano y Beckett (2023).

158. Voth (1998). Los ajustes por el cambio en la composición debido al descenso en el trabajo agrícola reducen este aumento a 585 o 738 dependiendo de las hipótesis.

159. Thompson (1967).

160. *ibid*, 72.

161. Mi compañero de comité era Robert Seamans, de la Universidad de Nueva York, un economista destacado sobre el impacto de la IA en el marcado laboral. Diapositiva facilitada a la autora.

162. Acemoglu y Restrepo (2019).

163. Autor (2022). Desde que escribió el artículo, la opinión de Autor se ha vuelto más optimista.

164. «Robots and Artificial Intelligence», Kent A. Clark Center for Global Markets, Chicago Booth, 12 de septiembre de 2017, «www.kentclarkcenter.org/surveys/robots-and-artificial-intelligence-2/».

165. Acemoglu y Restrepo (2020a). Consulta también Acemoglu y Restrepo (2020b) y Acemoglu *et al.* (2022).

166. Frey y Osborne (2017).

167. Bughin *et al.* (2017), p. 38, prueba instrumental 9.

168. De Vries (2023), 2191.

169. Huberman (2004). Huberman argumenta que las estimaciones previas de Angus Maddison asumen erróneamente que todos los países trabajaban 3.000 horas en 1870. Los cálculos de Huberman, en la tabla 6, muestran a Bélgica en primer lugar con 3.483 y a Gran Bretaña en el último, con 2.755. Sin embargo, 3.000 es un número redondo razonable dado que las medias de Huberman para el Viejo y Nuevo Mundo son de 3.191 y 2.911 respectivamente.

170. *ibid.*, tabla 6. En Gran Bretaña y España se trabaja un número considerable de horas menos que en Estados Unidos. Posteriormente, algunos países europeos empezaron a reducir las horas con más rapidez que en Estados Unidos.

171. Conference Board (2024), Total Economy Database.

172. Alesina, Glaeser y Sacerdote (2005). Se presupone que los impuestos altos deberían reducir la oferta de mano de obra. Por eso el artículo de Alesina y sus compañeros fue un desafío para los modelos económicos estándar. Concluyó que los impuestos no explicaban las diferencias.

173. Altonji y Paxson (1988).

174. Los trabajadores por hora suman un 55,6 por ciento; los asalariados son un 44,4 por ciento. Datos de la Oficina de Estadísticas Laborales de Estados Unidos, «Characteristics of Minimum Wage Workers, 2022», BLS Reports, Agosto de 2023, «www.bls.gov/opub/reports/minimum-wage/2022/home.htm».

175. Bowles y Park (2005); Oh, Park y Bowles (2012).

176. Estos son mis cálculos de los datos de TED desde 1973 a 2019. Reino Unido solo ha invertido el 13 por ciento y es un caso atípico. Alemania, Países Bajos, Italia y Francia han invertido entre el 25 y el 38 por ciento.

177. Acemoglu y Johnson (2023), 13.

178. García, Kikuchi y Stronge (2023b), 6. Este análisis está basado en un incremento anual del 1,5 por ciento, proyecciones de empleo de BLS y los cálculos sobre la exposición a la IA de Felten, Raj y Seamans (2021). Basados en datos de O*NET. Un análisis similar de Gran Bretaña (García, Kikuchi y Stronge [2023a]), 6, muestra que el 88 por ciento podrían reducir el tiempo de trabajo en un 10 por ciento y que el 28 por ciento podría hacer la transición a la semana laboral de cuatro días.

179. Thompson (1967), 83.

Capítulo 7: Ahorro energético por las personas y el planeta

180. «Speeding and Speed Management», National Highway and Traffic Safety Administration, «www.nhtsa.gov/book/countermeasures-that-work/speeding-and-speed-management».

181. McNeill (2014).

182. Richardson *et al.* (2023).

183. The National Climate Assessment es una fuente sobre el clima excelente. Consulta «nca2023.globalchange.gov/».

184. Masson-Delmotte *et al.* (2018).

185. «Carbon Dioxide», NASA, «climate.nasa.gov/vital-signs/carbon-dioxide/?intent=121».

186. PricewaterhouseCoopers (2003).

187. «Per Capita Greenhouse Gas Emissions», Our World in Data, 8 de abril de 2024, «ourworldindata.org/grapher/per-capita-ghg-emissions?tab=table».

188. Kharas, Fengler y Vashold (2023).

189. Me centro en las emisiones de carbono y no tanto en los gases de efecto invernadero porque es la categoría más amplia, y están relacionados de manera más estrecha con la actividad en general en vez de hacerlo con tipos de producción específicos.

190. Haberl *et al.* (2020).

191. «Economic Outlook: Steady Global Growth Expected for 2024 and 2025», comunicado de prensa, 2 de mayo de 2024, «www.oecd.org/en/about/news/press-releases/2024/05/economic-outlook-steady-global-growth-expected-for-2024-and-2025.html».

192. Una breve descripción del escenario bajo en consumo (SSP1) se muestra aquí: «sos.noaa.gov/catalog/datasets/climate-model-surface-temperature-change-ssp1-sustainability-2015-2100/».

193. Shukla *et al.* (2022), 263.

194. Schor (1991).

195. Knight, Rosa y Schor (2013).

196. Chancel (2022).

197. Ho y Stewart (1992), p. 1.346, tablas 2 y 3. Un estudio especulativo de King y van den Burgh (2017) sobre los cinco tipos de reducción de jornada laboral estimó que una reducción del 15 de GEI por una reducción del 17,5 por ciento de las horas de trabajo. Descubrieron que tener más tiempo de vacaciones y días de trabajo más cortos era menos beneficioso en términos de disminución de emisiones que la semana laboral de cuatro días.

198. Perocco (2018).

199. Davis (2023).

200. Cicala (2023).

201. Nässén y Larsson (2015).

202. Para un análisis sobre el nivel de carbono de las actividades domésticas en Reino Unido, consulta Druckman *et al.* (2012).

203. Esta relación se muestra en Knight, Rosa y Schor (2013); Fitzgerald, Jorgenson y Clark (2015) y otros. Los resultados contrarios son de Shao y Rodríguez-Labajos (2016).

204. Fitzgerald, Schor y Jorgenson (2018).

205. Cieplinski, D'Alessandro y Guarnieri (2021).

206. Fitzgerald (2022).

207. Collins y Hoxie (2017), 2.

208. Oficina de Presupuesto del Congreso (2022).

209. O'Neill *et al.* (2018).

Capítulo 8: La semana laboral de cuatro días para todos

210. La testigo era Liberty Vittert. Afirmaba que el PIB de Japón había caído un 20 por ciento cuando redujeron la semana laboral de cuarenta y ocho a cuarenta horas. Es absurdo. (El PIB de Japón aumentó durante esa época). También dijo

que la causalidad se podía demostrar solo en los laboratorios, lo cual es falso. (Hubo un nobel reciente a quien premiaron por formas reales de establecer la causalidad). Sí que tenía razón en algo: que los resultados que presenté en ese momento carecían de un control, un problema del que hablo en el capítulo 1. Ahora tenemos esos resultados y apoyan nuestras conclusiones. La audiencia se puede ver aquí: «www.help.senate.gov/hearings/workers-should-benefit-from-new-technology-and-increased-productivity-the-need-for-a-32-hour-work-week-with-no-loss-in-pay».

211. Aquí hay una muestra de sondeos; la mayoría hacen referencia a cuatro días de diez horas. *Newsweek*, abril de 2024, 63 por ciento en general, varía por generaciones. Aliss Higham, «Millennials Are Ready for a Four-Day Week», *Newsweek*, 22 de abril de 2024, «www.newsweek.com/millennials-ready-four-day-work-week-1892191» (los datos de la tabla están disponibles aquí: «redfieldandwiltonstrategies.com/media-research/»).

Qualtrics: febrero de 2022, apoyo del 92 por ciento. «The Numbers Behind Four-Day Work Weeks and Paid Mental Health Days», Qualtrics, 24 de febrero de 2022, «www.qualtrics.com/blog/four-day-work-week/».

Bankrate: julio de 2023, apoyo del 89 por ciento. Lane Gillespie, «Survey: 89 % of American Workforce Prefer 4-Day Workweeks, Remote Work, or Hybrid Work», Bankrate, 23 de agosto de 2023, «www.bankrate.com/personal-finance/hybrid-remote-and-4-day-workweek-survey/#support-for-4-day-workweek».

Morning Consult: agosto de 2023, apoyo del 87 (siempre y cuando no se suspenda el trabajo en remoto). Jennifer Liu, «Workers Overwhelmingly Want a 4-Day Workweek—on One Condition», CNBC Make It, 22 de agosto de 2023, «www.cnbc.com/2023/08/22/workers-overwhelmingly-want-a-4-day-workweekon-one-condition.html».

212. «Numbers Behind Four-Day Work Weeks and Paid Mental Health Days». El 82 por ciento dijo que serían más productivos. En el sondeo de *Newsweek*, el 46 por ciento dijo que serían «más productivos», y el 23 por ciento dijo que serían «igual de productivos». Consulta Higham, «Millennials Are Ready for a Four-Day Week».

213. «41 % of U.S. Workers Say They Are Most Productive Outside of 9–5 Work Hours, According to Research from Fiverr», Fiverr, 20 de septiembre de 2023, «www.fiverr.com/news/workstyle-research».

214. «KPMG Study: CEOs Tackling Risks to Growth Including Geopolitics, Cyber, and Structural Changes Such as Tight Labor Market, New Regulations», KPMG, 11 de abril de 2024, «kpmg.com/us/en/media/news/us-ceo-outlook-pulse-survey-2024.html».

215. Cálculo de la autora a partir del National Industrial Conference Board (1929), p. 11, tabla 1.

216. Le estoy agradecida al profesor Ezra Zuckerman por ser tan generoso de compartir sus fuentes y descubrimientos sobre la semana laboral de cinco días. Su ayuda no tiene precio.

217. National Industrial Conference Board (1929), 7.

218. La familia Feuerstein llegó a los titulares en la década de 1990 cuando su conciencia cívica volvió a quedar patente. Después de un incendio devastador, el CEO, Aaron Feuerstein, protegió a todos sus trabajadores y reconstruyó la fábrica. Por desgracia, la empresa acabó en bancarrota, incapaz de competir con la mano de obra extranjera, que era más barata.

219. Hunnicutt (1979).

220. De Vyver (1930), 224.

221. *ibid.*, 225, citando un informe de BLS.

222. National Industrial Conference Board (1929), capítulo 3.

223. *ibid.*, p. 41, tabla 9.

224. Feiss (1920).

225. Coulthard Barnes y Perpetual Guardian (2019). El contrato se incluye como apéndice B.

226. De Vyver (1930).

227. Especial de *The New York Times* (1922).

228. Hunnicutt (1988). Mi debate sobre la década de 1930 se apoya en el relato pionero de Hunnicutt.

229. Cálculos de la autora de BLS, empleados en nómina que no estén en granjas. Los datos históricos están disponibles aquí: «www.bls.gov/webapps/legacy/cesbtab1.htm».

230. El porcentaje de la población en edad de trabajar cayó del 67,3 por ciento en 2007 al 64,8 por ciento en 2022. De OECD Data Explorer, «https://data-explorer.oecd.org/vis?lc=en&pg=0&snb=1&vw=tb&df[ds]=dsDisseminateFinalD MZ&df[id]=DSD_POPULATION%40DF_POP_HIST&df[ag]=OECD.ELS. SAE&df[vs]=&pd=2007%2C2022&dq=USA.POP.PT_POP._T. Y15T64.&to[TIME_PERIOD]=false».

231. CDC National Center For Health Statistics, «U.S. Fertility Rate Drops to Another Historic Low», comunicado de prensa, 25 de abril de 2024, «www.cdc. gov/nchs/pressroom/nchs_press_releases/2024/20240525.htm». El índice actual es de 1,66, considerablemente por debajo del valor de la reposición. El crecimiento de la población estadounidense está en un 0,4 por ciento al año: «Population Growth (Annual %)—United States», World Bank Group, «data. worldbank.org/indicator/SP.POP.GROW?locations=US».

232. Bonuck *et al.* (2024). Las estimaciones de la Oficina del Censo de Estados Unidos en 2022 sugieren hasta cuatro millones de personas no pudieron trabajar debido a las secuelas del COVID (Bach, 2020), aunque esa cifra seguramente ahora sea más baja.

233. Banco de la Reserva Federal de San Luis, «Labor Force Participation Rate», FRED Economic Data, «fred.stlouisfed.org/series/CIVPART».

234. Dubina (2023).

235. Abril (2023).

236. «2024 Bentley-Gallup Business in Society Report», p. 30, figura 13, «www.gallup.com/analytics/512066/bentley-business-in-society.aspx».

237. Para la incidencia más alta de padres con hijos en casa que trabajan cuatro días a la semana, consulta Hamermesh y Biddle (2023), 12.

238. Bolino, Kelemen y Matthews (2021), p. 192, tabla 2.

239. Di *et al.* (2022).

240. Depner *et al.* (2019).

241. Hurst (2022). La ley requiere que los empleados pidan este horario y las empresas no pueden negarse porque están obligadas a ello.

242. Hamermesh y Biddle (2023), 7.

243. Krueger (2022).

244. «2023 ClassPass Look Back Report», ClassPass, 13 de diciembre 2023, «classpass.com/blog/2023-classpass-look-back-report/». Vanessa Fuhrmans de *The Wall Street Journal* informó inicialmente sobre los resultados de ClassPass.

245. Gartner, «More Than Half of Organizations Are Offering "Summer Fridays" This Year, According to Gartner», comunicado de prensa, 6 de junio de 2019, «www.gartner.com/en/newsroom/press-releases/2019-06-06-more-than-half-of-organizations-are-offering--summer-»

246. Sahadi (2024).

247. Barrero *et al.* (2024), 23.

248. Bloom, Han y Liang (2024).

249. Roh *et al.* (2023).

250. Microsoft Work Lab (s.f.).

251. Finan y Bloom (2023).

252. Jennings (2024), afirma que el 54 por ciento de los trabajadores del conocimiento en una encuesta de Quickbase dijo que «es más difícil que nunca ser productivo todos los días en el trabajo».

253. Kassam (2021).

254. El ensayo escocés ha tardado en hacer que las empresas se apunten.

255. A la prueba piloto belga también le costó arrancar, con un número pequeño de empresas participantes (comunicación personal con Damaris Castro, investigador de la prueba piloto).

256. Federación Sindical Europea de Servicios Públicos (2024a).

257. Federación Sindical Europea de Servicios Públicos (2024b).

258. WorkFour mantiene un listado de intentos federales, estatales y locales en «workfour.org/policy-developments».

259. Información detallada sobre la experiencia de Golden en: «The Best for Golden», ciudad de Golden, «www.guidinggolden.com/the-best-for-golden».

260. Hay un problema adicional con la fabricación, y es que se enfrenta a una gran competencia a nivel global. Esto hace que sea necesario utilizar el crecimiento de la productividad para reducir los precios en lugar de canalizar ese valor añadido a los trabajadores o a los beneficios. Es un problema extenso, sin embargo, que requiere otras intervenciones.

261. Burton (2024).

Conclusión

262. Dash y Mehta (2024).

263. Stevenson (2024).

264. Chauhan (2023).

Apéndice

265. Los equipos locales han hecho un gran trabajo en la recopilación de datos cualitativos. Brendan Burchell, de la Universidad de Cambridge, coordinó la recopilación de datos de Reino Unido. Fue un esfuerzo inmenso y complejo debido al tamaño del ensayo. Sus descubrimientos se han incluido en el primer informe de Reino Unido (Lewis *et al.* [2023]). También hicieron entrevistas de seguimiento al año, que se incluyen en el segundo informe (Pignon, Lewis y Mullally [2024]). Mark Smith de la Escuela de Negocios Stellenbosch coordinó al equipo sudafricano. Sus descubrimientos se incluyen en el informe

de ese ensayo (4 Day Week Global [2023]), que está disponible en la página web de 4 Day Week Global en «www.4dayweek.com/sa-2023-pilot-results». Nuestro equipo estadounidense también ha realizado entrevistas, pero aún no hemos terminado de recopilar datos.

REFERENCIAS

Abril, Danielle (24 de mayo de 2023). «Workers Want a Four-Day Week. Why Hasn't It Happened?», en *The Washington Post*.

Acemoglu, Daron, *et al.* (2022), «Artificial Intelligence and Jobs: Evidence from Online Vacancies», en *Journal of Labor Economics*, n.º 40 (S1): S293–2340. «doi.org/10.1086/718327».

Acemoglu, Daron y Simon Johnson (2023), *Power and Progress: Our Thousand-Year Struggle over Technology and Prosperity*, PublicAffairs, Nueva York. Hay trad. en español: *Poder y progreso: Nuestra lucha milenaria por la tecnología y la prosperidad* (2023), Deusto, Barcelona.

Acemoglu, Daron y Pascual Restrepo (2019), «Automation and New Tasks: How Technology Displaces and Reinstates Labor», en *Journal of Economic Perspectives* n.º 33, vol. 2, pp. 3–30, «doi.org/10.1257/jep.33.2.3».

—— 2020a. «Robots and Jobs: Evidence from US Labor Markets», en *Journal of Political Economy*, n.º 128, vol. 6, pp. 2188–244.

—— 2020b. «The Wrong Kind of AI? Artificial Intelligence and the Future of Labour Demand», en *Cambridge Journal of Regions, Economy, and Society*, n.º 13, vol. 1, pp. 25–35, «doi.org/10.1093/cjres/rsz022».

Addati, Laura, *et al.* (2018), *Care Work and Care Jobs for the Future of Decent Work*. International Labour Office, Génova.

Alesina, Alberto, Edward Glaeser y Bruce Sacerdote (2005), «Work and Leisure in the United States and Europe: Why So Different?», en *NBER Macroeconomics Annual*, pp. 1–64.

Altonji, Joseph G. y Christina H. Paxson (1988), «Labor Supply Preferences, Hours Constraints, and Hours-Wage Trade-Offs», en *Journal of Labor Economics*, n.º 6, vol. 2, pp. 254–76.

American Nurses Foundation (2023), «Annual Assessment Survey —the Third Year», en Pulse on the Nation's Nurses. American Nurses Foundation, «www.nursingworld.org/~48fb88/contentassets/23d4f79cea6b4f67ae24714de 11783e9/anf-impact-assessment-third-year_v5.pdf».

Andrews, Nick (31 de enero de 2023), «Capri Communities Tests 4-Day Work Week with Promising Early Results», en *Senior Housing News*, «seniorhousingnews.com/2023/01/31/capri-communities-tests-4-day-work-week-with-promising-early-results/».

Anguiano, Dani y Lois Beckett (1 de octubre de 2023), «How Hollywood Writers Triumphed over AI —and Why It Matters», en *The Guardian*, «www.theguardian.com/culture/2023/oct/01/hollywood-writers-strike-artificial-intelligence».

Aratani, Lauren (28 de noviembre de 2021), «Goodbye to the Job: How the Pandemic Changed Americans' Attitude to Work», en *The Guardian*, «www.theguardian.com/money/2021/nov/28/goodbye-to-job-how-the-pandemic-changed-americans-attitude-to-work».

Aslam, Awish y Tracey L. Adams (2022), «"The Workload Is Staggering": Changing Working Conditions of Stay-at-Home Mothers Under COVID-19 Lockdowns», en *Gender, Work, and Organization*, n.º 29, vol. 6, pp. 1764–1778. «doi.org/10.1111/gwao.12870».

Autor, David (2022), «The Labor Market Impacts of Technological Change: From Unbridled Enthusiasm to Qualified Optimism to Vast Uncertainty», en *NBER Working Paper*, n.º 30.074, julio, «doi.org/10.3386/w30074».

Bach, Katie (2022), «New Data Shows Long Covid Is Keeping as Many as 4 Million People out of Work», Brookings, Washington, D. C., «www.brookings.edu/articles/new-data-shows-long-covid-is-keeping-as-many-as-4-million-people-out-of-work/».

Barnes, Andrew (2020), *The 4 Day Week: How the Flexible Work Revolution Can Increase Productivity, Profitability, and Well-Being, and Create a Sustainable Future*, con Stephanie Jones. Piatkus, Londres.

Barrero, José María, *et al.* (2024), «SWAA April 2024 Updates», WFH Research, Universidad de Stanford, Palo Alto (California), «wfhresearch.com/wp-content/uploads/2024/04/WFHResearch_updates_April2024.pdf».

BBC (8 de septiembre de 2022), «MP Criticises South Cambridgeshire Council's Four-Day Week Plans», en BBC News, «www.bbc.com/news/uk-england-cambridgeshire-62833023».

Berke, Richard L. (21 de septiembre de 1992), «The 1992 Campaign: The Ad Campaign; Clinton: Criticizing the President», en *The New York Times*, «www.nytimes.com/1992/09/21/us/the-1992-campaign-the-ad-campaign-clinton-criticizing-the-president.html».

Bersin, Josh, Julia Bersin y Joe O'Connor (2023), «The Four-Day Work Week: Learnings from Companies at the Forefront of Work-Time Reduction», Josh Bersin Company, Toronto, «joshbersin.com/the-four-day-work-week/».

Bianchi, Suzanne M., *et al.* (2012), «Housework: Who Did, Does, or Will Do It, and How Much Does It Matter?», en *Social Forces*, n.º 91, vol. 1, pp. 55–63, «doi.org/10.1093/sf/sos120».

Blair, William M. (22 de septiembre de 1956), «Nixon Foresees 4-Day Work Week», en *The New York Times*, «timesmachine.nytimes.com/timesmachine/1956/09/23/95810374.html?pageNumber=1».

Bloom, Nicholas (junio de 2020), «How Working from Home Works Out», Stanford Institute for Policy Research, «siepr.stanford.edu/publications/policy-brief/how-working-home-works-out».

Bloom, Nicholas, Ruobing Han y James Liang (junio de 2024), «Hybrid Working from Home Improves Retention Without Damaging Performance», en *Nature*, «doi.org/10.1038/s41586-024-07500-2».

Bolino, Mark C., Thomas K. Kelemen y Samuel H. Matthews (2021), «Working 9-to-5? A Review of Research on Nonstandard Work Schedules», en *Journal of Organizational Behavior*, n.º 42, vol. 2, pp. 188-211, «doi.org/10.1002/job.2440».

Bonuck, Karen, *et al.* (10 de enero de 2024), «Long COVID Disability Burden in US Adults: YLDs and NIH Funding Relative to Other Conditions», en medRxiv, «doi.org/10.1101/2024.01.09.24301057».

Booth, Allison y Martin Ravallion (1993), «Employment and Length of the Working Week in a Unionized Economy in Which Hours of Work Influence Productivity», en *Economic Record*, n.º 69, vol. 207, pp. 428–436.

Bosch, Gerhard y Steffen Lehndorff (2001), «Working-Time Reduction and Employment: Experiences in Europe and Economic Policy Recommendations», en *Cambridge Journal of Economics*, n.º 25, vol. 2, pp. 209–243.

Bowles, Samuel y Yongjin Park (2005), «Emulation, Inequality, and Work Hours: Was Thorsten Veblen Right?», en *Economic Journal*, n.º 115, vol. 507, pp. F397–412. «doi.org/10.1111/j.1468-0297.2005.01042.x».

Bughin, Jacques, *et al.* (2017), «Artificial Intelligence: The Next Digital Frontier?», documento de debate, McKinsey Global Institute.

Burton, Katherine (3 de abril de 2024), «Billionaire Steve Cohen Sees Four-Day Work Week Coming», en *Bloomberg News*, «www.bloomberg.com/news/articles/2024-04-03/billionaire-steve-cohen-sees-four-day-work-week-coming».

Calvasina, Eugene J. y W. Randy Boxx (1975), «Efficiency of Workers on the Four-Day Workweek», en *Academy of Management Journal*, n.º 18, vol. 3, pp. 604–610.

Chancel, Lucas (2022), «Global Carbon Inequality over 1990–2019», en *Nature Sustainability*, n.º 5, vol. 11, pp. 931–938, «doi.org/10.1038/s41893-022-00955-z».

Chauhan, Rohan (6 de junio de 2023), «Delhi Too Hot for Animals», en *Patriot*, «thepatriot.in/environment/delhi-too-hot-for-animals-36825».

Cicala, Steve (2023), «JUE Insight: Powering Work from Home», en *Journal of Urban Economics*, n.º 133:103474.

Cieplinski, André, Simone D'Alessandro y Pietro Guarnieri (enero de 2021), «Environmental Impacts of Productivity-Led Working Time Reduction», en *Ecological Economics*, n.º 179, p. 106822, «doi.org/10.1016/j.ecolecon.2020.106822».

Collewet, Marion y Jan Sauermann (Agosto de 2017), «Working Hours and Productivity», en *Labour Economics*, n.º 47, pp. 96–106, «doi.org/10.1016/j.labeco.2017.03.006».

Collins, Chuck y Josh Hoxie (2017), «Billionaire Bonanza: The Forbes 400 and the Rest of Us», Institute for Policy Studies, Washington, D. C, «ips-dc.org/billionaire-bonanza/».

Conference Board (2024), Total Economy Database (TED), «data-central.conference-board.org/».

Congressional Budget Office (2022), *Trends in the Distribution of Family Wealth, 1989 to 2019*, Congressional Budget Office, Washington, D. C., «www.cbo.gov/publication/57598».

Coulthard Barnes y Perpetual Guardian (2019), «Guidelines for an Outcome-Based Trial —Raising Productivity and Engagement», documento oficial, Perpetual Guardian, Universidad de Auckland, Universidad Tecnológica de Auckland y MinterEllisonRuddWatts, Auckland, «www.4dayweek.com/access-white-paper».

Curtin, Melanie (16 de julio 2016), «In an 8-Hour Day, the Average Worker Is Productive for This Many Hours», en *Inc.*, «www.inc.com/melanie-curtin/in-an-8-hour-day-the-average-worker-is-productive-for-this-many-hours.html».

Czeisler, Mark É., *et al.* (14 de agosto de 2020), «Mental Health, Substance Use, and Suicidal Ideation During the COVID-19 Pandemic —United States, June 24–30», en *Morbidity and Mortality Weekly Report*, «www.cdc.gov/mmwr/volumes/69/wr/mm6932a1.htm».

Dash, Jatindra y Tanvi Mehta (3 de junio 2024), «Indian Heatwave Kills Dozens over Summer, Media Says Nearly 25,000 Fall Ill», Reuters, «www.reuters.com/world/india/heat-wave-kills-least-56-india-nearly-25000-heat-stroke-cases-march-may-2024-06-03/».

Davis, Lucas (5 de septiembre de 2023), «Weekends Are No Free Lunch Anymore», en *Energy Institute Blog*, «energyathaas.wordpress.com/2023/09/05/weekends-are-no-free-lunch-anymore/».

Dellavigna, Stefano y Joshua M. Pollet (2009), «Investor Inattention and Friday Earnings Announcements», en *Journal of Finance*, n.º 64, vol. 2, pp. 709–749, «doi.org/10.1111/j.1540-6261.2009.01447.x».

Delmez, Francoise y Vincent Vandenberghe (2018), «Long Working Hours Make Us Less Productive but Also Less Costly», en *Labour*, n.º 32, vol. 4, pp. 259–287. «doi.org/10.1111/labr.12128».

Depner, Christopher M., *et al.* (2019), «Ad Libitum Weekend Recovery Sleep Fails to Prevent Metabolic Dysregulation During a Repeating Pattern of Insufficient Sleep and Weekend Recovery Sleep», en *Current Biology*, n.º 29, vol. 6, pp. 957–967.e4, «doi.org/10.1016/j.cub.2019.01.069».

De Vries, Alex (2023), «The Growing Energy Footprint of Artificial Intelligence», en *Joule*, n.º 7, vol. 10, pp. 2191–2194, «doi.org/10.1016/j.joule.2023.09.004».

De Vyver, Frank T. (1930), «The Five-Day Week», en *Current History* (1916–1940), n.º 33, vol. 2, pp. 223–227.

Di, Hongkun, *et al.* (2022), «Evaluation of Sleep Habits and Disturbances Among US Adults, 2017–2020», en *JAMA Network Open*, n.º 5, vol. 11, p. e2240788, «doi.org/10.1001/jamanetworkopen.2022.40788».

Druckman, Angela, *et al.* (diciembre de 2012), «Time, Gender, and Carbon: A Study of the Carbon Implications of British Adults' Use of Time», en *Ecological Economics*, n.º 84, pp. 153–163, «doi.org/10.1016/j.ecolecon.2012.09.008».

Dubina, Kevin S. (septiembre de 2023), «Labor Force and Macroeconomic Projections Overview and Highlights, 2022–2032», en *Monthly Labor Review*, «doi.org/10.21916/mlr.2023.21».

Epstein, Gerald y Juliet B. Schor (1990), «Corporate Profitability as a Determinant of Restrictive Monetary Policy: Estimates for the Postwar United States», en *The Political Economy of American Monetary Policy*, Thomas Mayer (ed.), pp. 51–64. Cambridge University Press, Cambridge (Reino Unido).

Especial de *The New York Times* (25 de marzo de 1922), «5-Day, 40-Hour Week for Ford Employees», *The New York Times*.

Faberman, R. Jason, Andreas I. Mueller y Ayşegül Şahin (diciembre de 2022), «Has the Willingness to Work Fallen During the Covid Pandemic?», en *Labour Economics*, n.º 79:102275, «doi.org/10.1016/j.labeco.2022.102275».

Fan, Wen y Phyllis Moen (2022), «Working More, Less, or the Same During COVID-19? A Mixed Method, Intersectional Analysis of Remote Workers», en *Work and Occupations*, n.º 49, vol. 2, pp. 143–186, «doi.org/10.1177/07308884211047208».

Fan, Wen y Yue Qian (2023), «State Contexts, Job Insecurity, and Subjective Well-Being in the Time of COVID-19», en *Journal of Happiness Studies*, n.º 24, vol. 6, pp. 2039–2059, «doi.org/10.1007/s10902-023-00669-9».

Fan, Wen, *et al.* (2024), «Does Work Time Reduction Improve Workers' Well-Being? Evidence from Global Four-Day Workweek Trials», preimpresión, SocArXiv. «doi.org/10.31235/osf.io/7ucy9».

Federación Europea de Sindicatos de Servicios Públicos (2024a.) «Reducing Working Time Case Studies: Spain and Portugal», Bruselas: Federación Europea de Sindicatos de Servicios Públicos, «www.epsu.org/sites/default/files/article/files/04%20-%20SPAIN%20AND%20PORTUGAL.pdf.

—— (2024b), «Reducing Working Time Case Studies: Poland, Czechia, Slovakia, and Hungary», Bruselas: Federación Europea de Sindicatos de Servicios Públicos, «www.epsu.org/sites/default/files/article/files/06%20-%20Poland%2C%20Czechia%2C%20Slovakia%20and%20Hungary.pdf».

Feiss, Richard A. (1920), «Why It Paid Us to Adopt the Five-Day Week», en *Factory: The Magazine of Management*, n.º 25, vol. 4, pp. 523–526.

Felten, Edward, Manav Raj y Robert Seamans (2021), «Occupational, Industry, and Geographic Exposure to Artificial Intelligence: A Novel Dataset and Its Potential Uses», en *Strategic Management Journal*, n.º 41, vol. 12: 2195–2217.

Ferguson, Thomas y Servaas Storm (15 de julio de 2024), «A New Era of Endless Labor Shortages? A Critical Analysis of McKinsey's New Report», Institute for New Economic Thinking, «www.ineteconomics.org/perspectives/blog/a-new-era-of-endless-labor-shortages-a-critical-analysis-of-mckinseys-new-report».

Finan, Alex y Nick Bloom (marzo 2023), «How Working from Home Boosted Golf», Stanford University Palo Alto (California), «nbloom.people.stanford.edu/sites/g/files/sbiybj24291/files/media/fil/golfingfromhome.pdf».

Fitzgerald, Jared B. (febrero 2022), «Working Time, Inequality, and Carbon Emissions in the United States: A Multi-Dividend Approach to Climate Change Mitigation», en *Energy Research and Social Science*, n.º 84: 102385, «doi.org/10.1016/j.erss.2021.102385».

Fitzgerald, Jared B., Andrew K. Jorgenson y Brett Clark (2015), «Energy Consumption and Working Hours: A Longitudinal Study of Developed and Developing Nations, 1990–2008», *Environmental Sociology*, n.º 1, vol. 3, pp. 213–223, «doi.org/10.1080/23251042.2015.1046584».

Fitzgerald, Jared B., Juliet B. Schor y Andrew K. Jorgenson (2018), «Working Hours and Carbon Dioxide Emissions in the United States, 2007–2013», en *Social Forces*, n.º 96, vol. 4:1851–1874, «doi.org/10.1093/sf/soy014».

Fleming, William J (2024), «Employee Well-Being Outcomes from Individual-Level Mental Health Interventions: Cross-Sectional Evidence from the United Kingdom», en *Industrial Relations Journal*, n.º 55, vol. 2, pp. 162–182, «doi.org/10.1111/irj.12418».

Folbre, Nancy (2023), «The Responsibilities of Parental Childcare: Evidence from the American Time Use Survey», manuscrito sin publicar, Universidad de Massachusetts.

—— (2025), *Accounting for Care*, University of California Press, Berkeley. 4 Day Week Global (2023), Research Results, «www.4dayweek.com/research».

Fox, Kimberly, *et al.* (2022), «Organisational- and Group-Level Workplace Interventions and Their Effect on Multiple Domains of Worker Well-Being: A Systematic Review», en *Work and Stress*, n.º 36, vol. 1, pp. 30–59, «doi.org/10.1080/02678373.2021.1969476».

Frey, Carl Benedikt y Michael A. Osborne (enero de 2017), «The Future of Employment: How Susceptible Are Jobs to Computerisation?», en *Technological Forecasting and Social Change*, n.º 114, pp. 254–280, «doi.org/10.1016/j.techfore.2016.08.019».

Gallup (2022), «State of the Global Workplace: 2022 Report», Gallup, Washington, D.C.

—— (2023), «State of the Global Workplace: 2023 Report», Gallup, Washington, D.C.

—— (2024), «State of the Global Workplace: 2024 Report», Gallup, Washington, D.C., «www.gallup.com/workplace/349484/state-of-the-global-workplace.aspx».

Garcia, Luiz, Lukas Kikuchi y Will Stronge (2023a), «GPT-4 (Day Week): Great Britain Edition», Autonomy Institute, Londres, «autonomy.work/portfolio/gpt-4-day-week-gb-edition/».

—— (2023b), «GPT-4 (Day Week): U.S. Edition», Autonomy Institute, Londres, «autonomy.work/portfolio/gpt-4-day-week-us/».

Gomes, Pedro (2021), *Friday Is the New Saturday: How a Four-Day Week Can Save Capitalism*, Flint, Londres. Hay trad. en español: *¡Por fin es jueves!* (2024), RBA Libros, Barcelona.

Gomes, Pedro y Rita Fontinha (17 de julio de 2024), «Four-Day Week: Results from Portuguese Trial», Policy Commons, «policycommons.net/artifacts/13373666/portugal20420day20week20pilot20results20-20420day20week20global/14271453/».

Haberl, Helmut, *et al.* (2020), «A Systematic Review of the Evidence on Decoupling of GDP, Resource Use, and GHG Emissions, Part II: Synthesizing the Insights», en *Environmental Research Letters*, n.º 15, vol. 6: 065003, «doi.org/10.1088/1748-9326/ab842a».

Hallett, Tim, Orla Stapleton y Michael Sauder (2019), «Public Ideas: Their Varieties and Careers», en *American Sociological Review*, n.º 84, vol. 3, pp. 545–576, «doi.org/10.1177/0003122419846628».

Hamermesh, Daniel S. y Jeff E. Biddle (noviembre de 2023), «Days of Work over a Half Century: The Rise of the Four-Day Workweek», en *ILR Review*, «doi.org/10.1177/00197939231209965».

Harry, Elizabeth M., *et al.* (2022), «Childcare Stress, Burnout, and Intent to Reduce Hours or Leave the Job During the COVID-19 Pandemic Among US Health Care Workers», en *JAMA Network Open*, n.º 5, vol. 7: e2221776, «doi.org/10.1001/jamanetworkopen.2022.21776».

Harter, Jim (6 de septiembre de 2023), «Is Quiet Quitting Real?», en *Gallup Workplace* (blog), «www.gallup.com/workplace/398306/quiet-quitting-real. aspx».

Hays, Sharon (1996), *The Cultural Contradictions of Motherhood*, Yale University Press, New Haven (Connecticut).

Hennrich, J. y K. Wohlrabe (junio de 2024), «From "I Don't Like Mondays" to "Friday I'm in Love"—Day-of-the-Week Effects in Business Surveys», en *Applied Economics Letters*, pp. 1–5, «doi.org/10.1080/13504851.2024.23 63320».

Hetzner, Christiaan (6 de noviembre de 2023), «Top German Politician Warns Against Adopting a 4-Day Workweek: "Never in History Has a Society Increased Its Prosperity by Working Less"», en *Fortune.*

Ho, Ami y Akki Stewart (1992), «Case Study on Impact of 4/40 Compressed Workweek Program on Trip Reduction», en *Transportation Research Record*, n.º 1.346, pp. 25–32.

Hochschild, Arlie (2012), *The Second Shift: Working Families and the Revolution at Home*, Penguin Books, Nueva York.

Huberman, Michael (2004), «Working Hours of the World Unite? New International Evidence of Worktime, 1.870–1.913», en *Journal of Economic History*, n.º 64, vol. 4, pp. 964–1001, «doi.org/10.1017/ S0022050704043050».

Hunnicutt, Benjamin Kline (1979), «The Jewish Sabbath Movement in the Early Twentieth Century», en *American Jewish History*, n.º 69, vol. 2, pp. 196–225.

—— (1988), *Work Without End: Abandoning Shorter Hours for* the *Right to Work*, Temple University Press, Filadelfia.

—— (1992), «Kellogg's Six-Hour Day: A Capitalist Vision of Liberation Through Managed Work Reduction», en *Business History Review*, n.º 66, vol. 3, pp. 475–522, «doi.org/10.2307/3116979».

Hurst, Luke (11 de febrero de 2022), «Workers in Belgium Can Now Switch to a Four-Day Week —but They Won't Be Working Fewer Hours», en *Euronews*, «www.euronews.com/next/2022/11/21/workers in belgium-can-now-switch-to-a-four-day-week-but-they-wont-be-working-fewer-hours».

Igielnik, Ruth (26 de enero de 2021), «A Rising Share of Working Parents in the U.S. Say It's Been Difficult to Handle Child Care During the Pandemic», Pew Research Center, «www.pewresearch.org/short-reads/2021/01/26/a-rising-share-of-working-parents-in-the-u-s-say-its-been-difficult-to-handle-child-care-during-the-pandemic/».

Instituto de Política Económica (2022), «Annual Hours of Work», State of Working America Data Library, «www.epi.org/data/#?subject=hours».

Jennings, Ed (16 de abril de 2024), «How to Implement a 4-Day Workweek, According to a CEO», en *Fast Company*, «www.fastcompany.com/91106578/how-to-implement-a-four-day-work-week-according-to-a-ceo».

Johansen, Kara (2022), «Cleaning During COVID: Navigating Working Arrangements for House Cleaners and Their Employers in Boston and Dallas», trabajo de fin de grado, Boston College, «osf.io/jm7bz/».

Kassam, Ashifa (15 de marzo de 2021), «Spain to Launch Trial of Four-Day Working Week», en *The Guardian*, «www.theguardian.com/world/2021/mar/15/spain-to-launch-trial-of-four-day-working-week».

Kauffeld, Simone y Nale Lehmann-Willenbrock (2012), «Meetings Matter: Effects of Team Meetings on Team and Organizational Success», en *Small Group Research*, n.º 43, vol. 2, pp. 130–158.

Kelly, Erin L., *et al.* (2010), «Gendered Challenge, Gendered Response: Confronting the Ideal Worker Norm in a White-Collar Organization», en *Gender and Society*, n.º 24, vol. 3, pp. 281–303, «doi.org/10.1177/0891243210372073».

Kelly, Erin L. y Phyllis Moen (2021), *Overload: How Good Jobs Went Bad and What We Can Do About It*, Princeton University Press, Princeton (Nueva Jersey).

Keynes, John Maynard (2010), *Essays in Persuasion*, Palgrave Macmillan, Londres.

Kharas, Homi, Wolfgang Fengler y Lukas Vashold (30 de noviembre de 2023), «Have We Reached Peak Emissions?», Brookings Institution, «www.brookings.edu/articles/have-we-reached-peak-greenhouse-gas-emissions/».

King, Lewis C., y Jeroen C. J. M. van den Bergh (febrero de 2017), «Worktime Reduction as a Solution to Climate Change: Five Scenarios Compared for the UK», en *Ecological Economics*, n.º 132, pp. 124–134, «doi. org/10.1016/j.ecolecon.2016.10.011».

Knight, Kyle W., Eugene A. Rosa y Juliet B. Schor (2013), «Could Working Less Reduce Pressures on the Environment? A Cross-National Panel Analysis of OECD Countries, 1970–2007», en *Global Environmental Change*, n.º 23, vol. 4, pp. 691–700.

Krueger, Alyson (1 de abril de 2022), «Endless Summer Fridays», en *The New York Times*, «www.nytimes.com/2022/04/01/style/four-day-workweek-friday.html».

Laker, Ben, *et al.* (18 de enero de 2022), «The Surprising Impact of Meeting-Free Days», en *MIT Sloan Management Review*, «sloanreview.mit.edu/article/the-surprising-impact-of-meeting-free-days/».

Lee, Dain, Jinhyeok Park y Yongseok Shin (enero de 2023), «Where Are the Workers? From Great Resignation to Quiet Quitting», NBER Working Paper n.º 30.833, «www.nber.org/papers/w30833».

Lewis, Kyle, *et al.* (2023), «The Results Are In: The UK's Four-Day Week Pilot», Autonomy Institute, Londres, «autonomy.work/portfolio/uk4dwpilotresults/».

Lim, Katherine y Mike Zabek (octubre de 2021), «Women's Labor Force Exits During COVID-19: Differences by Motherhood, Race, and Ethnicity», en *Finance and Economics Discussion Series*, pp. 1–39, «doi.org/10.17016/FEDS.2021.067».

Liu, Jennifer (16 de marzo de 2022), «How People Have Changed the Way They Think About Work, According to Their Therapists», CNBC.com, «www.cnbc.com/2022/03/16/how-people-have-changed-the-way-they-think-about-work-according-to-their-therapists.html».

Lorentzon, Bengt (2017), 23 *månader med 6 timmar. Följeforskning om försök med reducerad arbetstid*, Scandinavian Book, Aarhus, «olivierpintelon.wordpress.com/wp-content/uploads/2017/04/evaluatierapport-experiment-svartedaelen-23-maanden.pdf».

Luong, Alexandra y Steven G. Rogelberg (2005), «Meetings and More Meetings: The Relationship Between Meeting Load and the Daily Well-Being of Employees», en *Group Dynamics: Theory, Research, and Practice*, n.º 9, vol. 1, pp. 58–67. «doi.org/10.1037/1089-2699.9.1.58».

Lyle-Edrosolo, Giancarlo (2023), «The Business Case for Addressing Burnout in Frontline Leaders: A Toolkit of Interventions from Nurse Executives Around the United States», en *Nursing Administration Quarterly*, n.º 47, vol. 1, pp. 94–99, «doi.org/10.1097/NAQ.0000000000000558».

Martucci, Sara (2023), «He's Working from Home and I'm at Home Trying to Work: Experiences of Childcare and the Work-Family Balance Among Mothers During COVID-19», en *Journal of Family Issues*, n.º 44, vol. 2, pp. 291–314, «doi.org/10.1177/0192513X211048476».

Masson-Delmotte, Valérie, *et al.* (2018), «IPCC, 2018: Summary for Policymakers», en *Global Warming of 1.5°C*, Cambridge University Press, Cambridge (Reino Unido), «www.ipcc.ch/sr15/chapter/spm/».

McKeown, Greg (2014), *Essentialism: The Disciplined Pursuit of Less*, Crown Currency, Nueva York. Hay trad. en español: *Esencialismo: Logra el máximo resultado con el mínimo esfuerzo*, (2024), Aguilar, Madrid.

McKnights.com (junio de 2018), «The 30/40 Club», en *McKnights Long-Term Care News*, «www.mcknights.com/wp-content/uploads/sites/5/2018/07/ mltcn_june2018_execdec_85638.pdf».

McNeill, J. R. (2014), *The Great Acceleration: An Environmental History of the Anthropocene Since 1945*, Harvard University Press, Cambridge (Massachusetts).

Microsoft Work Lab (22 de marzo de 2021), «The Next Great Disruption Is Hybrid Work: Are We Ready?», Work Trend Index Annual Report, «www.microsoft.com/en-us/worklab/work-trend-index/hybrid-work».

—— (16 de marzo de 2022), «Great Expectations: Making Hybrid Work Work», Work Trend Index Annual Report, «www.microsoft.com/en-us/ worklab/work-trend-index/great-expectations-making-hybrid-work-work».

—— (9 de mayo de 2023), «Will AI Fix Work?», Work Trend Index Annual Report, «www.microsoft.com/en-us/worklab/work-trend-index/will-ai-fix-work».

—— (8 de mayo de 2024), «AI at Work Is Here. Now Comes the Hard Part», Work Trend Index Annual Report, «www.microsoft.com/en-us/worklab/ work-trend-index/ai-at-work-is-here-now-comes-the-hard-part?apcid=0064 ee6a9372063ff8cc0600».

—— (s.f.), «The Rise of the Triple Peak Day», «www.microsoft.com/en-us/ worklab/triple-peak-day».

Moen, Phyllis, *et al.* (2011), «Changing Work, Changing Health», en *Journal of Health and Social Behavior*, n.º 52, vol. 4, pp. 402–429.

Moen, Phyllis, *et al.* (2016), «Does a Flexibility/Support Organizational Initiative Improve High-Tech Employees' Well-Being? Evidence from the Work, Family, and Health Network», en *American Sociological Review*, n.º 81, vol. 1, pp. 134–164. «doi.org/10.1177/0003122415622391».

Moen, Phyllis y Youngmin Chu (mayo de 2023a), Changing Time Study Final Report. Universidad de Minnesota.

— (septiembre de 2023b), «Time Work in the Office and Shop: Workers' Strategic Adaptations to the 4-Day Week», *Work and Occupations*, «doi.org/10.1177/07308884231203317».

Nässén, Jonas y Jörgen Larsson (2015), «Would Shorter Working Time Reduce Greenhouse Gas Emissions? An Analysis of Time Use and Consumption in Swedish Households», en *Environment and Planning C: Government and Policy*, n.º 33, vol. 4, pp. 726–745.

National Industrial Conference Board (1929), «The Five-Day Week in Manufacturing Industries», National Industrial Conference Board, Nueva York.

Newport, Cal (27 de diciembre de 2023), «An Exhausting Year in (and out of) the Office», en *New Yorker*, «www.newyorker.com/culture/2023-in-review/an-exhausting-year-in-and-out-of-the-office».

— (2024), *Slow Productivity: The Lost Art of Accomplishment Without Burnout*, Portfolio/Penguin, Nueva York.

Obeng, Cecilia, Mary Slaughter y Emmanuel Obeng-Gyasi (2022), «Childcare Issues and the Pandemic: Working Women's Experiences in the Face of COVID-19», en *Societies*, n.º 12, vol. 4, p. 103, «doi.org/10.3390/soc12040103».

Oficina de Estadísticas Laborales de Estados Unidos (2022), «Average Weekly Hours of All Employees, Total Private», Current Employment Statistics (Establishment Survey), FRED, Banco de la Reserva Federal de San Luis, «fred.stlouisfed.org/series/AWHAETP».

Oh, Seung-Yun, Yongjin Park y Samuel Bowles, (2012), «Veblen Effects, Political Representation, and the Reduction in Working Time over the 20th Century», en *Journal of Economic Behavior and Organization*, n.º 83, vol. 2, pp. 218–242, «doi.org/10.1016/j.jebo.2012.05.006».

O'Neill, Daniel W., *et al.* (2018), «A Good Life for All Within Planetary Boundaries», en *Nature Sustainability*, n.º 1, vol. 2, pp. 88–95, «doi.org/10.1038/s41893-018-0021-4».

Pailhé, Ariane, Anne Solaz y Maria Stanfors (2021), «The Great Convergence: Gender and Unpaid Work in Europe and the United States», en *Population and Development Review*, n.º 47, vol. 1, pp. 181–217, «doi.org/10.1111/padr.12385».

Pang, Alex Soojung-Kim (2016), *Rest: Why You Get More Done When You Work Less*, Basic Books, Nueva York. Hay trad. en español: *Descansa* (2017), LID Editorial Empresarial, Madrid.

—— (2020), *Shorter: Work Better, Smarter, and Less —Here's How*, PublicAffairs, Nueva York.

Paul, Kari (4 de noviembre de 2019), «Microsoft Japan Tested a Four-Day Work Week and Productivity Jumped by 40%», en *Guardian*, «www.theguardian.com/technology/2019/nov/04/microsoft-japan-four-day-work-week-productivity».

Pencavel, John (2015), «The Productivity of Working Hours», en *Economic Journal*, n.º 125, vol. 589, pp. 2052–2076, «doi.org/10.1111/ecoj.12166».

Percoco, Marco (noviembre de 2018), «The Impact of Working Time on Fuel Consumption and CO2 Emissions of Public Fleets: Evidence from a Policy Experiment«, en *Transport Policy*, n.º 71, pp. 126–129, «doi.org/10.1016/j.tranpol.2018.08.003».

Perlow, Leslie A., Constance Noonan Hadley y Eunice Eun (agosto de 2017), «Stop the Meeting Madness», en *Harvard Business Review*.

Pignon, Tatiana, Kyle Lewis y Liam Mullally (2024), «Making It Stick: The UK Four-Day Week Pilot One Year On», Autonomy Institute, Londres, «autonomy.work/portfolio/making-it-stick/».

Pink, Joshua, Daiga Kamerade y Brendan Burchell (julio de 2024), «Four Day Week Trial South Cambridgeshire's Council Key Performance Indicator Evaluation», Universidad de Cambridge y Universidad de Salford (Manchester), «scambs.moderngov.co.uk/documents/g9810/Public%20 reports%20pack%20Monday%2015-Jul-2024%2010.30%20Employment%20 and%20Staffing%20Committee pdf?T=10».

Pinsker, Joe (9 de febrero de 2020), «Why People Get the "Sunday Scaries"», en *Atlantic*, «www.theatlantic.com/family/archive/2020/02/sunday-scaries-anxiety-workweek/606289/».

Preston, Camille (enero de 2021), «Pandemic-Related Burnout», *Psychology Today*, «www.psychologytoday.com/us/blog/mental-health-in-the-workplace/202101/pandemic-related-burnout».

PricewaterhouseCoopers (2023), «Net Zero Economy Index 2023», «www.pwc.co.uk/services/sustainability-climate-change/insights/net-zero-economy-index.html».

Qian, Yue y Wen Fan (2024), «Stressful Life Events and Depressive Symptoms During COVID-19: A Gender Comparison», en *British Journal of Sociology*, n.º 75, vol. 1, pp. 38–47, «doi.org/10.1111/1468-4446.13067».

Regan, Tim (30 de marzo de 2018), «CCRC to Pay Full-Time for 30 Hours of Work for CNAs», en *Senior Housing News*.

Reynolds, Jeremy y Ashleigh Elain McKinzie (2019), «Riding the Waves of Work and Life: Explaining Long-Term Experiences with Work Hour Mismatches», en *Social Forces*, n.º 98, vol. 1, pp. 427–460, «doi.org/10.1093/sf/soy112».

Richardson, Katherine, *et al.* (2023), «Earth Beyond Six of Nine Planetary Boundaries», en *Science Advances*, n.º 9, vol. 37, «doi.org/10.1126/sciadv. adh2458».

Rogelberg, Steven G (2022), «The Cost of Unnecessary Meeting Attendance», Otter.ai, «otter.ai/meetings».

Rogelberg, Steven G., *et al.* (2006), «"Not Another Meeting!": Are Meeting Time Demands Related to Employee Well-Being?», en *Journal of Applied Psychology*, n.º 91, vol. 1, pp. 83–96.

Roh, Taehyun, *et al.* (2023), «Examining Workweek Variations in Computer Usage Patterns: An Application of Ergonomic Monitoring Software», Radoslaw Wolniak (ed.), *PLoS ONE*, n.º 18, vol. 7, p. e0287976, «doi. org/10.1371/journal.pone.0287976».

Roose, Kevin (30 de mayo de 2023), «A.I. Poses "Risk of Extinction", Industry Leaders Warn», en *The New York Times*, «www.nytimes.com/2023/05/30/ technology/ai-threat-warning.html».

Sahadi, Jean (21 junio 2024), «What's to Become of Summer Fridays in the Age of Hybrid Work?», en *CNN Business*, «www.cnn.com/2024/06/21/business/ summer-fridays-hybrid-work/index.html».

Sanok, Joe (2021), *Thursday Is the New Friday: How to Work Fewer Hours, Make More Money, and Spend Time Doing What You Want*, HarperCollins Leadership, Nueva York.

Sawhill, Isabel V. y Katherine Guyot (agosto de 2020), «The Middle Class Time Squeeze», en *Economic Studies at Brookings*, «www.brookings.edu/wp-content/ uploads/2020/08/The-Middle-Class-Time-Squeeze_08.18.2020.pdf».

Schor, Juliet B. (1985), «Wage Flexibility, Social Welfare Expenditures, and Monetary Restrictiveness», en *Money and Macro Policy*, Marc Jarsulic (ed.), Kluwer-Nijhoff, Boston.

—— (abril 1988), «Does Work Intensity Respond to Macroeconomic Variables? Evidence from British Manufacturing, 1970–1986», Harvard Institute for Economic Research, documento de debate n.º 1.379.

—— (1991), «Global Inequality and Environmental Crisis: An Argument for Reducing Working Hours in the North», en *World Development*, n.º 19, vol. 1, pp. 73–84.

—— (1992), *The Overworked American: The Unexpected Decline of Leisure*, Basic Books, Nueva York.

—— (2000), «Working Hours and Time Pressure: The Controversy About Trends in Time Use», en *Working Time: International Trends, Theory, and Policy*, Deb Figart y Lonnie Golden (eds.), pp. 73–87, Routledge, Londres.

Schor, Juliet B. y Samuel Bowles (1987), «Employment Rents and the Incidence of Strikes», en *Review of Economics and Statistics*, n.º 69, vol. 4, pp. 584–592.

Schulte, Brigid (2014), *Overwhelmed: Work, Love, and Play When No One Has the Time*, Sarah Crichton Books, Nueva York.

Shah, Megha K., *et al.* (2023), «Prevalence of and Factors Associated with Nurse Burnout in the US», en *JAMA Network Open*, n.º 4, vol. 2: e2036469, «doi.org/10.1001/jamanetworkopen.2020.36469».

Shao, Qinglong y Beatriz Rodríguez-Labajos (2016), «Does Decreasing Working Time Reduce Environmental Pressures? New Evidence Based on Dynamic Panel Approach», en *Journal of Cleaner Production*, n.º 125, pp. 227–235, «www.sciencedirect.com/science/article/pii/S0959652616301044».

Shukla, P. R., *et al.* (2022), IPCC 2022: *Climate Change 2022: Mitigation of Climate Change. Contribution of Working Group III to the Sixth Assessment Report of the Intergovernmental Panel on Climate Change*, Cambridge University Press, Cambridge, Reino Unido.

Skene, Jennifer (2019), «The Issue with Tissue», Washington, D.C.: Consejo para la Defensa de los Recursos Naturales, «www.nrdc.org/sites/default/files/issue-tissue-how-americans-are-flushing-forests-down-toilet-report.pdf».

Spataro, Jared (8 de julio de 2020), «The Future of Work. The Good, the Challenging & the Unknown», en *Microsoft 365* (blog), «www.microsoft.com/en-us/microsoft-365/blog/2020/07/08/future-work-good-challenging-unknown/».

Stevenson, Mark (22 de mayo de 2024), «It's So Hot in Mexico That Howler Monkeys Are Falling Dead from the Trees», AP News, «apnews.com/article/mexico-heat-wave-howler-monkeys-dying-b99e0570dfb53a2fb7ebe663acec de78#».

Thompson, E. P. (1967), «Time, Work-Discipline, and Industrial Capitalism», en *Past and Present*, n.º 38, pp. 56–97.

Venditti, Angelo, Barbara Cottrell y Kimberly Hanson (2023), «Designing Structures to Support a 4-Day Workweek for Nurse Leaders», en *Nursing Management*, n.º 54, vol. 10, pp. 28–32, «doi.org/10.1097/nmg.0000000000000057».

Voth, Hans-Joachim (1998), «Time and Work in Eighteenth-Century London», en *Journal of Economic History*, n.º 58, vol. 1, pp. 29–58, «doi.org/10.1017/S0022050700019872».

Wei, Holly, *et al.* (2022), «The Prevalence of Nurse Burnout and Its Association with Telomere Length Pre and During the COVID-19 Pandemic», en *PLoS ONE*, n.º 17, vol. 3, p. e0263603, «doi.org/10.1371/journal.pone.0263603».

Westfall, Sammy (24 de junio 2021), «Japan Proposes Four-Day Workweek as Idea Gains Purchase amid Pandemic», en *The Washington Post*, «www.washingtonpost.com/world/2021/06/24/japan-four-day-work-week/».

Williams, Joan C. (2001), *Unbending Gender: Why Family and Work Conflict and What to Do About It*, Oxford University Press, Nueva York.

Yavorsky, Jill E., Yue Qian y Amanda C. Sargent (2021), «The Gendered Pandemic: The Implications of COVID-19 for Work and Family», en *Sociology Compass*, n.º 15, vol. 6. p. e12881, «doi.org/10.1111/soc4.12881».

Yen, Julie (2023), «Navigating Tensions Between Well-Being and Productivity: How Win-Win Framing Contributed to the End of a 4-Day Workweek Trial», manuscrito sin publicar, Harvard Business School.

Zanhour, Mona y Dana McDaniel Sumpter (2024), «The Entrenchment of the Ideal Worker Norm During the COVID-19 Pandemic: Evidence from Working Mothers in the United States», en *Gender, Work, and Organization*, n.º 31, vol. 2, pp. 625–643, «doi.org/10.1111/gwao.12885».

Zijlstra, Fred R. H., *et al.* (1999), «Temporal Factors in Mental Work: Effects of Interrupted Activities», en *Journal of Occupational and Organizational Psychology*, n.º 72, vol. 2, pp. 163–185.